Arbeitsrecht für Wirtschaftswissenschaftler

von
Prof. Dr. Gerhard Ring
TU Bergakademie Freiberg

Oldenbourg Verlag München

Bibliografische Information der Deutschen Nationalbibliothek

Die Deutsche Nationalbibliothek verzeichnet diese Publikation in der Deutschen Nationalbibliografie; detaillierte bibliografische Daten sind im Internet über http://dnb.d-nb.de abrufbar.

© 2012 Oldenbourg Wissenschaftsverlag GmbH
Rosenheimer Straße 145, D-81671 München
Telefon: (089) 45051-0
www.oldenbourg-verlag.de

Lektorat: Dr. Stefan Giesen
Herstellung: Constanze Müller
Titelbild: thinkstockphotos.de
Einbandgestaltung: hauser lacour
Gesamtherstellung: Grafik & Druck GmbH, München

Dieses Papier ist alterungsbeständig nach DIN/ISO 9706.

ISBN   978-3-486-58662-6
eISBN   978-3-486-71589-7

Vorwort

Der Grundriss wendet sich in erster Linie an Studierende der Wirtschaftswissenschaften (BWL, VWL, Wirtschaftsingenieurwesen etc.), die im Rahmen ihres Studiums (Individual-) Arbeitsrecht (Recht des Arbeitsverhältnisses) hören und eine Prüfung in diesem Fach absolvieren müssen. Er ist aber zugleich für alle, die sich überblicksartig Basiswissen im (Individual-) Arbeitsrecht aneignen oder ein solches auffrischen wollen, als Lektüre geeignet. Die Darstellung basiert auf einer umfassend überarbeiteten und auf die Bedürfnisse dieses Adressatenkreises reduzierten Version meines 1998 in der Reihe Jura Kolleg für Studierende der Rechtswissenschaften beim Nomos Verlag konzipierten Lehrbuchs „Arbeitsrecht", das seither keine Neuauflage mehr erfahren hat.

Der Grundriss ist wegen seiner breiten Aufstellung bei den konkreten Ausführungen so knapp wie möglich gehalten. Auf vertiefende Literaturhinweise und eine detaillierte Darstellung von dogmatischen Hintergründen und Streitständen wurde weitgehend verzichtet. Die relevanten Problemstellungen werden aufgezeigt und so behandelt, dass ein Student der Wirtschaftswissenschaften sich damit ein solides Basiswissen aneignen und den Prüfungsanforderungen gewachsen sein sollte. Gliederung und Übersichten sind so gestaltet, dass sich daraus Prüfungsschemata für bestimmte Sachverhalte und Anspruchsgrundlagen entnehmen lassen. Anhand kurzer Beispielsfälle mit Lösungsskizzen wird versucht, das theoretisch Vermittelte zu veranschaulichen.

Bei der Lektüre des Grundrisses ist es unbedingt erforderlich, den einschlägigen Gesetzestext nachzuschlagen und durchzulesen. Vieles vermittelt allein schon die bloße Lektüre der gesetzlichen Regelungen. Erst dadurch erschließen sich auch Feinheiten und lässt sich die Logik erkennen, die hinter einer bestimmten Prüfungsreihenfolge steht.

In das Werk sind vieljährige Erfahrungen als Lehrender dieser Rechtsmaterie an einer wirtschaftswissenschaftlichen Fakultät eingeflossen. Es wurde versucht, auch schwierige Themen anschaulich darzustellen und auf typische Fehlerquellen hinzuweisen. Für eine Rückmeldung, ob dies gelungen ist, sowie für Kritik und Anregungen sonstiger Art bin ich den Lesern sehr dankbar.[1]

Univ.-Prof. Dr. Gerhard Ring   Freiberg im Februar 2012

---

[1]   Unter ring@rewi.tu-freiberg.de.

Inhaltsverzeichnis

1   Einleitung

Das vorliegende Individualarbeitsrecht für Wirtschaftswissenschaftler – mit seinen Bezügen zum kollektiven Arbeitsrecht (insbesondere zum Betriebsverfassungs- und Tarifvertragsrecht) – behandelt einleitend Grundbegriffe des Arbeitsrechts, wie jenen des Arbeitnehmers und des Arbeitgebers sowie die arbeitnehmerähnliche Person und den Auszubildenden. Auch das Arbeitsverhältnis selbst – in den Ausprägungen des Gruppen-, Leih- bzw. Probearbeitsverhältnisses – wird dargestellt. Weiterhin geht es um die Normpyramide im Arbeitsrecht (Europarecht, Grundgesetz, einfache Gesetze, Normen des Tarifvertrags bzw. der Betriebsvereinbarung, Arbeitsvertrag, vertragliche Einheitsregeln, betriebliche Übung, Weisungen des Arbeitgebers sowie allgemeiner betrieblicher Gleichbehandlungsgrundsatz), die von folgenden Prinzipien flankiert wird: Rang- und Günstigkeitsprinzip, wobei innerhalb derselben Rangstufe für verschiedene Rechtsquellen das Ordnungs- und das Spezialitätsprinzip gelten.

Im Hauptteil der Darstellung steht die Begründung des Arbeitsverhältnisses (mit den Problempunkten Ausschreibung, Offenbarungspflichten des Arbeitnehmers und Fragerecht des Arbeitgebers, der Beteiligung des Betriebsrats bei einer Einstellung und dem eigentlichen Abschluss des Arbeitsvertrags) und dessen Beendigung aufgrund Nichtigkeit, Anfechtung des Arbeitsvertrages, Aufhebungsvertrag bzw. ordentlicher (die arbeitgeberseitig erklärt Vorgaben des besonderen und des allgemeinen Kündigungsschutzes – d.h. einer sozialen Rechtfertigung [aufgrund personen-, verhaltens- oder betriebsbedingter Kündigungsgründe] bedarf – unterliegt) oder außerordentlicher Kündigung. Besteht ein Betriebsrat, ist dieser sowohl bei einer ordentlichen als auch einer außerordentlichen Kündigung zwingend anzuhören. Behandelt werden auch die Auswirkungen eines Betriebsübergangs auf das Arbeitsverhältnis (§ 613a BGB) – weiterhin die Haftung des Arbeitnehmers im Falle von Leistungsstörungen im Arbeitsverhältnis mit den sich aus den Grundsätzen des innerbetrieblichen Schadensausgleichs ergebenden Besonderheiten. Im Kontext mit den Rechten und Pflichten des Arbeitnehmers aus dem Arbeitsverhältnis ist vor allem der Arbeitsentgeltanspruch bedeutsam sowie die vielfältigen Ausnahmen, in denen ein Arbeitnehmer einen Lohnanspruch auch ohne Arbeitsleistung geltend machen kann. Der bezahlte Urlaubsanspruch, die Fürsorgepflicht des Arbeitgebers, der besondere Arbeitnehmerschutz für Schwangere und Schwerbehinderte, die Arbeitszeitregelungen und Wettbewerbsverbote (bei bestehendem Arbeitsverhältnis und nachvertraglich) sind weitere für das Individualarbeitsverhältnis bedeutsame Problemkreise.

2   Grundlagen

2.1   Grundbegriffe des Arbeitsrechts

2.1.1   Der Begriff des „Arbeitnehmers"

a)   Der Arbeitnehmer

Arbeitnehmer ist, wer persönlich aufgrund eines privatrechtlichen Vertrages gegen Entgelt (Lohnzahlung – in Abgrenzung zu einer unentgeltlichen Geschäftsbesorgung, vgl. § 662 BGB) für einen anderen (den Arbeitgeber) eine Arbeitsleistung erbringt und dabei persönlich abhängig (Unselbstständigkeit, ansonsten liegt ein „freier Dienstvertrag", mithin ein Dienst-, „das kein Arbeitsverhältnis ist", vor [vgl. §§ 611, 621, 627 Abs. 1 BGB]) in die betriebliche Organisation des Arbeitgebers eingebunden ist.

Der Arbeitsvertrag ist eine Sonderform des selbstständigen Dienstvertrags nach § 611 Abs. 1 BGB. Beamte sind (ebenso wie Richter und Soldaten) keine „Arbeitnehmer", da sie zu ihrem Dienstherrn in einem „öffentlich-rechtlichen Dienst- und Treueverhältnis" (vgl. Art. 33 Abs. 4 GG) stehen, das nicht durch Vertrag, sondern durch zustimmungsbedürftigen Verwaltungsakt, begründet wird. Auch Strafgefangene und „Ein-Euro-Jobber" sind keine Arbeitnehmer, da sich ihre Beschäftigung nicht auf der Grundlage eines Arbeitsvertrags vollzieht.

Nach § 612 Abs. 1 BGB gilt eine Vergütung als stillschweigend vereinbart, wenn die Dienstleistung den Umständen nach nur gegen eine Vergütung zu erwarten ist. In Abgrenzung zu einem Werkvertrag, bei dem die Erstellung eines Werks als „Erfolg" geschuldet wird (vgl. § 631 Abs. 2 BGB), schuldet der Arbeitnehmer nur die „Leistung der versprochenen Dienste" (mithin lediglich ein Tätigwerden). Die Einbindung in die betriebliche Organisation des Arbeitgebers setzt voraus, dass der Dienstverpflichtete im Hinblick auf Zeit, Dauer und Ort der zu erbringenden Arbeitsleistung aufgrund des Direktionsrechts des Arbeitgebers (vgl. § 106 GewO) weisungsgebunden ist. Der Arbeitserfolg selbst kommt dem Arbeitgeber zugute.

Der Arbeitnehmer unterscheidet sich vom (Schein-)Selbstständigen, d.h. dem **freien Dienstnehmer**, durch seine persönliche Abhängigkeit (Fremdbestimmtheit). Vgl. auch die Figur der **„arbeitnehmerähnlichen Person"** – nach der Legaldefinition des § 12a Abs. 1 Nr. 1 TVG Personen, die wirtschaftlich abhängig und vergleichbar einem Arbeitnehmer sozial schutzbedürftig sind (vgl. auch § 5 Abs. 1 S. 2 ArbGG bzw. § S. 2 1. Hs. BUrlG: „Personen, die wegen ihrer wirtschaftlichen Unselbstständigkeit als arbeitnehmerähnliche Personen anzusehen sind"

Bei einer **Arbeitsleistung von Ehegatten oder Kindern** (für die eine gesetzliche Mitarbeitsverpflichtung nach § 1353 Abs. 1 S. 2 bzw. § 1619 BGB besteht) ist zu prüfen, ob ausnahmsweise (stillschweigend) ein Arbeitsvertrag abgeschlossen wurde, weil die zu verrichtende Arbeit über die familienrechtliche Verpflichtung zur Mitarbeit hinausgeht.

Ein **Gesellschaftsvertrag** begründet grundsätzlich kein Arbeitsverhältnis. Ein (BGB-, OHG-bzw. KG-) Gesellschafter (dessen nach § 105 Abs. 3 bzw. § 161 Abs. 2 HGB i.V.m. § 705 BGB zur Erreichung des Gesellschaftszwecks zu erbringender Beitrag auch in einer Arbeitsleistung bestehen kann, vgl. § 706 Abs. 3 BGB) ist grundsätzlich nicht ohne weiteres Arbeitnehmer. Er erbringt die Dienste nicht „für einen anderen", sondern als Beitrag zur Förderung eines „gemeinsamen Zwecks" (i.S. von § 705 BGB). Etwas anderes gilt dann, wenn ein Gesellschafter bei Erbringung seiner Dienste sich dem Willen der anderen Gesellschafter unterordnet bzw. wenn mit ihm neben dem Gesellschaftsvertrag zugleich auch ein Arbeitsverhältnis begründet wird. Tätigkeiten aufgrund eines Gesellschaftsvertrags sind regelmäßig eigen- und nicht (wie beim Arbeitsvertrag) fremdbestimmt.

Nach dem Rechtsgedanken des § 84 Abs. 1 S. 2 HGB ist **Selbstständiger**, wer im Wesentlichen frei seine Tätigkeit gestalten und seine Arbeitszeit bestimmen kann (Weisungsungebundenheit im Hinblick auf die Leistungserbringung in fachlicher und zeitlicher Hinsicht). Letztlich entscheidet über die Frage der Selbstständigkeit jedoch eine wertende Würdigung aller Umstände des konkreten Einzelfalles unter Berücksichtigung der Verkehrsauffassung.

Die Anstellung eines Organmitglieds – wie bspw. eines (Fremd-)GmbH-Geschäftsführers – wird von der h.M. als freies Dienstverhältnis eingestuft, womit der GmbH-Geschäftsführer also i.d.R. kein Arbeitnehmer ist Nach Ansicht des BGH (BGHZ 79, 291 und 49, 30) schließen sich selbst im Falle einer Weisungsgebundenheit des GmbH-Geschäftsführers die organschaftliche Stellung und die Stellung als Arbeitnehmer wechselseitig aus.

Wichtige Judikatur (bitte lesen):

Versicherungsvertreter als Arbeitnehmer (BAG, Urteil v. 9.6.2010 = NJW 2010, 2455):
Nach § 84 Abs. 1 S. 2 HGB ist selbstständig, wer im Wesentlichen frei seine Tätigkeit gestalten und seine Arbeitszeit bestimmen kann. Auch im Rahmen von § 84 Abs. 1 S. 2 HGB seien – so das BAG – alle Umstände des Falls in Betracht zu ziehen und schließlich in ihrer Gesamtheit zu würdigen. Die heranzuziehenden Anknüpfungspunkte müssten sich den gesetzlichen Unterscheidungsmerkmalen zuordnen lassen (so bereits BAGE 93, 132 – unter B.II.2.; 93, 112; 95, 324 – unter II.1.). Der objektive Geschäftsinhalt sei den ausdrücklich getroffenen Vereinbarungen und der praktischen Durchführung des Vertrags zu entnehmen. Widersprechen sich Vereinbarung und tatsächliche Durchführung, sei letztere maßgebend (so BAGE 115, 1 – unter I.; 90, 36). Das bedeute aber nicht, dass die Vertragstypenwahl der Parteien gänzlich bedeutungslos wäre. Könne die vertraglich vereinbarte Tätigkeit typologisch sowohl in einem Arbeitsverhältnis als auch selbstständig erbracht werden, sei die Entscheidung der Vertragsparteien für einen bestimmten Vertragstypus im Rahmen der bei jeder Statusbeurteilung erforderlichen Gesamtabwägung aller Umstände des Einzelfalls zu berücksichtigen.

**Redaktionelle Mitarbeiter als Arbeitnehmer
(BAG, Urteil v. 20.5.2009 = NZA-RR 2010, 172):**
Die vorgenannten Grundsätze seien auch im Bereich Funk und Fernsehen anzuwenden (BAG AP BGB § 611 Arbeitnehmerähnlichkeit Nr. 13; BAGE 93, 218, 223; 78, 343), wobei der verfassungsrechtliche Schutz der Rundfunkfreiheit nach Art. 5 Abs. 1 S. 2 GG zu beachten sei. Allgemein müssten die Gerichte Grundrechte interpretationsleitend berücksichtigen, damit deren wertsetzender Gehalt auch auf der Rechtsanwendungsebene gewahrt bleibt (so BVerfGE 7, 198, 205 ff.). Das verlange im Hinblick auf Art. 5 Abs. 1 S. 2 GG

i.d.R. eine fallbezogene Abwägung zwischen der Bedeutung der Rundfunkfreiheit auf der einen und dem Rang der von den Normen des Arbeitsrechts geschützten Rechtsgüter auf der anderen Seite (grundlegend BVerfGE 59, 231 – zu II.2.b.bb.). Die Rundfunkfreiheit erstrecke sich auf das Recht der Rundfunkanstalten, dem Gebot der Vielfalt der zu vermittelnden Programminhalte auch bei der Auswahl, Einstellung und Beschäftigung derjenigen Mitarbeiter Rechnung zu tragen, die bei der Gestaltung der Programme mitwirken sollen. Es sei von Verfassungs wegen nicht ausgeschlossen, auch im Rundfunkbereich von den für das Arbeitsrecht allgemein entwickelten Merkmalen abhängiger Arbeit auszugehen (so BVerfG NZA 2000, 1097). Allerdings müsse das durch Art. 5 Abs. 1 S. 2 GG geschützte Recht der Rundfunkanstalten, frei von fremder Einflussnahme über die Auswahl, Einstellung und Beschäftigung programmgestaltender Mitarbeiter zu bestimmen, angemessen berücksichtigt werden. Eine Beeinträchtigung komme nach der Rechtsprechung des BVerfG in Betracht, wenn die verfügbaren Vertragsgestaltungen – wie Teilzeitbeschäftigungs- oder Befristungsabreden – zur Sicherung der Aktualität und Flexibilität der Berichterstattung in tatsächlicher oder rechtlicher Hinsicht nicht in gleicher Weise geeignet sind wie die Beschäftigung in freier Mitarbeit. Nach der ständigen Rechtsprechung des BVerfG gehörten zu den programmgestaltenden Mitarbeitern diejenigen, die „typischerweise ihre eigene Auffassung zu politischen, wirtschaftlichen, künstlerischen oder anderen Sachfragen, ihre Fachkenntnisse und Informationen, ihre individuelle künstlerische Befähigung und Aussagekraft in die Sendung einbringen, wie dies bei Regisseuren, Moderatoren, Kommentatoren, Wissenschaftlern und Künstlern der Fall ist". Nicht zu den programmgestaltenden Mitarbeitern gehörten das betriebstechnische und das Verwaltungspersonal sowie diejenigen, die zwar bei der Verwirklichung des Programms mitwirken, aber keinen inhaltlichen Einfluss darauf haben (BVerfGE 59, 231, 260; BAGE 93, 218, 224). Zu den nicht programmgestaltenden Tätigkeiten könnten auch, je nach den konkreten Umständen des Einzelfalls, reine Sprecherleistungen zählen. Bei programmgestaltenden Mitarbeitern könne entgegen der ausdrücklich getroffenen Vereinbarung ein Arbeitsverhältnis vorliegen, wenn sie weitgehenden inhaltlichen Weisungen unterliegen, ihnen also nur ein geringes Maß an Gestaltungsfreiheit, Eigeninitiative und Selbstständigkeit verbleibt, und der Sender innerhalb eines zeitlichen Rahmens über ihre Arbeitsleistung verfügen kann. Letzteres sei dann der Fall, wenn ständige Dienstbereitschaft erwartet wird oder wenn der Mitarbeiter in nicht unerheblichem Umfang auch ohne entsprechende Vereinbarung herangezogen wird, ihm also die Arbeiten letztlich zugewiesen werden (BAGE 93, 218, 224).

Abgrenzung zwischen Arbeitnehmer und selbstständigem Unternehmer (OLG Düsseldorf, Beschluss v. 18.11.2008 = OLGR Düsseldorf 2009, 216):
Ob ein Franchisenehmer Arbeitnehmer oder eine arbeitnehmerähnliche Person ist, hängt von den konkreten Umständen des Einzelfalles ab (so BGHZ 152, 213). Der Arbeitnehmer unterscheide sich vom selbstständigen Unternehmer durch den Grad der persönlichen Abhängigkeit bei der Erbringung der Werk- oder Dienstleistung. Arbeitnehmer sei, wer weisungsgebunden vertraglich geschuldete Leistungen im Rahmen einer von seinem Vertragspartner bestimmten Absatzorganisation erbringt. Die persönliche Abhängigkeit manifestiere sich darin, dass der Arbeitnehmer hinsichtlich Inhalt, Durchführung, Zeit, Dauer und Ort der Ausführung der versprochenen Dienste einem umfassenden Weisungsrecht unterliegt oder dass sein Feiraum für die Erbringung der geschuldeten Leistung durch die rechtliche Ver-

tragsgestaltung oder die tatsächliche Vertragsdurchführung stark eingeschränkt ist. Dagegen sei selbstständig, wer im Wesentlichen frei seine Tätigkeit gestalten und seine Arbeitszeit bestimmen kann (BGHZ 152, 213).

Status von Ein-Euro-Jobbern (BAG, Urteil v. 26.9.2007 = NZA 2007, 1422):
Arbeitsgelegenheiten mit Mehraufwandsentschädigung (Ein-Euro-Jobs), wie sie in § 16 Abs. 3 S. 2 SGB II geregelt sind, würden ein von Rechtssätzen des öffentlichen Rechts geprägtes Rechtsverhältnis und kein Arbeitsverhältnis begründen (so BAG AP ArbGG 1979 § 64 Nr. 40 und AP ArbGG 1979 § 2 Nr. 89; BVerwG ZTR 2007, 404, 405). Sie gehörten zu den Leistungen, die ein erwerbsfähiger Hilfebedürftiger nach den Regelungen des SGB II, insbesondere dessen § 16, als Leistungen zur Eingliederung in Arbeit erhalten kann. Regelmäßig werde der Hilfebedürftige durch den Abschluss einer Eingliederungsvereinbarung nach § 15 SGB II zu der Arbeitsgelegenheit mit Mehraufwandsentschädigung herangezogen. Gemäß § 15 Abs. 1 S. 2 SGB II bestimmt diese Vereinbarung die Eingliederungsleistungen, die der Hilfebedürftige erhält. Hierzu gehöre auch die Zuweisung einer Arbeitsgelegenheit. Die Eingliederungsvereinbarung begründe ein öffentlich-rechtliches Rechtsverhältnis, was sich schon daraus ergebe, dass die Vereinbarung durch Verwaltungsakt ersetzt werden kann (§ 15 Abs. 1 S. 6 SGB II). Vereinbaren Grundsicherungsträger und Hilfebedürftiger eine Arbeitsgelegenheit mit Mehraufwandsentschädigung, so bestehe die Eingliederungshilfe nicht in der Verschaffung einer auf einem privatrechtlichen Arbeitsvertrag beruhenden Beschäftigungsmöglichkeit, sondern in der öffentlich-rechtlichen Bereitstellung einer Arbeitsgelegenheit. Damit verbundene Rechte und Pflichten des Hilfebedürftigen ergäben sich aus sozialrechtlichen Regeln, wie sie die Eingliederungsvereinbarung aktualisiert. Die Einbeziehung eines (privaten) Dritten, eines Maßnahmeträgers, wie sie nach § 17 Abs. 1 S. 1 SGB II bei der Erbringung von Leistungen zur Eingliederung in Arbeit die Regel sein soll, führe nicht dazu, dass das Rechtsverhältnis zwischen dem Hilfebedürftigen und dem Dritten privatrechtlich gestaltet ist. Zwar unterstünden Rechtsbeziehungen zwischen Privaten grundsätzlich dem Zivilrecht. Ausnahmsweise könnten sie aber dem öffentlichen Recht zuzuordnen sein, wenn eines der Privatrechtssubjekte seinerseits als Teil der öffentlichen Verwaltung zu betrachten ist oder jedenfalls auf die Erfüllung öffentlich-rechtlicher Pflichten in Anspruch genommen wird. Es könne dahinstehen, wer die Mehraufwandsentschädigung auszahlt, denn selbst wenn die Zahlung durch den Leistungserbringer erfolgt, könne aus der Sicht eines verständigen Erklärungsempfängers nicht angenommen werden, dass damit eine Vergütung im arbeitsrechtlichen Sinn versprochen werden soll. Die Zahlung der Mehraufwandsentschädigung schulde nämlich der Grundsicherungsträger nach § 16 Abs. 3 S. 2 SGB II. Dieser Träger sei auch dann Schuldner des Anspruchs, wenn ein Dritter, der die Eingliederungsleistung in Form der Arbeitsgelegenheit erbringt, mit der Auszahlung beauftragt wird. Erklärungen des Maßnahmeträgers, die ausdrücklich eine Maßnahme des öffentlichen Rechts zum Gegenstand haben, könnten nicht in eine auf die Begründung eines privatrechtlichen Rechtsverhältnisses gerichtete Erklärung umgedeutet werden. Denn der Sinn des Ausschlusses eines Arbeitsverhältnisses in § 16 Abs. 3 S. 2 2. Hs. SGB II bestehe gerade darin, ein zivilrechtliches Vertragsverhältnis überhaupt auszuschließen.

Prüfungsschema (Arbeitnehmer)

1. Privatrechtlicher Dienstvertrag i.S.v. § 611 BGB

2. Unselbstständigkeit der Erbringung der Dienstleistung

   a) Persönliche Abhängigkeit (Weisungsgebundenheit nach § 106 GewO im Hinblick auf die arbeitsvertraglich vereinbarte Art und Weise, den Ort und die Zeit der Erbringung der Arbeitsleistung sowie Einbindung in eine fremde Betriebsorganisation).

   b) Rechtsgedanke des § 84 Abs. 1 S. 2 HGB.

   c) Ggf. Feststellung anhand von Indizien, wie z.B. der Gewährung eines festen Salärs (von dem Lohnsteuer und Sozialversicherungsbeiträge abgeführt werden), bezahltem Urlaub oder Entgeltfortzahlung im Krankheitsfall.

Fall 1: Der Arbeitnehmerbegriff

Sachverhalt: A und B haben in einem Franchise-Vertrag folgende Vereinbarung getroffen: A vertreibt im eigenen Namen und auf eigene Rechnung mit Hilfe eines von B gemieteten Lieferwagens Tiefkühlkost des B. Er wird von B geschult und erhält das Alleinverkaufsrecht für ein bestimmtes, für ihn geschütztes Gebiet. Die Tiefkühlware kauft er bei B unter Inanspruchnahme eines Einkäuferrabatts und verkauft sie auf der Grundlage der jeweils gültigen Preisliste des B. Für die Einräumung der Nutzungsrechte an Namen und Markt des B, für Schulung und Ausbildung, Know-how-Überlassung und Erstausstattung zahlt A an B einen Kostenbeitrag von 20.000 Euro zuzüglich Umsatzsteuer. Neben einer Regelung hinsichtlich Abfindung und Entschädigung für ein nachvertragliches Wettbewerbsverbot wird zudem vereinbart, dass der Warenverkauf durch A auf der Grundlage eines Handbuchs zu erfolgen hat, das in seiner jeweils gültigen neusten Fassung Bestandteil des Vertrages ist. Dieses Handbuch enthält detaillierte Regelungen über die bereit zu haltende Ware, die Aufstellung von Tourenplänen, die wöchentlichen Einsatzzeiten, Staupläne für das Tiefkühlfahrzeug sowie zahlreiche weitere Durchführungshinweise. Nach einem Jahr Tätigkeit des A kündigt B den Vertrag fristgemäß. In dieser Zeit hat A einen durchschnittlichen Gewinn in Höhe von 2.600 Euro im Monat erzielt. Neben dem A gibt es noch 20 weitere, auf der gleichen Grundlage für B tätige Fahrer. Muss die Kündigung im Sinne des § 1 KSchG für ihre Wirksamkeit sozial gerechtfertigt sein?

Lösung:

1. Die Anwendbarkeit des Kündigungsschutzgesetzes scheitert nicht an der Zahl der Mitarbeiter, da es mehr als die von § 23 Abs. 1 S. 3 KSchG geforderten 10 sind.

2. Die Kündigung des zwischen A und B bestehenden (Franchise-)Vertrages durch B müsste jedoch nur dann im Sinne des Kündigungsschutzgesetzes „sozial gerechtfertigt" sein, wenn A Arbeitnehmer des B wäre und das Arbeitsverhältnis im Betrieb des B ohne Unterbrechung länger als sechs Monate bestanden hätte (§ 1 Abs. 1 KSchG).

   a) Der hier vorliegende Franchise-Vertrag (dazu näher Martinek, Moderne Vertragstypen, Bd. 2, 1992, S. 1) hat länger als sechs Monate, nämlich ein Jahr, bestanden.

   b) Fraglich ist jedoch, ob A Arbeitnehmer des B war. Zum Teil wird die Auffassung vertreten, dass ein Franchisenehmer nicht Arbeitnehmer sein könne, da es zum

Wesen des Franchising gehöre, dass der Franchisegeber genaue und detaillierte Anleitungen für die Ausübung der Tätigkeit sowie Berichtspflichten des Franchisenehmers vorschreibe und damit dessen Tätigkeit unter Umständen weitgehend kontrolliere (so OLG Schleswig NJW-RR 1987, 220).

Nach der ständigen Rechtsprechung des BAG kommt es jedoch nicht darauf an, wie ein Rechtsverhältnis bezeichnet wird, sondern darauf, welches sein Geschäftsinhalt ist (vgl. BAG NZA 1997, 194). Entscheidend für die Beantwortung der Frage, ob ein Franchisenehmer Arbeitnehmer ist, ist demnach allein, ob er weisungsgebunden und sozial abhängig ist, oder ob er seine Chancen auf dem Markt selbstständig und im Wesentlichen weisungsfrei suchen kann (BAG NJW 1997, 2973, 2974). Fraglich ist demnach, ob A bei der Verrichtung seiner Tätigkeit persönlich von B abhängig war.

Das bei der Bestimmung der Arbeitnehmereigenschaft in erster Linie maßgebliche Kriterium ist dabei die Weisungsgebundenheit. Die Bindung des A gegenüber B bestand nicht nur in der Verpflichtung zur Benutzung von Name und Marke und in der Beschränkung auf ein bestimmtes Absatzgebiet. Vielmehr war auch die Art und Weise des Absatzes durch A infolge des zum Vertragsinhalt gemachten Handbuchs detailliert vorgeschrieben. Dieses Handbuch enthielt zudem Vorgaben hinsichtlich der wöchentlichen Einsatzzeiten des Fahrzeugs sowie der aufzustellenden Tourenpläne. Der Vertrag regelte damit neben der Art und Weise des Verkaufs auch die Zeit und den Ort der zu erbringenden Dienstleistung – wenn auch nicht im Sinne einer bis auf die Stunden vorgegebenen Arbeitszeit und von bestimmten Verkaufsplätzen vorgeschriebenen Arbeitsorten, so doch in einem Umfang, dass A keine freien unternehmerischen Entscheidungen mehr selbst treffen konnte. Nach den gesamten Umständen seiner Tätigkeit war der Verkauf der Tiefkühlware des B durch A demnach in so starkem Umfang von B reglementiert und das Einkommen in so geringem Maße das Ergebnis seiner eigenen selbstständigen Entscheidungen, dass A als Arbeitnehmer angesehen werden muss – selbst wenn die Parteien durch den Abschluss eines Franchise-Vertrages den Status des A als selbstständiger Franchisenehmer gestalten wollten (in diese Richtung tendierend auch BAG NJW 1997, 2973 f.).

3. Da A somit Arbeitnehmer des B war, muss die Kündigung durch B im Sinne von § 1 KSchG sozial gerechtfertigt sein.

b) Arbeiter und Angestellte

Obgleich die neueren gesetzlichen Regelungen (§ 1 Abs. 2 EntFG, § 622 Abs. 1 BGB, § 5 Abs. 1 S. 1 BetrVG – vgl. auch § 2 Abs. 2 ArbZG bzw. § 5 Abs. 1 ArbGG) Angestellte und Arbeiter dem **einheitlichen Arbeitnehmerbegriff** unterstellen, bleibt eine Differenzierung auch weiterhin bestehen: jene zwischen (normalen) Arbeitnehmern und leitenden Angestellten.

Leitende Angestellte nehmen in gewissem Umfang typische Arbeitgeberfunktionen wahr. Als „leitende Angestellte" versteht § 5 Abs. 3 S. 2 BetrVG Personen, die nach Arbeitsvertrag und Stellung im Unternehmen oder Betrieb

- zur selbstständigen Einstellung und Entlassung von im Betrieb oder in der Betriebsabteilung beschäftigten Arbeitnehmern berechtigt sind (Nr. 1), oder

- Generalvollmacht oder Prokura (§§ 48 ff. HGB) haben und die Prokura auch im Verhältnis zum Arbeitgeber nicht unbedeutend ist (Nr. 2), oder
- regelmäßig sonstige Aufgaben wahrnehmen, die für den Bestand und die Entwicklung des Unternehmens oder eines Betriebs von Bedeutung sind und deren Erfüllung besondere Erfahrungen und Kenntnisse voraussetzt, wenn er dabei entweder die Entscheidungen im Wesentlichen frei von Weisungen trifft oder sie maßgeblich beeinflusst (was auch bei Vorgaben insbesondere aufgrund von Rechtsvorschriften, Plänen oder Richtlinien sowie bei Zusammenarbeit mit anderen leitenden Angestellten gegeben sein kann – Nr. 3),

wobei „leitender Angestellter" in diesem Sinne gemäß § 5 Abs. 4 BetrVG „im Zweifel" ist, wer

- aus Anlass der Wahl des letzten Betriebsrats, des Sprecherausschusses oder von Aufsichtsratsmitgliedern der Arbeitnehmer oder durch rechtskräftige gerichtliche Entscheidung den leitenden Angestellten zugeordnet worden ist (Nr. 1), oder
- einer Leitungsebene angehört, auf der in dem Unternehmen überwiegend leitende Angestellte vertreten sind (Nr. 2), oder
- ein regelmäßiges Jahresarbeitsentgelt erhält, das für leitende Angestellte in dem Unternehmen üblich ist (Nr. 3), oder
- (falls auch bei Anwendung der Nr. 3 noch Zweifel bleiben) ein regelmäßiges Jahresarbeitsentgelt erhält, das das Dreifache der Bezugsgröße nach § 18 SGB IV überschreitet.

Das BetrVG findet nach § 5 Abs. 3 S. 1, soweit in ihm nicht ausdrücklich etwas anderes bestimmt ist, auf leitende Angestellte keine Anwendung. Nach dem Gesetz über Sprecherausschüsse der leitenden Angestellten (SprAuG) haben leitende Angestellte die Möglichkeit, ein eigenes Vertretungsorgan – den Sprecherausschuss der leitenden Angestellten – zu wählen. Der erste Abschnitt des KSchG (Allgemeiner Kündigungsschutz) findet nach dessen § 14 Abs. 2 auf Geschäftsführer, Betriebsleiter und ähnliche leitende Angestellte, soweit diese zur selbstständigen Einstellung oder Entlassung von Arbeitnehmern berechtigt sind, mit Ausnahme des § 3 KSchG (Möglichkeit des Kündigungseinspruchs) Anwendung. § 9 Abs. 1 S. 2 KSchG (Auflösung des Arbeitsverhältnisses durch Urteil des Gerichts auf Antrag des Arbeitgebers) findet mit der Maßgabe Anwendung, dass der Antrag des Arbeitgebers auf Auflösung des Arbeitsverhältnisses keiner Begründung bedarf. Nach § 18 Abs. 1 Nr. 1 ArbZG findet das Arbeitszeitgesetz auf leitende Angestellte im Sinne des § 5 Abs. 3 BetrVG keine Anwendung.

Wichtige Judikatur (bitte lesen):

Leitender Angestellter durch Personalhoheit und Einfluss auf die Unternehmensführung (BAG, Beschluss v. 25.3.2009 = NZA 2009, 1296):
Nach § 5 Abs. 3 S. 2 Nr. 2 BetrVG ist leitender Angestellter, wer nach Arbeitsvertrag und Stellung im Unternehmen oder im Betrieb Generalvollmacht oder Prokura hat und die Prokura auch im Verhältnis zum Arbeitgeber nicht unbedeutend ist. Das funktionsbezogene Merkmal der auch im Verhältnis zum Arbeitgeber nicht unbedeutenden Prokura sei dahin zu verstehen, dass das der Prokura zugrunde liegende Aufgabengebiet nicht unbedeutend sein darf (BAGE 79, 80 – zu B.I.3.a.). Ausschlaggebend für die Zuordnung eines Prokuristen zum Personenkreis der leitenden Angestellten i.S.v. § 5 Abs. 3 BetrVG seien daher nicht nur die mit der Prokura verbundenen formellen und umfassenden Vertretungsbefugnisse im Außenverhältnis, sondern auch die damit verbundenen unternehmerischen Aufga-

ben, um deretwillen dem Arbeitnehmer die Prokura verliehen worden ist. Diese unternehmerischen Aufgaben dürften nach Sinn und Zweck des § 5 Abs. 3 S. 2 Nr. 2 BetrVG nicht von einer untergeordneten Bedeutung sein, weil es sonst an dem vom Gesetzgeber für den Personenkreis der leitenden Angestellten angenommenen Interessengegensatz zum Betriebsrat fehlen würde (vgl. BT-Drucks. VI/2729 S. 11). Als leitender Angestellter müsse ein Prokurist unternehmerische Führungsaufgaben wahrnehmen. Ob dies der Fall sei, bestimme sich nach den für die Zuordnung nach § 5 Abs. 3 S. 2 Nr. 3 BetrVG entwickelten Grundsätzen. Die dem Prokuristen obliegenden unternehmerischen Führungsaufgaben dürften sich aber – anders als bei leitenden Angestellten nach § 5 Abs. 3 S. 2 Nr. 3 BetrVG – nicht in der Wahrnehmung sog. Stabsfunktionen erschöpfen. In einer Stabsfunktion erfülle der leitende Angestellte eine unternehmerische bedeutsame Aufgabe dadurch, dass er planend und beratend tätig wird und kraft seines besonderen Sachverstandes unternehmerische Entscheidungen auf eine Weise vorbereitet, die es der eigentlichen Unternehmensführung nicht mehr gestattet, an seinen Vorschlägen vorbeizugehen (BAGE 26, 36 – zu III.2.c.). Denn aufgrund weitreichender technischer, wirtschaftlicher und sozialer Veränderungen sei der eigentliche Arbeitgeber kaum mehr in der Lage, sämtliche Unternehmerfunktionen selbst auszuüben. Es bedürfe der gezielten Vorbereitung durch besonders qualifizierte Personen, die Sachverhalte strukturieren, Probleme analysieren und darauf aufbauend Vorschläge unterbreiten und damit die unternehmerische Entscheidung maßgeblich bestimmen. Auf diese Weise erlangten sie einen erheblichen Einfluss auf die Führung des Unternehmens. Das rechtfertige, soweit die tatbestandlichen Voraussetzungen des § 5 Abs. 3 BetrVG erfüllt sind, ihre Zuordnung zum Kreis der leitenden Angestellten. Der unternehmerische Einfluss von Angestellten in Stabsfunktionen sei auf das Innenverhältnis zum Unternehmer beschränkt. Sie üben keine Aufgaben aus, die regelmäßig einem Prokuristen kraft gesetzlicher Vertretungsmacht (§ 49 HGB) vorbehalten sind. Ihren Entscheidungen komme im Gegensatz zu denjenigen eines Angestellten in sog. „Linienfunktionen" keine unmittelbare Außenwirkung zu. Für ihre Aufgaben habe die Prokura keine sachliche Bedeutung. Das schließe es aus, sie als leitende Angestellte i.S.d. § 5 Abs. 3 S. 3 Nr. 2 BetrVG anzuerkennen (BAGE 79, 80 – zu B.I.3.c.). Angestellte in Stabsfunktionen seien daher den leitenden Angestellten nicht schon wegen ihrer Prokura nach § 5 Abs. 3 S. 2 Nr. 2 BetrVG zugeordnet. Sie könnten allerdings – bei Vorliegen der gesetzlichen Voraussetzungen – leitende Angestellte nach § 5 Abs. 3 S. 2 Nr. 3 BetrVG sein. Die Einstellungs- und Entlassungsbefugnis müsse nach § 5 Abs. 3 S. 2 Nr. 1 BetrVG sowohl im Innenverhältnis als auch im Außenverhältnis bestehen. An dem Merkmal der Selbstständigkeit fehle es daher, wenn der Angestellte nur im Verhältnis zu den Arbeitnehmern, nicht aber im Innenverhältnis zu seinen Vorgesetzten befugt ist, über Einstellungen und Entlassungen zu entscheiden. Die Ausübung der Personalkompetenz dürfe nicht von der Zustimmung einer anderen Person abhängig sein. Der nach § 5 Abs. 3 S. 2 Nr. 3 BetrVG erforderliche Einfluss auf die Unternehmensführung könne darin bestehen, dass der leitende Angestellte selbst die Entscheidungen trifft, aber auch darin, dass er kraft seiner Schlüsselposition Voraussetzungen schafft, an denen die Unternehmensleitung schlechterdings nicht vorbeigehen kann. Je tiefer die Entscheidungsstufe in der Unternehmenshierarchie liege, auf der der Angestellte unternehmens- oder betriebsleitende Aufgabenstellungen erfüllt, um so größer sei die Wahrscheinlichkeit, dass wesentliche unternehmerische Entscheidungsspielräume auf den höheren Entscheidungsstufen bereits verbraucht wurden. Von welcher Delegationsstufe ab leitende Angestellte im Unternehmen nicht mehr beschäftigt werden, lasse sich nur im jeweiligen Einzelfall bestimmen. Der maßgebliche Einfluss fehle jedenfalls dann, wenn der Angestellte nur bei der reinen arbeitstechnischen, vorbestimmten Durchführung unternehmerischer Entscheidungen eingeschaltet wird, etwa im Rahmen von Aufsichts- oder Überwachungsfunktionen.

Chefarzt als leitender Angestellter – Einfluss auf die Unternehmensführung (BAG, Beschluss v. 5.5.2010 = NZA 2010, 955):
Ob ein Chefarzt leitender Angestellter i.S.v. § 5 Abs. 3 S. 2 Nr. 3 BetrVG ist, hänge maß- geblich von den Umständen des Einzelfalls ab. Allein die formale Stellung eines Chefarz- tes genüge nicht zur Erfüllung dieser Voraussetzungen. Dies folge bereits aus § 18 Abs. 1 Nr. 1 ArbZG, wonach das ArbZG nicht auf leitende Angestellte i.S. des § 5 Abs. 3 BetrVG sowie auf Chefärzte anzuwenden ist. Die Erwähnung der Chefärzte in dieser Vorschrift wäre überflüssig, wenn sie ohne Weiteres dem Begriff des leitenden Angestellten unterfal- len würden. Ein Chefarzt sei auch nicht bereits deshalb leitender Angestellter, weil er re- gelmäßig frei und eigenverantwortlich Entscheidungen etwa über die Einführung spezieller Untersuchungs-, Behandlungs- und Therapiemethoden fällen kann. Maßgeblich für die Qualifizierung eines Chefarztes als leitender Angestellter sei vielmehr, ob er nach der kon- kreten Ausgestaltung und Durchführung des Vertragsverhältnisses maßgeblichen Einfluss auf die Unternehmensführung ausüben kann. Dazu müsse er nicht notwendig Mitglied der Krankenhausverwaltung sein. Erforderlich sei aber, dass er nach dem Arbeitsvertrag und der tatsächlichen Stellung in der Klinik der Leitungs- und Führungsebene zuzurechnen ist und unternehmens- oder betriebsleitende Entscheidungen entweder selbst trifft oder maß- geblich vorbereitet. Ausdruck einer solchen Stellung könnten z.B. die selbstständige Ver- waltung eines nicht ganz unerheblichen Budgets oder die zwingende Mitsprache bei Inves- titionsentscheidungen sein.

Leitender Angestellter durch Einstellungs- und Entlassungskompetenz (BAG, Beschluss v. 10.10.2007 = DB 2008, 590):
Die unternehmerische Bedeutung der Personalverantwortung könne aus der Anzahl der Arbeitnehmer folgen, auf die sich die selbstständige Einstellungs- und Entlassungsbefugnis bezieht. Umfasse sie nur eine geringe Zahl von Arbeitnehmern, lägen die Voraussetzungen des § 5 Abs. 3 S. 2 Nr. 1 BetrVG regelmäßig nicht vor. Der Angestellte trete in diesem Fall nur in einem unbedeutenden Umfang als Repräsentant des Arbeitgebers gegenüber dem Betriebsrat auf. Die für die Stellung eines leitenden Angestellten erforderliche unternehmeri- sche Personalverantwortung liege dann nur vor, wenn die Einstellungs- und Entlassungsbe- fugnis gerade für einen für das Unternehmen qualitativ bedeutsamen Personenkreis besteht. Da es für die Zuordnung zu dem in § 5 Abs. 3 S. 2 Nr. 1 BetrVG genannten Personenkreis nur auf die eigenverantwortliche Ausübung der in der Vorschrift genannten Personalkom- petenz ankomme, sei der zeitliche Anteil, den die tatsächliche Ausübung der Einstellungs- und Entlassungsbefugnis an der Arbeitszeit des Angestellten ausmacht, für die Beurteilung der Voraussetzungen des § 5 Abs. 3 S. 2 Nr. 1 BetrVG (anders als bei § 14 Abs. 2 KSchG) ohne Bedeutung.

Fall 2: Leitende Angestellte

Sachverhalt: A ist Prokurist und Leiter der Einkaufsabteilung eines großen Kaufhauses. Seit einigen Tagen herrscht in der Verwaltung wegen der Installation einer neuen kaufmännischen Software ein gewisses Durcheinander. Da das Weihnachtsgeschäft vor der Tür steht, möchte die Geschäftsleitung die Softwareumstellung so schnell wie möglich abschließen. Sie teilt deshalb unter anderem auch dem A mit, dass notfalls am kommenden Freitag und Samstag bis in die Nacht hinein gearbeitet werden müsse. A sieht den geplanten Wochenendausflug mit seiner Familie ins Wasser fallen und fragt, ob er die von ihm verlangte Arbeitsleistung erbringen muss und, falls ja, ob sie wenigstens entsprechend gesondert vergütet wird.

Lösung:

Aufgrund seines Arbeitsvertrages ist der A gemäß § 611 BGB zur Erbringung der vertraglich festgelegten Arbeitsleistung auch in zeitlicher Hinsicht verpflichtet. Fraglich ist deshalb, ob A nach dem Vertrag verpflichtet ist, an den beiden genannten Tagen auf Wunsch der Geschäftsleitung bis in die Nacht hinein zu arbeiten, oder ob diesem Ansinnen eventuell gesetzliche Arbeitszeitbeschränkungen entgegen stehen.

1. Gesetzliche Arbeitszeitbeschränkungen nach dem Arbeitszeitgesetz gelten für A gemäß § 18 Abs. 1 Nr. 1 ArbZG nicht, wenn er ein leitender Angestellter im Sinne des § 5 Abs. 3 BetrVG ist. Nach § 5 Abs. 3 Satz 2 Nr. 2 BetrVG ist „leitender Angestellter", wer Prokura hat, die auch im Verhältnis zum Arbeitgeber nicht unbedeutend ist, und nach Nr. 3, wer regelmäßig Aufgaben wahrnimmt, die für den Bestand und die Entwicklung des Unternehmens von Bedeutung sind und deren Erfüllung besondere Erfahrung und Kenntnisse voraussetzt, wenn er dabei entweder die Entscheidungen im wesentlichen frei von Weisungen trifft oder sie maßgeblich beeinflusst. A hat Prokura (§§ 48 ff. HGB) und ist als Leiter der Einkaufsabteilung maßgeblich an der Entwicklung des Unternehmens beteiligt. Er trifft seine Entscheidungen in Hinsicht auf den Wareneinkauf im Wesentlichen frei von Weisungen. A ist demnach leitender Angestellter. Die Regelungen des Arbeitszeitgesetzes gelten für ihn daher nicht. Seine Arbeitszeit ist somit keinen gesetzlichen Schranken unterworfen.

2. Eine konkrete Regelung der von A täglich geschuldeten Arbeitszeit enthält der Arbeitsvertrag selbst nicht. Ob das Verlangen der Geschäftsleitung, Freitag und Samstag bis in die Nacht hinein zu arbeiten, noch durch das ihr zustehende (und am Maßstab des § 315 BGB zu messende) Direktionsrecht (vgl. § 106 GewO) gedeckt ist, muss demnach aus den Umständen und insbesondere dem arbeitsrechtlichen Status des A ermittelt werden. Dabei ist auch die gesetzliche Wertung des § 18 Abs. 1 ArbZG mit zu berücksichtigen. A hat als leitender Angestellter gegenüber normalen Angestellten eine Sonderstellung. Er trifft in seinem Tätigkeitsbereich eigenständig unternehmerische Entscheidungen und nimmt deshalb zum Teil Arbeitgeberfunktionen wahr. Dieser besonderen Verantwortung entspricht dann auch die wesentlich höhere Vergütung seiner Arbeitsleistung, wobei das Gehalt nicht als Entlohnung für geleistete Arbeitszeit verstanden wird, sondern als Bezahlung der Arbeit als solcher. Zur von A geschuldeten Arbeit gehört, seiner herausgehobenen Stellung entsprechend, ggf. auch eine besondere zusätzliche arbeitszeitliche Belastung, die durch betriebliche Zwänge entstehen kann. Solche lagen hier wegen der Softwareumstellung kurz vor dem beginnenden Weihnachtsgeschäft vor. A ist daher gezwungen, als leitender Angestellter

solchen besonderen betrieblichen Anforderungen auch durch eine Ausweitung seiner Arbeitszeit an bestimmten Tagen bis in die Nacht hinein gerecht zu werden. Er ist demnach verpflichtet, bei Bedarf am Freitag und Samstag dem Wunsch der Geschäftsleitung, bis in die Nacht hinein zu arbeiten, nachzukommen.

3. Da die von A als leitendem Angestellten geschuldete Tätigkeit als solche bewertet und entsprechend hoch entlohnt wird, hat er auch keinen Anspruch auf eine Sonderzahlung für die geleistete „Nachtarbeit".

c) Die arbeitnehmerähnliche Person

Das Arbeitsrecht als Arbeitnehmerschutzrecht gilt grundsätzlich nicht für „arbeitnehmerähnliche Personen". Nach § 12 a Abs. 1 TVG gelten die Vorschriften des Tarifvertragsgesetzes aber entsprechend auch für Personen, die

- wirtschaftlich abhängig und
- vergleichbar einem Arbeitnehmer sozial schutzbedürftig sind,

wenn sie aufgrund von (selbstständigen) Dienst- oder Werkverträgen für andere Personen tätig werden, die geschuldeten Leistungen persönlich und im Wesentlichen ohne Mitarbeit von Arbeitnehmern erbringen und überwiegend für eine Person tätig sind oder ihnen von einer Person im Durchschnitt mehr als die Hälfte des Entgelts zusteht, das ihnen für ihre Erwerbstätigkeit insgesamt zusteht. Dieser Definitionsansatz einer „arbeitnehmerähnlichen Person" ist jedoch allein auf das TVG beschränkt. Im übrigen Arbeitsrecht ist nach der Verkehrsauffassung zu bestimmen, ob ein Selbstständiger als arbeitnehmerähnliche Person anzusehen ist. Davon hängt ab, inwieweit arbeitsrechtliche Schutzgesetze auf diese Person anwendbar sind oder nicht (vgl. bspw. für den Urlaubsanspruch § 2 S. 2 BUrlG bzw. hinsichtlich des Diskriminierungsschutzes § 6 Abs. 1 S. 1 Nr. 3 AGG).

Die arbeitnehmerähnliche Person ist zwar selbstständig, steht also in keinem persönlichen Abhängigkeitsverhältnis zu einem Arbeitgeber. Aufgrund ihrer wirtschaftlichen Abhängigkeit ist sie vergleichbar einem Arbeitnehmer aber sozial schutzbedürftig. Nach § 2 S. 2 Hs 1 BUrlG gelten als Arbeitnehmer auch Personen, die wegen ihrer wirtschaftlichen Unselbstständigkeit als „arbeitnehmerähnliche Personen" anzusehen sind. Nach § 5 Abs. 1 S. 2 des ArbGG gelten auch sonstige Personen, die wegen ihrer wirtschaftlichen Unselbstständigkeit als arbeitnehmerähnliche Personen anzusehen sind, als „Arbeitnehmer" mit der Folge, dass für bürgerliche Rechtsstreitigkeiten im Sinne von § 2 Abs. 1 Nr. 3, 4, 5 oder 9 ArbGG die Arbeitsgerichte mit den damit korrespondierenden prozesskostenrechtlichen Vorteilen (nach den §§ 11 a, 12 und 12 a ArbGG) ausschließlich zuständig sind.

> **Wichtige Judikatur (bitte lesen):**
>
> **Wirtschaftliche Abhängigkeit einer arbeitnehmerähnlichen Person**
> **(BAG, Beschluss v. 21.12.2010 = NZA 2011, 309):**
> Arbeitnehmerähnliche Personen sind Selbstständige. An die Stelle der das Arbeitsverhältnis prägenden persönlichen Abhängigkeit tritt das Merkmal der wirtschaftlichen Abhängigkeit. Wirtschaftliche Abhängigkeit ist nach Ansicht des BAG regelmäßig gegeben, wenn der Beschäftigte auf die Verwertung seiner Arbeitskraft und die Einkünfte aus der

Tätigkeit für den Vertragspartner zur Sicherung seiner Existenzgrundlage angewiesen ist (BAGE 121, 304 – Rn. 11). Eine arbeitnehmerähnliche Person könne für mehrere Auftraggeber tätig sein, wenn die Beschäftigung für einen von ihnen überwiegt und die daraus fließende Vergütung die entscheidende Existenzgrundlage darstellt. Der wirtschaftlich Abhängige müsse außerdem seiner gesamten sozialen Stellung nach einem Arbeitnehmer vergleichbar schutzbedürftig sein.

Urlaubsanspruch einer arbeitnehmerähnlichen Person
(BAG, Urteil v. 15.11.2005 = AP Nr. 12 zu § 611 BGB – Arbeitnehmerähnlichkeit):
Arbeitnehmerähnliche Person sei ein Selbstständiger, der regelmäßig auf Grund eines Dienstvertrags i.S.v. § 611 für einen Dritten tätig wird. Er unterscheide sich vom Arbeitnehmer durch den Grad der persönlichen Abhängigkeit, die sich insbesondere in der Eingliederung des Arbeitnehmers in die Arbeitsorganisation des Arbeitgebers zeigt. Der Arbeitnehmer unterliege dem Weisungsrecht des Arbeitgebers (§ 106 GewO). Das Weisungsrecht kann Inhalt, Durchführung, Zeit, Dauer und Ort der Tätigkeit betreffen. Es müsse sich nicht auf die Arbeitszeit erstrecken, sondern kann sich auf den Inhalt und die Durchführung der geschuldeten Tätigkeit beschränken (BAGE 83, 168). Das Bestehen eines Arbeitsverhältnisses könne auch aus Art oder Organisation der Tätigkeit folgen (BAGE 78, 343). Manche Tätigkeiten könnten sowohl auf Grund eines freien Dienstvertrags als auch auf Grund eines Arbeitsvertrags erbracht werden, andere regelmäßig nur im Rahmen eines Arbeitsvertrags. Für die Einordnung des Rechtsverhältnisses sei es unerheblich, ob die Parteien eine bestimmte Rechtsfolge ausschließen möchten. Unbeachtlich sei auch ein erklärter Wille, kein Arbeitsverhältnis oder kein arbeitnehmerähnliches Rechtsverhältnis begründen zu wollen. Maßgebend sei allein der tatsächliche Geschäftsinhalt (ständige Rechtsprechung, vgl. BAGE 90, 36). Arbeitnehmerähnliche Personen seien – i.d.R. wegen ihrer fehlenden oder geringeren Weisungsgebundenheit, oft auch wegen fehlender oder geringerer Eingliederung in eine betriebliche Organisation – in der Ausübung ihrer Tätigkeit freier als Arbeitnehmer. An die Stelle der persönlichen Abhängigkeit trete das Merkmal der wirtschaftlichen Abhängigkeit. Der wirtschaftlich Abhängige müsse nach § 2 S. 2 BUrlG außerdem seiner gesamten sozialen Stellung nach einem Arbeitnehmer vergleichbar schutzbedürftig sein. Wirtschaftliche Unselbstständigkeit i.S.d. § 2 S. 2 BUrlG sei regelmäßig anzunehmen, wenn der Beschäftigte im Wesentlichen für einen Auftraggeber tätig geworden ist und die hieraus fließende Vergütung seine Existenzgrundlage darstellt. Dabei sei eine wirtschaftliche Abhängigkeit regelmäßig nur anzunehmen, wenn eine gewisse Dauerbeziehung begründet wird. Die nach dem Wortlaut von § 2 S. 2 BUrlG vorausgesetzte wirtschaftliche Unselbstständigkeit sei gegeben, wenn das Maß der Abhängigkeit nach der Verkehrsanschauung einen solchen Grad erreicht, wie er im Allgemeinen nur in einem Arbeitsverhältnis vorkommt und die geleisteten Dienste nach ihrer soziologischen Typik mit denen eines Arbeitnehmers vergleichbar sind.

Beleghebamme als arbeitnehmerähnliche Person
(BAG, Urteil v. 21.2.2007 = EzA-SD 2009, Nr. 19):
Eine selbstständige Hebamme, die auf Grund eines Belegvertrags im Krankenhaus tätig wird, ist im Verhältnis zum Krankenhausträger keine arbeitnehmerähnliche Person i.S.v.

§ 5 Abs. 1 S. 2 ArbGG: Arbeitnehmerähnliche Personen seien Selbstständige. An die Stelle der das Arbeitsverhältnis prägenden persönlichen Abhängigkeit durch Weisungsgebundenheit trete die wirtschaftliche Abhängigkeit. Wirtschaftliche Abhängigkeit sei regelmäßig gegeben, wenn der Beschäftigte auf die Verwertung seiner Arbeitskraft und die Einkünfte aus der Tätigkeit für den Vertragspartner zur Sicherung seiner Existenzgrundlage angewiesen ist (BAGE 106, 273, 277 f.). Nach dem Sinn und Zweck des § 5 Abs. 1 S. 2 ArbGG und der sonstigen gesetzlichen Bestimmungen, die auf den Begriff der arbeitnehmerähnlichen Person abstellen, liege eine wirtschaftliche Abhängigkeit nicht schon dann vor, wenn eine Person für ihre Existenzsicherung auf den Abschluss des Vertrags angewiesen ist. Vielmehr folge die dem Gesetz zugrunde liegende Schutzbedürftigkeit der arbeitnehmerähnlichen Person aus der Höhe der ihr vertraglich eingeräumten Vergütung. Das setze Leistungen für den Vertragspartner voraus. Dabei könne die Vergütung auch in einer Beteiligung an Umsätzen oder Gewinnen bestehen (vgl. BAGE 86, 267, 269 f.; 178, 183 f.). Nicht erfasst werde aber die bloße Gewährung einer Verdienstmöglichkeit nach einer für den selbstständig Tätigen geltenden Gebühren- oder Vergütungsordnung. Hier bestimme sich dessen wirtschaftliche Existenz nicht nach einer vertraglichen Gegenleistung, sondern nach Art und Umfang der selbstständig ausgeübten Tätigkeit.

Fall 3: Die arbeitnehmerähnliche Person

Sachverhalt: Wie Fall 1; jedoch gibt es kein die Tätigkeit des A reglementierendes Handbuch. Dagegen liegen dem Vertrag nur Empfehlungen bezüglich der Verkaufsorte und -zeiten zugrunde. Nach einigen Wochen nimmt A diese Empfehlungen jedoch sehr ernst, da er feststellt, dass andernfalls der von ihm eingefahrene Gewinn vor Steuern lediglich 1.000 Euro im Monat beträgt, obwohl er in der Regel von Montag bis Freitag zehn Stunden täglich und auch an den meisten Samstagvormittagen arbeitet. A möchte sich nun gegen die nach einem Jahr von B fristgerecht ausgesprochene Kündigung des Vertrages wehren. Vor welchem Gericht?

Lösung:
Gemäß § 2 Abs. 1 Nr. 3 a) ArbGG könnte der Rechtsweg zu den Arbeitsgerichten eröffnet sein.

1. Da es sich hier um eine bürgerliche Rechtsstreitigkeit handelt, ist lediglich fraglich, ob A Arbeitnehmer des B ist. Entscheidendes Kriterium bei der Beantwortung der Frage ist der Grad der persönlichen Abhängigkeit des A von B, insbesondere dessen Weisungsgebundenheit in Bezug auf die Art und Weise, die Zeit und den Ort der Verrichtung seiner Tätigkeit. In Fall 1 war durch die Regeln des zum Vertragsbestandteil gemachten Handbuchs die Absatztätigkeit des A in so starker Weise von Vorschriften des B abhängig gemacht worden, dass von einer auf freien Entscheidungen beruhenden selbstständigen unternehmerischen Tätigkeit des A nicht mehr gesprochen werden konnte. Hier existiert ein solches Handbuch jedoch nicht, so dass A frei ist in der Entscheidung, ob er den Empfehlungen des B folgen oder den Absatz in dem ihm zugesprochenen Gebiet auf andere Weise organisieren will. Dieser bestehende Entscheidungsfreiraum des A schließt seine Qualifizierung als Arbeitnehmer aus.

2. § 5 Abs. 1 ArbGG erweitert jedoch den Anwendungsbereich des ArbGG auch auf sog. arbeitnehmerähnliche Personen.

   a) „Arbeitnehmerähnliche Personen" sind Selbstständige, die sich von Arbeitnehmern durch den Grad ihrer persönlichen Abhängigkeit unterscheiden in dem Sinne, dass sie in der Regel wegen ihrer fehlenden oder gegenüber Arbeitnehmern geringeren Weisungsgebundenheit, oft auch wegen fehlender bzw. auch geringerer Eingliederung in eine betriebliche Organisation, in wesentlich geringerem Maße persönlich abhängig sind. An die Stelle der persönlichen Abhängigkeit tritt jedoch das Merkmal der „wirtschaftlichen Abhängigkeit" bzw. „wirtschaftlichen Unselbstständigkeit". Zudem muss der wirtschaftlich Abhängige seiner gesamten sozialen Stellung nach einem Arbeitnehmer vergleichbar schutzbedürftig sein (BAG NJW 1997, 2404).

   b) Fraglich ist demnach, ob A von B wirtschaftlich abhängig war. A erzielte durch seine Verkaufstätigkeit einen durchschnittlichen monatlichen Gewinn vor Steuern in Höhe von 1.000 Euro. Um dieses vergleichsweise geringe Einkommensziel zu erreichen, arbeitete er in der Regel von Montag bis Freitag zehn Stunden pro Tag, und an den meisten Samstagvormittagen. Aufgrund der durch den Vertrag vorgegebenen Stellung als Franchisenehmer war er überdies gezwungen, lediglich Ware des B zu verkaufen. Des Weiteren war A auf ein bestimmtes Absatzgebiet beschränkt. Diese vergleichsweise niedrigen Einkünfte sowie seine zeitliche Beanspruchung ließen demnach nicht zu, dass A sich weitere Erwerbschancen auf dem Markt suchen konnte. A war somit von B wirtschaftlich abhängig.

   c) A müsste des Weiteren gleich einem Arbeitnehmer „sozial schutzbedürftig" gewesen sein. A war als Franchisenehmer nicht nur alleiniger Vertriebsberechtigter in dem ihm zugewiesenen Absatzgebiet, sondern als solcher auch zur Förderung des Absatzes gegenüber B in diesem Gebiet verpflichtet. Er unterhielt keine eigene Unternehmens- oder Betriebsorganisation außer dem Lieferwagen, den er von B gemietet hatte, und er beschäftigte seinerseits keine Arbeitnehmer. Er war wie ein angestellter Verkaufsfahrer tätig und demnach wie ein solcher einem Arbeitnehmer gleich sozial schutzbedürftig (BAG NJW 1997, 2973, 2974). A ist somit als arbeitnehmerähnliche Person anzusehen.

3. Als arbeitnehmerähnliche Person gilt A gemäß § 5 Abs. 1 ArbGG als Arbeitnehmer, so dass bei einer Klage gegen die von B ausgesprochene Kündigung nach § 2 Abs. 1 Nr. 3 a) i.V.m. § 5 Abs. 1 ArbGG der Rechtsweg zu den Arbeitsgerichten eröffnet ist.

d) Auszubildende

Auszubildende sind zur Berufsausbildung Beschäftigte und solche, die eingestellt werden, ohne dass es sich um eine Berufsausbildung i.S. des Berufsbildungsgesetzes (BBiG) handelt (z.B. Praktikanten und Volontäre). Aufgrund eines Berufsausbildungsverhältnisses als besonderem Arbeitsverhältnis sind Auszubildende (i.e.S.) zur Arbeitsleistung gegen Entgeltzahlung verpflichtet. Vorrangiges Ziel ist jedoch die Berufsausbildung (vgl. § 1 Abs. 2 BBiG). Auf das Ausbildungsverhältnis finden die allgemeinen arbeitsrechtlichen Grundsätze Anwendung, sofern das BBiG in den §§ 3 ff. keine Sonderregelungen trifft.

Der Ausbildende (§ 3 Abs. 1 BBiG) hat dafür zu sorgen, dass dem Auszubildenden die Fertigkeiten und Kenntnisse vermittelt werden, die zum Erreichen des Ausbildungszieles erforderlich sind, und die Berufsausbildung in einer durch ihren Zweck gebotenen Form planmäßig, zeitlich und sachlich gegliedert so durchzuführen, dass das Ausbildungsziel in der vorgesehenen Ausbildungszeit erreicht werden kann (§ 6 Abs. 1 Nr. 1 BBiG).

Wichtige Judikatur (bitte lesen):

Praktikantenverhältnis – Arbeitnehmereigenschaft
(LAG Baden-Württemberg, Urteil v. 8.2.2008 = NZA 2008, 768):
Steht der Ausbildungszweck in einem sechsmonatigen sog. Praktikantenverhältnis nicht im Vordergrund, d.h. überwiegt der Ausbildungszweck nicht deutlich die für den Betrieb erbrachten Leistungen und Arbeitsergebnisse, ist eine Vergütung von 375,00 € monatlich sittenwidrig: Zwar treffe es zu, dass das BAG für ein Praktikantenverhältnis keine systematische Berufsausbildung verlangt, es müsse aber der Ausbildungszweck im Vordergrund stehen. Dies wiederum bedeute, dass bei einer Gegenüberstellung der Anteile „Ausbildungszweck" und „für den Betrieb erbrachte Leistungen und Arbeitsergebnisse" das Erlernen praktischer Kenntnisse und Erfahrungen deutlich überwiegen muss. Zwar könne es so sein, dass Praktika häufig nur auf einen Unternehmensteil beschränkt werden und Praktikanten üblicherweise nicht in den Genuss kommen, in jeder Abteilung eingelernt zu werden. Allerdings liege bei einem Durchlaufen sämtlicher Abteilungen eines unter Umständen größeren oder zumindest vielschichtigen Betriebes der Schwerpunkt zweifelsfrei auf dem Ausbildungszweck – selbst wenn in einzelnen Abteilungen (auch) verwertbare Arbeitsergebnisse produziert werden. Denn je breiter das Spektrum vermittelter Einblicke in Arbeitsabläufe, in betriebsorganisatorische Zusammenhänge sei und je mehr Ansprechpartner es gebe, die für ihren Bereich Kenntnisse vermitteln und ihre Praxiserfahrung weitergeben, desto klarer lasse sich der Ausbildungszweck erkennen. Im entschiedenen Fall trat der Ausbildungszweck jedoch deutlich in den Hintergrund, weil die Klägerin bei einer Praktikumsdauer von sechs Monaten zwei Ansprechpartner hatte, die beide Projektleiter waren und denen die Klägerin in der Durchführung der durchaus vielgestaltigen Projekte zugearbeitet hatte.

„Volontariatsvertrag" (BAG, Beschluss v. 18.3.2008 = NZA 2008, 1004):
Ein „Volontariatsvertrag" in dem sich ein „Volontär" entsprechend den vom Arbeitgeber vorformulierten Bedingungen verpflichtet, sich nach Abschluss des Berufsausbildungsverhältnisses an einer Hochschule unter Fortzahlung der Ausbildungsvergütung weiterzubilden und während der vorlesungsfreien Zeit entsprechend den Weisungen des Arbeitgebers in dessen Betrieb zu arbeiten, ist ein Verbrauchervertrag i.S.v. § 310 Abs. 3 BGB und eine Klausel, nach der eine generelle Rückzahlungsverpflichtung für die in der Vorlesungszeit fortgezahlte Ausbildungsvergütung vorgesehen ist, die diese jedoch für jeden Monat der späteren Tätigkeit anteilig mindern soll, ist unangemessen:
* nach § 307 Abs. 1 S. 1 BGB, soweit sie keine Verpflichtung des Arbeitgebers enthält, den „Volontär" nach erfolgreichem Abschluss des Studiums auch tatsächlich zu beschäftigen,
* nach § 307 Abs. 1 S. 2 BGB, soweit sie den „Volontär" völlig im Unklaren lässt, zu welchen Arbeitsbedingungen er nach erfolgreichem Abschluss des Studiums vom Arbeitgeber beschäftigt werden soll.

Werkstudentenprivileg (BAG, Beschluss v. 20.8.2002 = BAGE 102, 234):
Die im Sozialrecht begründete Versicherungs- und Beitragsfreiheit von Personen, die „während der Dauer ihres Studiums als ordentliche Studierende einer Hochschule ... gegen Entgelt beschäftigt werden", endet nicht ohne weiteres, wenn der Beschäftigte nach dem erfolgreichen Bestehen der ersten juristischen Staatsprüfung sein Studium fortsetzt, um durch eine Wiederholungsprüfung eine Notenverbesserung zu erreichen.

2.1.2   Der Begriff des „Arbeitgebers"

Arbeitgeber ist jeder, der mindestens einen Anderen in einem Arbeitsverhältnis als Arbeit-nehmer beschäftigt, gleichgültig ob es sich dabei um eine natürliche oder eine juristische Person bzw. eine Personenhandelsgesellschaft handelt.

Wichtige Judikatur (bitte lesen):

**Direktionsrecht des Arbeitgebers – leidensgerechter Arbeitsplatz
(BAG, Urteil v. 19.5.2010 = NJW 2010, 3112):**
Kann ein Arbeitnehmer, dessen Tätigkeit im Arbeitsvertrag nur rahmenmäßig umschrieben ist, die vom Arbeitgeber aufgrund seines Direktionsrechts nach § 106 S. 1 GewO wirksam näher bestimmte Tätigkeit aus in seiner Person liegenden Gründen nicht mehr ausüben, aber eine andere, im Rahmen der arbeitsvertraglichen Vereinbarung liegende Tätigkeit ver-richten, sei – so das BAG – das Angebot einer „leidensgerechten Arbeit" ohne Belang, so-lange der Arbeitgeber nicht durch eine Neuausübung seines Direktionsrechts diese zu der i.S.v. § 294 BGB zu bewirkenden Arbeitsleistung bestimmt hat. Anderenfalls könnte der Arbeitnehmer den Inhalt der arbeitsvertraglich nur rahmenmäßig umschriebenen Arbeits-leistung selbst konkretisieren. Das widerspräche § 106 S. 1 GewO. Die Konkretisierung der Arbeitspflicht sei nach § 106 S. 1 GewO Sache des Arbeitgebers. Verlange der Arbeit-geber eine bestimmte Arbeit in rechtlich einwandfreier Art und Weise, komme er nicht in Annahmeverzug, wenn der Arbeitnehmer diese Arbeit ablehnt und stattdessen eine andere, ebenfalls vertragsgemäße Arbeit anbietet (vgl. BAGE 126, 316 – Rn. 24). Mit der Aus-übung des Direktionsrechts werde die vertraglich geschuldete Tätigkeit näher bestimmt und sei ab diesem Zeitpunkt bis zur – wirksamen – Neuausübung des Direktionsrechts die konkret geschuldete Leistung. Etwas anderes ergebe sich auch nicht aus § 296 BGB. Die Mitwirkungshandlung des Arbeitgebers bestehe darin, dem Arbeitnehmer überhaupt die Arbeitsmöglichkeit zu eröffnen, den Arbeitsablauf fortlaufend zu planen und die Arbeits-mittel bereitzustellen. Aus § 296 BGB lasse sich aber keine Verpflichtung des Arbeitgebers herleiten, die von ihm wirksam konkretisierte Arbeitspflicht nach den Wünschen des Arbeitnehmers neu zu bestimmen. Davon zu trennen sei die Frage, ob die vom Arbeitgeber unterlassene Zuweisung leidensgerechter und vertragsgemäßer Arbeit einen Anspruch des Arbeitnehmers auf Schadensersatz begründen kann.

2.1.3 Das Arbeitsverhältnis

Arbeitsverhältnis ist das aufgrund des Arbeitsvertrages besonders ausgestaltete Dienstverhältnis (§ 611 BGB) als Dauerschuldverhältnis zwischen Arbeitnehmer und Arbeitgeber. Als personenrechtliches Gemeinschaftsverhältnis ist es durch die Verpflichtung des Arbeitnehmers zur Rücksichtnahme (früher Treuepflicht) sowie durch die Fürsorgepflicht des Arbeitgebers gekennzeichnet. Wesentliches Merkmal des Arbeitsverhältnisses ist die persönliche Abhängigkeit des Arbeitnehmers vom Arbeitgeber (vor allem im Hinblick auf die Arbeitszeit) bei der Arbeitsleistung. Besondere Formen des Arbeitsverhältnisses sind:

a) Das Gruppenarbeitsverhältnis

Ein Gruppenarbeitsverhältnis ist anzunehmen, wenn mehrere Arbeitnehmer zum Zwecke der gemeinsamen Arbeitsleistung bei demselben Arbeitgeber innerhalb des gleichen Zeitraumes in einem Arbeitsverhältnis stehen. Es liegen mehrere Arbeitsverhältnisse vor, die nur deshalb miteinander im Zusammenhang stehen, weil die Entlohnung sich aus der gemeinsamen Arbeit errechnet. Gruppenarbeitsverhältnisse können unterschiedlich ausgestaltet sein:

Die **Eigengruppe** geht auf die Initiative der Arbeitnehmer zurück, die ihre Arbeitsleistung (ggf. als GbR) einem Arbeitgeber anbieten. Der Arbeitsvertrag wird mit der Gruppe abgeschlossen. Eine gegenseitige Vertretung der Gruppenmitglieder ist dem Arbeitgeber gegenüber nur statthaft, wenn dieser mit den einzelnen Mitgliedern einen entsprechenden gesonderten Vertrag abgeschlossen hat.

Betriebsgruppe ist eine aus betriebsorganisatorischen Gründen vom Arbeitgeber gebildete Gemeinschaft von Arbeitnehmern (etwa eine Maurerkolonne). Die so zusammengefassten Arbeitnehmer stehen im Hinblick auf ihre Arbeitsverhältnisse in keinerlei rechtlichen Beziehungen zueinander.

Arbeitgeber und Arbeitnehmer können nach § 13 Abs. 1 TzBfG vereinbaren, dass mehrere Arbeitnehmer sich die Arbeitszeit an einem Arbeitsplatz teilen (Arbeitsplatzteilung – **Job-Sharing**). Ist einer dieser Arbeitnehmer an der Arbeitsleistung verhindert, sind die anderen Arbeitnehmer zur Vertretung verpflichtet, wenn sie der Vertretung im Einzelfall zugestimmt haben. Eine Pflicht zur Vertretung besteht auch, wenn der Arbeitsvertrag bei Vorliegen dringender betrieblicher Gründe eine Vertretung vorsieht und diese im Einzelfall zumutbar ist. Scheidet ein Arbeitnehmer aus der Arbeitsplatzteilung aus, so ist die darauf gestützte Kündigung des Arbeitsverhältnisses eines anderen in die Arbeitsplatzteilung einbezogenen Arbeitnehmers durch den Arbeitgeber unwirksam (§ 13 Abs. 2 S. 1 TzBfG).

Wichtige Judikatur (bitte lesen):

**Gruppenarbeitsverhältnis – Betriebsgruppe oder Eigengruppe
(LAG Düsseldorf, Urteil v. 18.10.1967 = DB 1967, 2231):**
Generell wird man bei der Beschäftigung einer Eigengruppe schon mit Rücksicht darauf, dass dem Arbeitgeber eine Einwirkung auf die Zusammensetzung der Gruppe verwehrt ist, davon ausgehen müssen, dass es der Wille der Vertragsparteien ist, die Geschlossenheit der Gruppe nicht zu stören. Dies habe zur Folge, dass die Kündigung nur von und gegenüber der gesamten Gruppe möglich ist. Das gelte insbesondere in den Fällen, in denen es sich um eine Eigengruppe handelt, die nur in dieser Zusammensetzung die vereinbarten Leis-

tungen erbringen kann, wie bspw. eine Musikkapelle (vgl. BAG AP Nr. 39 zu § 626 BGB). Dies erscheine jedoch jedenfalls dann nicht zwingend, wenn die Gruppe eine Bau- oder Putzerkolonne ist. Doch müsse ersteres auch dann Geltung haben, wenn bei den letztgenannten Gruppen dadurch die Gruppe in ihrer Zusammensetzung entscheidend beeinflusst worden ist, also keine Eigengruppe in dem früheren Sinne mehr darstellt. Das sei besonders dann der Fall, wenn die Kündigungsmaßnahme sich auf den Gruppenführer bezieht und die Kündigung diesem gegenüber vom Arbeitgeber erfolgt. Denn ohne den Kolonnenführer verliere die Eigengruppe ihren Charakter als solche. Sie müsse sich unter einem neuen Kolonnenführer bilden. Allgemein wirkten daher Kündigungsmaßnahmen gegenüber dem Kolonnenführer einer Eigengruppe auch für und gegen die Gruppenmitglieder.

Abmahnung in einem Gruppenarbeitsverhältnis
(LAG Sachsen-Anhalt, Urteil v. 8.3.2006 = NZA-RR 2000, 528):
Im Falle einer aus zwei Personen bestehenden Eigengruppe – bei der die Arbeitsleistung nicht getrennt erbracht werden kann – kommt eine Einzelkündigung aus verhaltensbedingten Gründen nicht in Betracht. Vielmehr kann einer Eigengruppe dann nur gemeinsam gekündigt werden. Im Vorfeld einer verhaltensbedingten Kündigung ist dann aber nicht nur das Gruppenmitglied abzumahnen, das einen Vertragsverstoß begangen hat, sondern auch das andere Gruppenmitglied.

b) Das Leiharbeitsverhältnis

Beim drittbezogenen Personaleinsatz aufgrund eines Werk- oder Dienstvertrags organisiert der Unternehmer (Arbeitgeber) die zur Erreichung eines wirtschaftlichen Erfolges notwendigen Handlungen selbst und bedient sich dabei seiner Arbeitnehmer als Erfüllungsgehilfen. Er allein bleibt jedoch zur Erfüllung der im Vertrag mit dem Dritten eingegangenen Dienste (oder für die Herstellung des dem Dritten vertraglich geschuldeten Werkes) verantwortlich. Davon zu unterscheiden ist die Arbeitnehmerüberlassung. Diese liegt dann vor, wenn der Arbeitgeber dem Dritten geeignete Arbeitskräfte überlässt, die der Dritte nach eigenen betrieblichen Erfordernissen in seinem Betrieb nach seinen Weisungen einsetzt. Über die rechtliche Qualifizierung eines Vertrages als Arbeitnehmerüberlassungsvertrag oder als Werk- bzw. Dienstvertrag entscheidet der Geschäftsinhalt und nicht die von den Vertragsparteien gewünschte Rechtsfolge oder eine Bezeichnung, die dem tatsächlichen Geschäftsinhalt nicht entspricht. Aufgrund eines Leiharbeitsverhältnisses ist ein Leiharbeitnehmer verpflichtet, seine Arbeitskraft seinem Arbeitgeber (dem Verleiher als selbstständigem Unternehmer) dergestalt zur Verfügung zu stellen, dass er bei einem Dritten (dem Entleiher) in dessen Betrieb und auf dessen Weisung arbeitet.

Die Form einer gewerbsmäßigen Arbeitnehmerüberlassung (unechte Leiharbeit im Unterschied zum gesetzlich nicht geregelten echten Leiharbeitsverhältnis, bei dem ein Arbeitnehmer nur sporadisch und vorübergehend beim Entleiher arbeitet, ansonsten aber beim Verleiher beschäftigt bleibt) ist im AÜG geregelt. Nach dessen § 1 Abs. 1 bedürfen Arbeitgeber (Verleiher), die als Verleiher Dritten (Entleihern) Arbeitnehmer (Leiharbeitnehmer) gewerbsmäßig (und als Hauptzweck ihres Unternehmens) zur Arbeitsleistung überlassen wollen (ohne damit Arbeitsvermittlung im Sinne des § 296 Abs. 1 SGB III, die erlaubnispflichtig ist, zu betreiben), der Erlaubnis. Die Abordnung von Arbeitnehmern zu einer zur Herstellung eines Werkes gebildeten Arbeitsgemeinschaft ist keine Arbeitnehmerüberlassung, wenn der Arbeitgeber Mitglied der Arbeitsgemeinschaft ist, für alle Mitglieder der Arbeitsgemeinschaft Tarifverträge desselben Wirtschaftszweiges gelten und alle Mitglieder aufgrund des Arbeitsgemeinschaftsvertrages zur selbstständigen Erbringung von Vertragsleistungen verpflichtet sind. Nach § 1 b AÜG bestehen Einschränkungen im Baugewerbe. Gewerbsmäßige Arbeitnehmerüberlassung in Betrieben des Baugewerbes für Arbeiten, die üblicherweise von Arbeitern verrichtet werden, ist unzulässig. Sie ist nur zwischen Betrieben des Baugewerbes gestattet, wenn diese Betriebe von denselben Rahmen- und Sozialkassentarifverträgen oder von deren Allgemeinverbindlichkeit erfasst werden.

Allein der Verleiher ist Vertragspartner und damit Arbeitgeber des Leiharbeitnehmers. Etwas anderes gilt nach § 10 Abs. 1 S. 1 AÜG nur für den Fall, dass der Vertrag zwischen Verleiher und einem Leiharbeitnehmer nach § 9 Nr. 1 AÜG (wonach Verträge zwischen Verleihern und Entleihern sowie zwischen Verleihern und Leiharbeitnehmern unwirksam sind, wenn der Verleiher nicht die nach § 1 AÜG erforderliche Erlaubnis hat) unwirksam ist. Dann gilt (Fiktion) ein Arbeitsverhältnis zwischen Entleiher und Leiharbeitnehmer zu dem zwischen dem Entleiher und dem Verleiher für den Beginn der Tätigkeit vorgesehenen Zeitpunkt als zustande gekommen. Ein kraft gesetzlicher Fiktion nach § 10 Abs. 1 AÜG zwischen dem Leiharbeitnehmer und dem Entleiher zustande gekommenes Arbeitsverhältnis steht einem gesetzlich begründeten Arbeitsverhältnis gleich und kann, wenn es unbefristet ist, nur durch Kündigung oder durch Aufhebungsvertrag beendet werden. Der Leiharbeitnehmer kann im Falle der Unwirksamkeit seines Vertrages mit dem Verleiher von diesem Ersatz des Schadens verlangen, den er deshalb erleidet, weil er auf die Gültigkeit des Vertrages vertraute (§ 10 Abs. 2 S. 1 AÜG). Der Leiharbeitnehmer bleibt nach § 14 Abs. 1 AÜG auch während der Zeit seiner Arbeitsleistung beim Entleiher (betriebsverfassungsrechtlich) Angehöriger des entsendenden Betriebs des Verleihers.

Wichtige Judikatur (bitte lesen):

Anspruch des Leiharbeitnehmers auf „equal pay"
(BAG, Urteil v. 23.3.2011 = NZA 2011, 850):
Der Leiharbeitnehmer kann vom Verleiher gemäß § 10 Abs. 4 AÜG während der Zeit der Überlassung an einen Entleiher die Gewährung der im Betrieb des Entleihers für einen vergleichbaren Arbeitnehmer des Entleihers geltenden wesentlichen Arbeitsbedingungen einschließlich des Arbeitsentgelts verlangen, wenn die vereinbarten Bedingungen nach § 9 Nr. 2 AÜG unwirksam sind. Im Entleiherbetrieb geltende Ausschlussfristen gehören nicht zu den wesentlichen Arbeitsbedingungen i.S.v. § 10 Abs. 4 AÜG.

---

c) Das Probearbeitsverhältnis

Das Probearbeitsverhältnis soll es sowohl dem Arbeitgeber als auch dem Arbeitnehmer ermöglichen, Aufschluss darüber zu erlangen, ob der Arbeitnehmer in Bezug auf einen bestimmten Arbeitsplatz überhaupt geeignet ist. Beim Ausbildungsverhältnis ist im Gesetz zwingend eine Probezeit (von mindestens einem Monat und höchstens drei Monaten) vorgeschrieben, während der gemäß §§ 22 BBiG jederzeit und ohne Einhaltung einer Kündigungsfrist gekündigt werden kann. Ein Probearbeitsverhältnis kann rechtlich unterschiedlich ausgestaltet werden: Einerseits dadurch, dass ein Arbeitsverhältnis zur Probe befristet wird (befristetes Probearbeitsverhältnis – Arbeitsvertrag und § 620 Abs. 1 i.V.m. §§ 163, 158 Abs. 2 BGB). § 620 Abs. 3 BGB i.V.m. § 14 Abs. 1 S. 2 Nr. 5 TzBfG qualifiziert ausdrücklich die „Befristung zur Erprobung" als „sachlichen Grund", der die Befristung eines Arbeitsvertrages rechtfertigt. Das befristete Probearbeitsverhältnis endet automatisch mit Zeitablauf. Vorher ist nur eine außerordentliche Kündigung aus wichtigem Grund (§ 626 BGB) statthaft. Andererseits kann auch ein unbefristetes Arbeitsverhältnis mit anfänglicher Probezeit eingegangen werden. Dann kann die anfängliche Probezeit als Mindestvertragszeit (womit eine ordentliche Kündigung während dieser Zeit ausgeschlossen wird) oder als echte Erprobungszeit vereinbart werden.

Wichtige Judikatur (bitte lesen):

Sachgrund der Erprobung i.S.v. § 14 Abs. 1 S. 2 Nr. 5 TzBfG
(BAG, Urteil v. 2.6.2010 = NZA 2010, 1293):
§ 14 Abs. 1 S. 2 Nr. 5 TzBfG nennt keine konkrete zeitliche Vorgabe zur Erprobungsdauer. Allerdings könne – so das BAG – der vereinbarten Vertragslaufzeit Bedeutung im Rahmen der Prüfung des Befristungsgrundes zukommen. Sie müsse sich am Sachgrund der Befristung orientieren und so mit ihm im Einklang stehen, dass sie nicht gegen das Vorliegen des Sachgrundes spricht. Aus der vereinbarten Vertragsdauer dürfe sich nicht ergeben, dass der Sachgrund tatsächlich nicht besteht oder nur vorgeschoben ist (BAGE 58, 265 – unter III.). Stehe die vereinbarte Dauer der Erprobungszeit in keinem angemessenen Verhältnis zu der in Aussicht genommenen Tätigkeit, trage der Sachgrund der Erprobung nicht. Im Allgemeinen würden nach dem Vorbild des § 1 KSchG und der Kündigungsfristenregelung für Kündigungen während der Probezeit (§ 622 Abs. 3 BGB) sechs Monate als Erprobungszeit ausreichen. Einschlägige Tarifverträge könnten Anhaltspunkte geben, welche Probezeit angemessen ist. Längere Befristungen zur Erprobung aufgrund besonderer Einzelfallumstände seien aber – vorbehaltlich entgegenstehender einschlägiger und für das Arbeitsverhältnis geltender Tarifvorschriften – möglich. An einem sachlichen Grund der Erprobung fehle es hingegen, wenn der Arbeitnehmer bereits ausreichende Zeit bei dem Arbeitgeber mit den von ihm zu erfüllenden Aufgaben beschäftigt war und der Arbeitgeber die Fähigkeiten des Arbeitnehmers hinreichend beurteilen kann. Ein vorheriges befristetes oder unbefristetes Arbeitsverhältnis, in dem der Arbeitnehmer mit den gleichen Arbeitsaufgaben betraut war, spreche daher regelmäßig gegen den Sachgrund der Erprobung.

Befristetes Probearbeitsverhältnis – Schriftform
(BAG, Urteil v. 15.1.2003 = DB 2003, 2787):
Das Schriftformerfordernis des § 14 Abs. 4 TzBfG gilt nicht für den der Befristung zugrunde liegenden sachlichen Grund. Der Erprobungszweck des befristeten Probearbeitsverhältnisses nach § 14 Abs. 1 S. 2 Nr. 5 TzBfG muss nicht Vertragsinhalt geworden sein.

d) Das Teilzeitbeschäftigungsverhältnis

Ziel des TzBfG ist es nach dessen § 1, **Teilzeitarbeit** zu fördern, die Voraussetzungen für die Zulässigkeit befristeter Arbeitsverträge festzulegen und die Diskriminierung von teilzeitbeschäftigten und befristet beschäftigten Arbeitnehmern zu verhindern.

Das TzBfG dient der Umsetzung der Richtlinie 97/81/EG des Rates vom 15.12.1997 zu der von UNICE, CEEP und EGB geschlossenen Rahmenvereinbarung über Teilzeitarbeit (ABl. EG 1998 Nr. L 14 S. 9) sowie der Richtlinie 1999/70/EG des Rates vom 28.6.1999 zu der EGB-UNICE-CEEP-Rahmenvereinbarung über befristete Arbeitsverträge (ABl. EG 1999 Nr. L 175 S. 43).

Teilzeitbeschäftigt ist nach § 2 Abs. 1 TzBfG ein Arbeitnehmer, dessen regelmäßige Wochenarbeitszeit kürzer ist als die eines vergleichbaren vollzeitbeschäftigten Arbeitnehmers. Ist eine regelmäßige Wochenarbeitszeit nicht vereinbart, so ist ein Arbeitnehmer teilzeitbeschäftigt, wenn seine regelmäßige Arbeitszeit im Durchschnitt eines bis zu einem Jahr reichenden Beschäftigungszeitraums unter der eines vergleichbaren vollzeitbeschäftigten Arbeitnehmers liegt. Vergleichbar ist ein vollzeitbeschäftigter Arbeitnehmer des Betriebes mit derselben Art des Arbeitsverhältnisses und der gleichen oder einer ähnlichen Tätigkeit. Gibt es im Betrieb keinen vergleichbaren vollzeitbeschäftigten Arbeitnehmer, so ist der vergleichbare vollzeitbeschäftigte Arbeitnehmer auf Grund des anwendbaren Tarifvertrages zu bestimmen; in allen anderen Fällen ist darauf abzustellen, wer im jeweiligen Wirtschaftszweig üblicherweise als vergleichbarer vollzeitbeschäftigter Arbeitnehmer anzusehen ist. Teilzeitbeschäftigt ist gemäß § 2 Abs. 2 TzBfG auch ein Arbeitnehmer, der eine geringfügige Beschäftigung nach § 8 Abs. 1 Nr. 1 SGB IV ausübt.

Ein teilzeitbeschäftigter Arbeitnehmer darf nach § 4 Abs. 1 TzBfG wegen der Teilzeitarbeit nicht schlechter behandelt werden als ein vergleichbarer vollzeitbeschäftigter Arbeitnehmer, es sei denn, dass „sachliche Gründe" eine unterschiedliche Behandlung rechtfertigen. Einem teilzeitbeschäftigten Arbeitnehmer ist Arbeitsentgelt oder eine andere teilbare geldwerte Leistung mindestens in dem Umfang zu gewähren, der dem Anteil seiner Arbeitszeit an der Arbeitszeit eines vergleichbaren vollzeitbeschäftigten Arbeitnehmers entspricht.

Der Arbeitgeber darf einen Arbeitnehmer nicht wegen der Inanspruchnahme von Rechten nach dem TzBfG benachteiligen (so § 5 TzBfG – **Benachteiligungsverbot**).

Der Arbeitgeber hat den Arbeitnehmern, auch in leitenden Positionen, nach § 6 TzBfG Teilzeitarbeit nach Maßgabe dieses Gesetzes zu ermöglichen (**Förderung von Teilzeitarbeit**). Daher muss er einen Arbeitsplatz, den er öffentlich oder innerhalb des Betriebes ausschreibt, auch als Teilzeitarbeitsplatz ausschreiben, wenn sich der Arbeitsplatz hierfür eignet (§ 7 Abs. 1 TzBfG). Der Arbeitgeber hat einen Arbeitnehmer, der ihm den Wunsch nach einer Veränderung von Dauer und Lage seiner vertraglich vereinbarten Arbeitszeit angezeigt hat, nach § 7 Abs. 2 TzBfG über entsprechende Arbeitsplätze zu informieren, die im Betrieb oder Unternehmen besetzt werden sollen – gleichermaßen die Arbeitnehmervertretung (§ 7 Abs. 3 TzBfG). Der Arbeitnehmervertretung sind auf Verlangen die erforderlichen Unterlagen zur Verfügung zu stellen. § 92 des BetrVG bleibt unberührt.

Ein Arbeitnehmer, dessen Arbeitsverhältnis länger als sechs Monate bestanden hat, kann nach § 8 TzBfG verlangen, dass seine vertraglich vereinbarte Arbeitszeit verringert wird (**Anspruch auf Teilzeitarbeit**): Der Arbeitnehmer muss die Verringerung seiner Arbeitszeit und den Umfang der Verringerung spätestens drei Monate vor deren Beginn geltend machen. Er soll dabei die gewünschte Verteilung der Arbeitszeit angeben. Der Arbeitgeber hat mit dem Arbeitnehmer die gewünschte Verringerung der Arbeitszeit mit dem Ziel zu erörtern, zu einer Vereinbarung zu gelangen. Er hat mit dem Arbeitnehmer Einvernehmen über die von ihm festzulegende Verteilung der Arbeitszeit zu erzielen. Der Arbeitgeber hat der Verringerung der Arbeitszeit zuzustimmen und ihre Verteilung entsprechend den Wünschen des Arbeitnehmers festzulegen, soweit betriebliche Gründe nicht entgegenstehen. Ein betrieblicher Grund liegt insbesondere vor, wenn die Verringerung der Arbeitszeit die Organisation, den Arbeitsablauf oder die Sicherheit im Betrieb wesentlich beeinträchtigt oder unverhältnismäßige Kosten verursacht. Die Ablehnungsgründe können durch Tarifvertrag festgelegt werden. Im Geltungsbereich eines solchen Tarifvertrages können nicht tarifgebundene Arbeitgeber und Arbeitnehmer die Anwendung der tariflichen Regelungen über die Ablehnungsgründe vereinbaren. Die Entscheidung über die Verringerung der Arbeitszeit und ihre Verteilung hat der Arbeitgeber dem Arbeitnehmer spätestens einen Monat vor dem gewünschten Beginn der Verringerung schriftlich mitzuteilen. Haben sich Arbeitgeber und Arbeitnehmer nicht über die Verringerung der Arbeitszeit geeinigt und hat der Arbeitgeber die Arbeitszeitverringerung nicht spätestens einen Monat vor deren gewünschtem Beginn schriftlich abgelehnt, verringert sich die Arbeitszeit in dem vom Arbeitnehmer gewünschten Umfang. Haben Arbeitgeber und Arbeitnehmer über die Verteilung der Arbeitszeit kein Einvernehmen erzielt und hat der Arbeitgeber nicht spätestens einen Monat vor dem gewünschten Beginn der Arbeitszeitverringerung die gewünschte Verteilung der Arbeitszeit schriftlich abgelehnt, gilt die Verteilung der Arbeitszeit entsprechend den Wünschen des Arbeitnehmers als festgelegt. Der Arbeitgeber kann die festgelegte Verteilung der Arbeitszeit nur dann wieder ändern, wenn das betriebliche Interesse daran das Interesse des Arbeitnehmers an der Beibehaltung erheblich überwiegt und der Arbeitgeber die Änderung spätestens einen Monat vorher angekündigt hat. Der Arbeitnehmer kann eine erneute Verringerung der Arbeitszeit frühestens nach Ablauf von zwei Jahren verlangen, nachdem der Arbeitgeber einer Verringerung zugestimmt oder sie berechtigt abgelehnt hat. Für den Anspruch auf Verringerung der Arbeitszeit gilt die Voraussetzung, dass der Arbeitgeber, unabhängig von der Anzahl der Personen in Berufsbildung, in der Regel mehr als 15 Arbeitnehmer beschäftigt.

Anspruch auf Teilzeitarbeit nach § 8 TzBfG

1. Wirksamer Arbeitsvertrag.
2. Anwendbarkeit der Norm.
   a) Regelmäßig mehr als 15 im Betrieb beschäftigte Arbeitnehmer (§ 8 Abs. 7 TzBfG).
   b) Wartefrist von sechs Monaten (§ 8 Abs. 1 TzBfG).
3. Wirksame Geltendmachung des Anspruchs:
   a) Vorlaufzeit von drei Monaten (§ 8 Abs. 2 TzBfG).
   b) Sperrfrist von zwei Jahren (§ 8 Abs. 6 TzBfG).
4. Betriebliche Gründe stehen dem Anspruch nicht entgegen (§ 8 Abs. 4 TzBfG):
   a) Arbeitgeber hat dies zu behaupten (§ 8 Abs. 4 S. 1 TzBfG).
   b) § 8 Abs. 4 S. 2 TzBfG normiert – nicht abschließend – Regelbeispiele.
   c) Gründe können nach § 8 Abs. 4 S. 3 und 4 TzBfG tarifvertraglich konkretisiert werden.

5. Zustimmungsfiktion, wenn der Arbeitgeber nicht innerhalb eines Monats den Antrag schriftlich ablehnt (§ 8 Abs. 5 S. 1 TzBfG).

   a) § 8 Abs. 5 S. 2 TzBfG – Fiktion einer Verringerung der Arbeitszeit.

   b) § 8 Abs. 5 S. 3 TzBfG – Fiktion hinsichtlich der Arbeitszeitverteilung.

Der Arbeitgeber hat einen teilzeitbeschäftigten Arbeitnehmer, der ihm den Wunsch nach einer Verlängerung seiner vertraglich vereinbarten Arbeitszeit angezeigt hat, bei der Besetzung eines entsprechenden freien Arbeitsplatzes nach § 9 TzBfG (**Verlängerung der Teilzeitarbeit**) bei gleicher Eignung bevorzugt zu berücksichtigen, es sei denn, dass dringende betriebliche Gründe oder Arbeitszeitwünsche anderer teilzeitbeschäftigter Arbeitnehmer entgegenstehen.

§ 11 TzBfG statuiert ein **Kündigungsverbot**: Die Kündigung eines Arbeitsverhältnisses wegen der Weigerung eines Arbeitnehmers, von einem Vollzeit- in ein Teilzeitarbeitsverhältnis oder umgekehrt zu wechseln, ist unwirksam. Das Recht zur Kündigung des Arbeitsverhältnisses aus anderen Gründen bleibt unberührt.

Wichtige Judikatur (bitte lesen):

Teilzeitarbeitsverhältnis bei ruhendem Vollzeitarbeitsverhältnis (BAG, Urteil v. 21.1.2009 = NZA 2009, 727):
Nach § 14 Abs. 1 S. 2 Nr. 6 TzBfG liegt ein sachlicher Grund für die Befristung eines Arbeitsvertrags vor, wenn in der Person des Arbeitnehmers liegende Gründe die Befristung rechtfertigen. Nach der bereits vor Inkrafttreten des TzBfG ergangenen Rechtsprechung des BAG könne die Befristung eines Arbeitsvertrags aus in der Person des Arbeitnehmers liegenden Gründen sachlich gerechtfertigt sein, wenn das Interesse des Arbeitgebers, aus sozialen Erwägungen mit dem betreffenden Arbeitnehmer nur einen befristeten Arbeitsvertrag abzuschließen, auch angesichts des Interesses des Arbeitnehmers an einer unbefristeten Beschäftigung schutzwürdig ist. Das sei der Fall, wenn es ohne den in der Person des Arbeitnehmers begründeten sozialen Zweck überhaupt nicht zum Abschluss eines Arbeitsvertrags, auch nicht eines befristeten Arbeitsvertrags, gekommen wäre. In diesem Fall liege es auch im objektiven Interesse des Arbeitnehmers, wenigstens für eine begrenzte Zeit bei diesem Arbeitgeber einen Arbeitsplatz zu erhalten. Die sozialen Erwägungen müssten das überwiegende Motiv des Arbeitgebers sein. An einem sozialen Beweggrund für den Abschluss eines befristeten Arbeitsvertrags fehle es, wenn die Interessen des Betriebs oder der Dienststelle und nicht die Berücksichtigung der sozialen Belange des Arbeitnehmers für den Abschluss des Arbeitsvertrags ausschlaggebend waren. Denn das für den Abschluss eines Arbeitsvertrags maßgebliche Interesse des Arbeitgebers gehe regelmäßig dahin, sich die Arbeitsleistung des Arbeitnehmers für seine unternehmerischen Zwecke nutzbar zu machen und dadurch eine Gegenleistung für die gewährte Arbeitsvergütung zu erhalten. Dem Abschluss eines aus sozialen Gründen gerechtfertigten befristeten Arbeitsvertrags müsse eine von diesem Regelfall abweichende Interessenlage zugrunde liegen. Dazu bedürfe es der Feststellung konkreter Anhaltspunkte, die darauf schließen lassen, dass die für eine Beschäftigung des Arbeitnehmers sprechenden betrieblichen oder dienstlichen Interessen des Arbeitgebers für den Vertragsschluss nicht ausschlaggebend waren. Solche Eigeninteressen bräuchten allerdings nicht ganz zu fehlen. Die Tatsache, dass der Arbeitnehmer mit sinn-

vollen Aufgaben beschäftigt wird, hindere die Annahme des Sachgrunds nicht. An einem überwiegenden Interesse des Arbeitgebers könne es danach fehlen, wenn der befristet eingestellte Arbeitnehmer Arbeitsaufgaben ausführen soll, die bisher anderen Arbeitnehmern übertragen sind und diesen aus Anlass der vorübergehenden Beschäftigung keine neuen Aufgaben zugewiesen werden. Den in der Person des Arbeitnehmers liegenden sozialen Zweck für den Abschluss eines befristeten Arbeitsvertrags müsse der Arbeitgeber anhand nachprüfbarer Tatsachen darlegen und im Bestreitensfall beweisen. An diesen Grundsätzen hält das BAG auch nach Inkrafttreten des TzBfG zu dem Sachgrund aus § 14 Abs. 1 S. 2 Nr. 6 TzBfG fest. Zu einer wirksamen Befristung eines Arbeitsvertrags bedürfe es nicht noch zusätzlich einer eigenen sachlichen Rechtfertigung der gewählten Befristungsdauer. Bei der Befristungskontrolle gehe es nicht um die Zulässigkeit der Befristungsdauer, sondern nur um das Vorliegen eines Sachgrunds für die Wahl eines befristeten anstatt eines unbefristeten Arbeitsvertrags. Die im Einzelfall vereinbarte Vertragsdauer habe nur Bedeutung im Rahmen der Prüfung, ob ein sachlicher Grund i.S.d. § 14 TzBfG vorliegt.

Teilzeitanspruch (BAG, Urteil v. 18.8.2009 = NZA 2009, 1207):
Das TzBfG will den Wechsel von einem Vollzeit- in ein Teilzeitarbeitsverhältnis oder umgekehrt erleichtern. § 1 TzBfG sehe als Ziel des Gesetzes – so das BAG – deshalb u.a. vor, Teilzeitarbeit zu fördern. Arbeitgeber haben Arbeitnehmern, auch in leitenden Positionen, Teilzeitarbeit nach Maßgabe des TzBfG zu ermöglichen (§ 6 TzBfG). Sie sollten dafür sorgen, dass Teilzeitarbeit als Arbeitsform attraktiver wird. Mit dem TzBfG sollte zugleich die RL 97/81/EG i.d.F. der RL 98/23/EG umgesetzt werden. Ziel der Rahmenvereinbarung sei es nach ihrem § 1b, die Entwicklung der Teilzeitarbeit auf freiwilliger Basis zu fördern und zu einer flexiblen Organisation der Arbeitszeit beizutragen, die den Bedürfnissen der Arbeitgeber und der Arbeitnehmer Rechnung trägt. Wortlaut und Zusammenhang des § 8 Abs. 1 TzBfG, der einen Anspruch auf Verringerung „der vertraglich vereinbarten Arbeitszeit" begründet, gebe keine Beschränkung auf das arbeitsvertraglich vereinbarte Arbeitszeitverteilungsmodell vor. Der in den §§ 1 und 6 TzBfG ausgedrückte Gesetzeszweck der Förderung der Teilzeitarbeit verlange eine möglichst weitgehende Flexibilisierung nicht nur der Dauer, sondern auch der Verteilung der Arbeitszeit. Wortlaut und Zusammenhang des § 8 Abs. 2 bis 5 TzBfG brächten diese gesetzgeberische Zielvorstellung ebenfalls zum Ausdruck. Die dort getroffenen Regelungen trennten die Entscheidungen des Arbeitgebers über die Anträge auf Arbeitszeitverringerung und Arbeitszeitneuverteilung unter der Voraussetzung, dass ein unmittelbarer Zusammenhang zwischen Reduzierung und Neuverteilung besteht. Der Arbeitgeber könne die Verkürzung wirksam akzeptieren, die Umverteilung dagegen ablehnen, wenn der Arbeitnehmer seinen Reduzierungswunsch nicht vom Erfolg seines Neuverteilungsverlangens abhängig gemacht hat. Die grundsätzliche Trennung von Arbeitszeitverringerung und -verteilung zeige sich daran, dass der Verteilungswunsch in § 8 Abs. 2 bis 5 TzBfG nicht an das vertraglich vereinbarte Modell gebunden und die Arbeitszeit i.d.R. durch Weisung des Arbeitgebers nach § 106 S. 1 GewO verteilt wird. Das Korrekturrecht des Arbeitgebers aus § 8 Abs. 5 S. 4 TzBfG, das auf die Neuverteilung der Arbeitszeit beschränkt ist, halte die Unterscheidung konsequent durch.

e) Arbeit auf Abruf und Job-Sharing

Arbeitgeber und Arbeitnehmer können nach § 12 TzBfG vereinbaren, dass der Arbeitnehmer seine Arbeitsleistung entsprechend dem Arbeitsanfall zu erbringen hat (**Arbeit auf Abruf**). Die Vereinbarung muss eine bestimmte Dauer der wöchentlichen und täglichen Arbeitszeit festlegen. Wenn die Dauer der wöchentlichen Arbeitszeit nicht festgelegt ist, gilt eine Arbeitszeit von zehn Stunden als vereinbart. Wenn die Dauer der täglichen Arbeitszeit nicht festgelegt ist, hat der Arbeitgeber die Arbeitsleistung des Arbeitnehmers jeweils für mindestens drei aufeinander folgende Stunden in Anspruch zu nehmen. Der Arbeitnehmer ist nur zur Arbeitsleistung verpflichtet, wenn der Arbeitgeber ihm die Lage seiner Arbeitszeit jeweils mindestens vier Tage im Voraus mitteilt. Durch Tarifvertrag kann von den genannten Vorgaben auch zuungunsten des Arbeitnehmers abgewichen werden, wenn der Tarifvertrag Regelungen über die tägliche und wöchentliche Arbeitszeit und die Vorankündigungsfrist vorsieht. Im Geltungsbereich eines solchen Tarifvertrages können nicht tarifgebundene Arbeitgeber und Arbeitnehmer die Anwendung der tariflichen Regelungen über die Arbeit auf Abruf vereinbaren.

Arbeitgeber und Arbeitnehmer können nach § 13 TzBfG vereinbaren, dass mehrere Arbeitnehmer sich die Arbeitszeit an einem Arbeitsplatz teilen (**Arbeitsplatzteilung**). Ist einer dieser Arbeitnehmer an der Arbeitsleistung verhindert, sind die anderen Arbeitnehmer zur Vertretung verpflichtet, wenn sie der Vertretung im Einzelfall zugestimmt haben. Eine Pflicht zur Vertretung besteht auch, wenn der Arbeitsvertrag bei Vorliegen dringender betrieblicher Gründe eine Vertretung vorsieht und diese im Einzelfall zumutbar ist. Scheidet ein Arbeitnehmer aus der Arbeitsplatzteilung aus, so ist die darauf gestützte Kündigung des Arbeitsverhältnisses eines anderen in die Arbeitsplatzteilung einbezogenen Arbeitnehmers durch den Arbeitgeber unwirksam. Das Recht zur Änderungskündigung (§ 2 KSchG) aus diesem Anlass und zur Kündigung des Arbeitsverhältnisses aus anderen Gründen bleibt unberührt. Durch Tarifvertrag kann von den genannten Vorgaben auch zuungunsten des Arbeitnehmers abgewichen werden, wenn der Tarifvertrag Regelungen über die Vertretung der Arbeitnehmer enthält. Im Geltungsbereich eines solchen Tarifvertrages können nicht tarifgebundene Arbeitgeber und Arbeitnehmer die Anwendung der tariflichen Regelungen über die Arbeitsplatzteilung vereinbaren.

Wichtige Judikatur (bitte lesen):

Arbeitsverhältnis auf Abruf (LAG Rheinland-Pfalz, Urteil v. 7.4.2011):
Ein Arbeitsverhältnis auf Abruf liegt dann vor, wenn der Arbeitnehmer seine Arbeitsleistung nach Aufforderung durch den Arbeitgeber entsprechend dem Arbeitsanfall zu erbringen hat. Maßgeblich für ein Arbeitsverhältnis auf Abruf i.S. des § 12 TzBfG ist es, dass der Arbeitgeber im Rahmen seines Direktionsrechts (vgl. § 106 GewO) ein bestimmtes Stundendeputat abrufen kann und insoweit ein einseitiges Leistungsbestimmungsrecht hat, dessen Ausübung für den Arbeitnehmer, wenn der Arbeitgeber nach billigem Ermessen vorgeht, die Pflicht zur Erbringung der Arbeitsleistung begründet. Der „Abruf" der Arbeitszeit muss im billigem Ermessen des Arbeitgebers liegen und darf nicht stets neu des Einvernehmens mit dem Arbeitnehmer bedürfen. Fallgestaltungen, in denen der Arbeitnehmer frei bestimmen bzw. ablehnen kann, ob er überhaupt arbeitet, unterfallen nicht § 12 TzBfG. Auch die in § 12 Abs. 1 S. 4 TzBfG vorgesehene hilfsweise Mindestdauer eines Einsatzes

sowie die in § 12 Abs. 2 TzBfG geregelte Ankündigungsfrist für einen Einsatz sind nur dann sinnvoll, wenn der Gesetzgeber die grundsätzliche einseitige Anordenbarkeit der Einsätze voraussetzt, da der Arbeitnehmer anderenfalls, wenn sein Einverständnis maßgeblich wäre, ohne weiteres Anfragen des Arbeitgebers ablehnen könnte.

2.2   Grundstrukturen des Arbeitsrechts

Ausgangspunkt ist der Einzelarbeitsvertrag, aus dem sich im Regelfalle ergibt, welche Rechtsquellen in Bezug auf einen bestimmten Arbeitnehmer anwendbar sein sollen (vgl. auch § 105 GewO, wonach Arbeitgeber und Arbeitnehmer Abschluss, Inhalt und Form des Arbeitsvertrages frei vereinbaren können, soweit nicht zwingende gesetzliche [d.h. zwingendes Arbeitnehmerschutzrecht] Vorschriften, Bestimmungen eines anwendbaren Tarifvertrages oder einer Betriebsvereinbarung entgegenstehen – soweit die Vertragsbedingungen wesentlich sind, richtet sich ihr Nachweis nach den Bestimmungen des Nachweisgesetzes). Im Hinblick auf das Verhältnis der Rangfolge möglicher anwendbarer Rechtsquellen im nationalen Recht gelten folgende Prinzipien:

- **Rangprinzip:** Das ranghöhere zwingende Recht geht dem rangniedrigeren Recht vor.
- **Günstigkeitsprinzip:** Ausnahmsweise geht die Regelung einer niedrigeren Rangstufe dem höherrangigen Recht vor, sofern sie für den Arbeitnehmer günstiger ist.

Innerhalb einer Rangstufe gelten für verschiedene Rechtsquellen zwei Grundsätze:

Das

- **Ordnungsprinzip**, wonach eine später erlassene Rechtsnorm eine zu einem früheren Zeitpunkt Erlassene ablöst (sog. Zeitkollisionsregel).
- **Spezialitätsprinzip**, wonach eine speziellere Regelung eine generellere (allgemeinere) Regelung verdrängt.

2.2.1   Europarecht

Der EuGH geht von einem Vorrang des Gemeinschaftsrechts aus. Das BVerfG akzeptiert diesen Vorrang, macht aber einen Prüfungsvorbehalt (an tragenden Verfassungsprinzipien und Grundrechten) geltend (Solange-Beschlüsse), „solange" ein wirksamer Grundrechtsschutz durch das Gemeinschaftsrecht noch nicht gewährleistet ist. Im Maastricht-Urteil hat es den Anwendungsvorrang auf einen ungeschriebenen Rechtssatz des Gemeinschaftsrechts gestützt (gemeinschaftskonforme Auslegung aller Normen des nationalen Rechts), dem durch die Zustimmungsgesetze zu den Gemeinschaftsgesetzen nationale Geltung verliehen wurde. Es ist zwischen primärem und sekundärem Gemeinschaftsrecht zu differenzieren.

a)   Primäres Gemeinschaftsrecht

Im AEUV als primärem Gemeinschaftsrecht selbst werden eine Reihe von für das Arbeitsrecht relevanter und verbindlicher Normen geregelt:

- Art. 45 ff. AEUV (vormals Art. 39 ff. EGV – Freizügigkeit der Arbeitnehmer in den Mitgliedstaaten und Grundsatz der Inländergleichbehandlung). Nach der Bosman-Entscheidung des EuGH entfaltet Art. 45 AEUV sogar unmittelbare Drittwirkung gegenüber Privatrechtssubjekten. Die Freizügigkeit umfasst nach Art. 45 Abs. 2 AEUV die Abschaffung jeder auf der Staatsangehörigkeit beruhenden unterschiedlichen Behandlung der Arbeitnehmer der Mitgliedstaaten in Bezug auf Beschäftigung, Entlohnung und sonstige Arbeitsbedingungen (Grundsatz der Inländergleichbehandlung).
- Art. 151 f. AEUV (vormals 136 f. EGV – Verbesserung der Lebens- und Arbeitsbedingungen der Arbeitskräfte und Zusammenarbeit in sozialen Fragen).
- Art. 154 f. AEUV (vormals Art. 138 f. EGV – Harmonisierung arbeitsschutzrechtlicher Fragen und Dialog zwischen den Sozialpartnern).
- Art. 157 AEUV (vormals 141 EGV – **Grundsatz des gleichen Entgelts für Männer und Frauen**).

Die genannten Regelungen sind aufgrund der Ratifikation des EGV als einfaches Gesetz in das Recht der Bundesrepublik transformiert worden und damit unmittelbar geltendes Recht (Art. 23 Abs. 1 i.V.m. Art. 59 Abs. 2 GG).

b) Sekundäres Gemeinschaftsrecht

Sekundäres Gemeinschaftsrecht sind all jene Rechtsvorschriften, die von EG-Organen nach Maßgabe des Art. 288 AEUV (vormals Art. 249 EGV) auf der Grundlage der Gründungsverträge geschaffen wurden. Dabei ist (nach dem Grad der Verbindlichkeit) zwischen Verordnungen und Richtlinien zu differenzieren:

aa) EG-Verordnungen

Nach § 288 S. 2 AEUV (vormals § 249 S. 2 und 3 EGV) hat eine Verordnung allgemeine Geltung. Sie ist in all ihren Teilen verbindlich und gilt in jedem Mitgliedstaat.

bb) (Arbeitnehmerschutz-)Richtlinien der EG

Eine Richtlinie ist nach Art. 288 S. 3 AEUV (vormals Art. 249 S. 4 EGV) zwar für jeden Mitgliedstaat, an den sie gerichtet wird, hinsichtlich des zu erreichenden Ziels verbindlich. Sie überlässt jedoch den innerstaatlichen Stellen die Wahl der Form und der Mittel. Einer EG-Richtlinie kommt daher gegenüber einem einzelnen Arbeitnehmer grundsätzlich keine unmittelbare Rechtswirkung zu. Die Mitgliedstaaten sind aber verpflichtet, den Richtlinieninhalt in nationales Recht umzusetzen (sog. Transformation).

Der einzelne Arbeitnehmer kann sich jedoch bei einer nicht rechtzeitigen oder nicht ordnungsgemäß erfolgten innerstaatlichen Umsetzung einer EG-Richtlinie auf eindeutig eingeräumte Rechte aus der Richtlinie berufen. Der EuGH hat die unmittelbare Wirkung von Richtlinien bestätigt, wenn diese inhaltlich unbedingt sind und hinreichend genaue Regelungen enthalten. Für diesen Fall entfaltet eine Richtlinie jedoch nur Wirkung im Verhältnis Bürger – Staat, nicht hingegen im Verhältnis der Bürger untereinander (etwa zwischen Arbeitgeber und Arbeitnehmer).

Überblick:

- Arbeitszeitrichtlinie 2003/88/EG – transformiert im ArbZG

- Leiharbeitrichtlinie 2008/104/EG – transformiert im AÜG

- Gleichbehandlungsrichtlinien – transformiert im AGG –

  - 2002/73/EG zur Verwirklichung des Grundsatzes der Gleichbehandlung von Männern und Frauen hinsichtlich des Zugangs zur Beschäftigung, zur Berufsbildung und zum beruflichen Aufstieg sowie in Bezug auf die Arbeitsbedingungen

  - 2000/43/EG zur Anwendung des Gleichbehandlungsgrundsatzes ohne Unterschied der Rasse oder der ethnischen Herkunft

  - 2000/78/EG zur Festlegung eines allgemeinen Rahmens für die Verwirklichung der Gleichbehandlung in Beschäftigung und Beruf

- Betriebsübergangsrichtlinie 2001/23/EG – transformiert in § 613a BGB

- Nachweisrichtlinie 1991/533/EWG – transformiert im NachweisG

- Jugendarbeitsschutzrichtlinie 1994/33/EG – transformiert im JArbSchG

- Arbeitnehmerentsenderichtlinie 1996/71/EG – transformiert im AEntG

- Teilzeitarbeitsrichtlinie 1997/81/EG – transformiert in § 4 TzBfG

- Richtlinie betreffend befristete Arbeitsverträge 1999/70/EG – transformiert in § 14 TzBfG

- Massenentlassungsrichtlinie 1998/59/EG – transformiert in den §§ 17 ff. KSchG

- Richtlinie über den Elternurlaub 2010/18/EU – transformiert im BEEG

- Europäische Betriebsratsrichtlinie 2009/38/EG – transformiert im EBRG

2.2.2   Grundgesetz

Nach der Lehre von der mittelbaren Drittwirkung der Grundrechte können diese als subjektive öffentliche Rechte nicht als gesetzliche Verbote oder Schutzgesetze in das Privatrecht übernommen werden: Die Grundrechte sind Abwehrrechte des Individuums gegen den Staat. Die Grundrechte wirken aber, wie auch die objektive Wertordnung des Grundgesetzes insgesamt, durch Auslegung und über die Generalklauseln (mittelbar) auf das Privatrecht ein. Ausfüllungsbedürftige (d.h. offene Rechtsbegriffe) sind das „Einfallstor" im Privatrecht, um grundrechtliche Wertungen in die Auslegung privatrechtlicher Normen einfließen zu lassen. Die Grundrechte entfalten mithin als Ordnungsgrundsätze des sozialen Lebens eine Ausstrahlungswirkung auch auf das Arbeitsverhältnis. Unmittelbare Drittwirkung entfaltet (kraft ausdrücklicher Anordnung) allein Art. 9 Abs. 3 S. 2 GG (Koalitionsfreiheit).

2.2.3   Einfache Gesetze

Das Arbeitsrecht unterfällt der konkurrierenden Gesetzgebungsbefugnis zwischen Bund und Ländern (Art. 72, 74 Nr. 12 GG). Grundsätzlich hat der Bund von dieser Kompetenz durch den Erlass arbeitsrechtlicher Gesetze oder Verordnungen (auf der Grundlage des Art. 80 GG)

Gebrauch gemacht. Die wesentlichen arbeitsrechtlichen Regelungen finden sich immer noch im BGB selbst, weil daraus sowohl

- die allgemeinen Vorgaben über das Zustandekommen und die Wirksamkeit eines Arbeitsvertrags (§§ 104 ff., 130 ff. BGB) als auch die
- Vorschriften über den Dienstvertrag (§§ 611 ff. BGB – etwa die Grundpflichten und die Vergütung, die Fürsorgepflicht des Arbeitgebers [§ 618 BGB], der Betriebsübergang [§ 613 a BGB], die Grundregeln über die Kündigung [§§ 622 und 626 BGB] bzw. die Zeugniserteilung [§ 630 BGB])

resultieren. Die Gewerbeordnung (GewO) trifft in ihrem Titel VII (Arbeitnehmer) unter I. auch allgemeine arbeitsrechtliche Grundsätze, die nach § 6 Abs. 2 GewO auf alle Arbeitnehmer Anwendung finden – etwa in § 105 über die freie Gestaltung des Arbeitsvertrags, in § 106 über das Weisungsrecht des Arbeitgebers, in § 107 über die Berechnung und Zahlung des Arbeitsentgelts, in § 108 über die Abrechnung des Arbeitsentgelts, in § 109 über das (Arbeits-)Zeugnis und in § 110 über das arbeitsvertragliche Wettbewerbsverbot. Daneben hat der Gesetzgeber eine Fülle arbeitnehmerschutzrechtlicher Gesetze erlassen, die entweder alle Arbeitnehmer oder doch bestimmte Arbeitnehmergruppen erfassen. Weite Bereiche des kollektiven Arbeitsrechts (etwa das Recht der Koalitionen und der Arbeitskampf) basieren nicht auf gesetzlichen Vorgaben. Auf der Grundlage des Art. 9 Abs. 3 GG herrscht hier Richterrecht.

Regelmäßig sind arbeitnehmerschutzrechtliche Vorschriften **einseitig zwingende Normen,** von denen der Arbeitgeber nicht zu Ungunsten des Arbeitnehmers abweichen darf. Werden in einer Norm zugleich auch Interessen der Allgemeinheit mit geregelt, kann diese auch zweiseitig (d.h. sowohl den Arbeitgeber als auch den Arbeitnehmer betreffend) zwingend ausgestaltet sein. Daneben existieren jedoch auch eine Reihe von dispositiven Vorschriften, von denen durch anderweitige Regelungen im Arbeitsvertrag oder durch Verzicht des Arbeitnehmers abgewichen werden kann. Zu erwähnen bleibt noch die sog. **Tarifdispositivität** bestimmter gesetzlicher Regelungen (etwa § 4 Abs. 4 EntFG oder § 13 Abs. 1 S. 1 BUrlG), von deren Regelungsgehalt durch Tarifvertrag auch zu Ungunsten der Arbeitnehmer abgewichen werden kann.

2.2.4   Normen des Tarifvertrags

Ein zwischen einer Gewerkschaft und einem Arbeitgeberverband (**Verbandstarifvertrag**) oder zwischen einer Gewerkschaft und einem einzelnen Arbeitgeber (**Firmentarifvertrag**) abgeschlossener Tarifvertrag regelt nach § 1 Abs. 1 TVG zweierlei:

- Rechte und Pflichten der Tarifvertragsparteien (nach § 2 Abs. 1 TVG Gewerkschaften, einzelne Arbeitgeber sowie Vereinigungen von Arbeitgebern) zueinander (**schuldrechtlicher Teil des Tarifvertrags**) einerseits;
- andererseits Rechtsnormen, die den Inhalt (Inhaltsnormen), Abschluss (Abschlussnormen) und die Beendigung von Arbeitsverhältnissen (Beendigungsnormen) sowie betriebliche (Betriebsnormen) und betriebsverfassungsrechtliche Fragen (betriebsverfassungsrechtliche Normen) ordnen können (**normativer Teil eines Tarifvertrags**).

Zudem können im Tarifvertrag Regelungen über gemeinsame Einrichtungen der Tarifvertragsparteien (etwa Lohnausgleichskassen, Urlaubskassen usw.) vorgesehen und geregelt werden (§ 4 Abs. 2 TVG). Der normative Teil des Tarifvertrags gilt unmittelbar und zwingend (gesetzesgleich – § 4 Abs. 1 TVG) zwischen den nach § 3 TVG tarifgebundenen Arbeitnehmern und Arbeitgebern.

a) Ansprüche aus einem Tarifvertrag

Ein tarifgebundener Arbeitnehmer (d.h. ein solcher, der Mitglied der tarifvertragsschließen-den Gewerkschaft ist – § 3 Abs. 1 i.V.m. § 2 Abs. 1 TVG) kann bei einem bestehenden Arbeitsvertrag mit seinem gleichfalls tarifgebundenen Arbeitgeber aus dem geltenden Tarif-vertrag (Anspruchsgrundlage ist § 611 BGB i.V.m. dem [Individual-] Arbeitsvertrag und dem einschlägigen Tarifvertrag) unter folgenden Voraussetzungen Ansprüche geltend machen:

Ein Tarifvertrag i.S. des § 1 Abs. 1 TVG muss nach Maßgabe der §§ 145 ff. BGB wirksam zustande gekommen sein. Tarifverträge bedürfen nach § 1 Abs. 2 TVG der Schriftform (§ 126 BGB) als Wirksamkeitsvoraussetzung. Tariffähig sind nach § 2 Abs. 1 TVG Gewerkschaften, einzelne Arbeitgeber sowie Vereinigungen von Arbeitgebern:

- Der einzelne Arbeitgeber ist nach § 2 Abs. 1 TVG im Hinblick auf den Abschluss eines Firmentarifvertrags (Haustarifvertrag) tariffähig.
- Vereinigungen von Arbeitgebern sind zum Abschluss von Verbandstarifverträgen befugt.
- Gewerkschaften (§ 2 Abs. 1 TVG).
- Besonderheiten: Innungen und Landesinnungsverbände sind nach § 54 Abs. 3 Nr. 1 bzw. § 82 S. 2 Nr. 3 HandwO tariffähig.
- Spitzenorganisationen, d.h. Zusammenschlüsse von Gewerkschaften oder Vereinigungen von Arbeitgebern, können nach § 2 Abs. 2 TVG im Namen der ihnen angeschlossenen Verbände Tarifverträge abschließen, wenn sie eine entsprechende Vollmacht haben. Sie können auch selbst Partei eines Tarifvertrags sein, wenn der Abschluss von Tarifverträ-gen zu ihren satzungsgemäßen Aufgaben zählt (§ 2 Abs. 3 TVG).

Die Tarifzuständigkeit einer Tarifvertragspartei richtet sich allein nach der autonom gesetzten Satzung des in Rede stehenden Verbandes. Nach § 3 Abs. 1 TVG besteht eine Tarifbindung, wenn sowohl der Arbeitgeber als auch der Arbeitnehmer Mitglied des tarifschließenden Ver-bandes ist (**Grundsatz der beidseitigen Tarifbindung**). Tarifgebunden ist aber auch der Arbeitgeber, der mit der zuständigen Gewerkschaft einen Firmentarifvertrag abschließt. Die Tarifbindung beginnt mit dem Eintritt in die Gewerkschaft bzw. den Arbeitgeberverband. Sie endet aber nicht etwa bereits schon mit dem Verbandsaustritt. Die Tarifgebundenheit bleibt vielmehr bestehen, bis der Tarifvertrag endet. Dies gilt selbst für den Fall, dass ein Arbeit-nehmer erst nach dem Verbandsaustritt seines Arbeitgebers der tarifvertragsschließenden Gewerkschaft beitritt. Im Hinblick auf die normative Wirkung von betriebs- und betriebsver-fassungsrechtlichen Normen reicht nach § 4 Abs. 1 S. 1 und 2 sowie Abs. 2 TVG eine einsei-tige Tarifbindung des Arbeitgebers aus, um eine einheitliche Anwendung dieser Regelungen im Betrieb zu gewährleisten.

Nicht-verbandsangehörige Arbeitnehmer oder Arbeitgeber, mithin solche, die nicht tarifge-bunden sind, werden als sog. **Außenseiter** bezeichnet. Auf sie kann ein Tarifvertrag nur in folgenden Fällen zur Anwendung gelangen:

- Durch **Allgemeinverbindlichkeitserklärung** (Hoheitsakt) des Bundesministeriums für Arbeit und Sozialordnung – im Einvernehmen mit einem aus je drei Vertretern der Spit-zenorganisationen der Arbeitgeber und der Arbeitnehmer bestehenden Ausschuss – kann beim Vorliegen bestimmter Voraussetzungen (§ 5 Abs. 1 bis 3 TVG) die normative Wir-kung eines Tarifvertrags nach § 5 Abs. 4 TVG auch auf die bisher nicht tarifgebundenen Arbeitgeber und Arbeitnehmer in seinem Geltungsbereich erstreckt werden (vgl. dazu auch das AEntG).

- Durch die Bezugnahme im Arbeitsvertrag eines Außenseiters (schuldrechtliche Einbeziehung eines Tarifvertrags in einen Individualarbeitsvertrag).
- Gleichbehandlungsgrundsatz.
- Im Übrigen können gemäß § 613 a Abs. 1 S. 2 BGB auch im Zusammenhang mit einem Betriebsübergang tarifvertragliche Normen zum schuldrechtlichen Inhalt eines Arbeitsvertrags werden.

Das Arbeitsverhältnis des Arbeitnehmers muss vom „Geltungsbereich des Tarifvertrags" erfasst werden (§ 4 Abs. 1 TVG), den die Tarifvertragsparteien bei Abschluss des Tarifvertrags im Rahmen ihrer Tarifzuständigkeit festlegen. Dabei ist zwischen dem räumlichen, fachlichen und zeitlichen Geltungsbereich zu unterscheiden: Nur das Arbeitsverhältnis in einem Unternehmen, das in der im Tarifvertrag bezeichneten Region angesiedelt ist, unterfällt dem räumlichen Geltungsbereich des betreffenden Tarifvertrags. Der fachliche Geltungsbereich stellt einerseits auf die Branche (i.d.R. den Wirtschaftszweig – etwa die Metallindustrie – branchenmäßig-betrieblicher Geltungsbereich), andererseits auf die Zugehörigkeit (Eingruppierung) zu einer bestimmten Arbeitnehmergruppe (fachlich-persönlicher Geltungsbereich) ab. Dergestalt von einem Tarifvertrag nicht erfasst werden die sog. AT- (d.h. „außertariflich" entlohnten) Arbeitnehmer. Mit Abschluss des Tarifvertrags treten (vorbehaltlich einer anderweitigen Regelung im Vertrag selbst) dessen Wirkungen ein. Eine Rückwirkung des Tarifvertrags oder von Teilen desselben ist grundsätzlich möglich. Seine Wirkungen enden, wenn der Tarifvertrag nach § 158 BGB befristet abgeschlossen wurde, mit Zeitablauf – anderenfalls durch Kündigung, Aufhebungsvertrag oder Abschluss eines neuen Tarifvertrags (§ 311 Abs. BGB).

Eine tarifliche **Nachwirkung** regelt § 4 Abs. 5 TVG: Nach Ablauf eines Tarifvertrags gelten seine Rechtsnormen weiter, bis sie durch eine andere Abmachung ersetzt werden. Dies bedeutet, dass die Normen im Interesse der Vermeidung eines regelungslosen Zustandes zwar ihre Gültigkeit behalten, ihre Rechtsqualität aber insoweit verändern, als sie dispositiv werden, weshalb nach Ablauf des Tarifvertrags von den Normen auch durch einzelvertragliche Abrede abgewichen werden kann.

Die Regelung eines Tarifvertrags entfaltet gegenüber einem Arbeitnehmer als Anspruchsteller nur nach Maßgabe des § 4 Abs. 1 TVG normative Wirkungen. Voraussetzung für eine unmittelbare und zwingende Geltung der Rechtsnormen eines Tarifvertrags ist, dass der Arbeitnehmer als Tarifgebundener unter den Geltungsbereich des Tarifvertrags fällt. Vorrangig ist jedoch zu prüfen, ob die in Rede stehende Norm überhaupt eine durch Tarifvertrag regelbare Angelegenheit enthält, die nicht gegen höherrangiges Recht verstößt – mithin ist zunächst die Frage nach der Normsetzungsbefugnis durch einen Tarifvertrag zu beantworten.

b) Abweichende Abmachungen vom Tarifvertrag

Abweichende Abmachungen vom Tarifvertrag zwischen Arbeitgeber und Arbeitnehmer – mithin die Möglichkeit nachgiebiger Tarifnormen – sind nach § 4 Abs. 3 TVG nur unter zweierlei Gesichtspunkten statthaft:

- Zu Lasten des Arbeitnehmers, „soweit sie durch den Tarifvertrag gestattet sind" (d.h. durch eine sog. ausdrückliche oder konkludente **Zulassungs- oder Öffnungsklausel** im Tarifvertrag);
- Zu Gunsten des Arbeitnehmers (**Günstigkeitsprinzip**). Abmachungen zwischen Arbeitgeber und Arbeitnehmer, die für den Arbeitnehmer objektiv günstiger sind, behalten ihre

Wirksamkeit. Dabei ist ein Gruppenvergleich anzustellen. Alle Bestimmungen (im Tarif-vertrag wie im Einzelarbeitsvertrag), die nach ihrem Sinn in einem inneren Zusammen-hang stehen, müssen miteinander verglichen werden.

Vom Günstigkeitsprinzip strikt zu unterscheiden ist das sog. **Ordnungsprinzip**. Letzteres regelt das Verhältnis ranggleicher Bestimmungen zueinander: (Spätere) Normen des aktuel-len Tarifvertrags gehen etwa früheren Normen des alten Tarifvertrags vor. Das Günstigkeits-prinzip trifft hingegen Vorgaben für das Verhältnis von Bestimmungen unterschiedlichen Ranges: Eine speziellere Regelung des Arbeitsvertrages geht dann einer generellen Regelung des Tarifvertrags vor, falls sie sich für den Arbeitnehmer günstiger darstellt.

Im Zusammenhang mit dem Abschluss neuer Tarifverträge sind Gewerkschaften oft bemüht, Besitzstände auch für die Zukunft fortzuschreiben – etwa eine bislang gewährte übertarifli-che Leistung bei Verbesserung der tariflichen Leistungen in einem neuen Tarifvertrag anzu-rechnen (bspw. Verrechnung von in der Vergangenheit gewährter übertariflicher Lohnbe-standteile mit aktuellen Tariflohnerhöhungen). Insoweit tritt dann ein Problem auf, wenn der Tariflohn durch den Tarifvertrag zwar erhöht wird, der Arbeitnehmer aber bereits bisher kraft einzelvertraglicher Abrede einen höheren Lohn bezogen hat (Zusammenhang von Effektiv-lohn und Tariflohnerhöhung). Kommt es in diesem Falle zu einer (weiteren) Aufstockung des Effektivlohns – oder aber zu einer Aufsaugung der Tariflohnerhöhung? Der Tarifvertrag regelt **Mindestarbeitsbedingungen**, nicht jedoch Höchstarbeitsbedingungen. Dies hat zur Folge, dass etwa die Festsetzung eines Maximallohnes wegen Verstoßes gegen ein gesetzli-ches Verbot gemäß § 134 BGB i.V.m. § 4 Abs. 3 TVG nichtig wäre.

aa) Anrechnungsklauseln

Anrechnungsklauseln verstoßen nach Auffassung der Judikatur gegen das Günstigkeitsprin-zip: Der Tarifvertrag soll allein Mindestarbeitsbedingungen regeln. Eine Anrechnungsklausel würde jedoch Höchstarbeitsbedingungen festlegen.

bb) Effektivklauseln

Dasselbe gilt für Effektivklauseln. Da bislang bezahlte übertarifliche Leistungen durch einen neuen verbesserten Tarifvertrag grundsätzlich „aufgesogen" werden, sehen entsprechende Klauseln vor, dass der künftig vom Arbeitgeber effektiv zu zahlende Lohn um die Differenz zwischen dem bisherigen und dem neuen Tariflohn aufgestockt werden soll. Effektivgaran-tieklauseln im Sinne, dass der aufgestockte Effektivlohn als unabdingbarer Tariflohn zu zah-len ist, sind unzulässig, da auch hierin der Versuch liegt, in Arbeitsverträgen individuell ver-einbarte Löhne als Mindestlöhne auszuweisen.

cc) Begrenzte Effektivklauseln

Von begrenzten Effektivklauseln spricht man dann, wenn der Tarifvertrag zwar die Aufsto-ckung vorsieht, den Arbeitsvertragsparteien jedoch die Möglichkeit eingeräumt bleibt, den übertariflichen Lohn wieder auf das Niveau des tariflichen abzubauen. Die Judikatur hält auch solche Klauseln für unzulässig, weil die Tarifvertragsparteien dadurch in unzulässiger Weise in die Gestaltungsfreiheit der Arbeitsvertragsparteien eingreifen.

dd) Verdienstsicherungsklauseln

Von den genannten Effektivklauseln zu unterscheiden sind Verdienstsicherungsklauseln. Mit deren Hilfe soll vor allem älteren Arbeitnehmern, deren Leistungsfähigkeit abnimmt, im Falle einer Umsetzung auf einen anderen Arbeitsplatz (mit geringerer Entlohnung) das bislang gewährte Arbeitsentgelt (einschließlich etwaiger übertariflicher Zulagen) gesichert werden. Das BAG erachtet solche Klauseln für statthaft.

ee) Exkurs: Organisations- und Differenzierungsklauseln

Tarifvertragliche Organisationsklauseln, die es einem Arbeitgeber verbieten, nicht gewerkschaftlich organisierte Arbeitnehmer bzw. solche, die einer anderen als der tarifvertragsschließenden Gewerkschaft angehören, zu beschäftigen, sind rechtswidrig, da sie gegen die negative Koalitionsfreiheit des Außenseiters nach Art. 9 Abs. 3 GG bzw. die positive Koalitionsfreiheit des Andersorganisierten verstoßen (Verbot des sog. closed shop). Eine unterschiedliche Behandlung von Organisierten und Außenseitern kann auch im Rahmen von Differenzierungsklauseln erfolgen, die von der Rechtsprechung wegen Verstoßes gegen die negative Koalitionsfreiheit (Art. 9 Abs. 3 GG) des Außenseiters für rechtswidrig erachtet werden.

ff) Weiterer Exkurs: Tarifausschluss- und Spannensicherungsklauseln

Tarifausschlussklauseln verbieten etwa einem Arbeitgeber, auch Außenseitern tarifliche Leistungen (auf die letztere wegen fehlender Tarifbindung nach § 3 Abs. 1 TVG keinen Anspruch haben) zu gewähren. Spannensicherungsklauseln verpflichten den Arbeitgeber, einem organisierten Arbeitnehmer eine tariflich vorgesehene Leistung zusätzlich zu gewähren, um diesem jeweils einen Vorrang vor Nichtorganisierten zu garantieren. Auch diese Gestaltungsformen begegnen denselben Bedenken, die bereits vorab hinsichtlich Organisations- und Differenzierungsklauseln dargestellt wurden.

Wichtige Judikatur (bitte lesen):

Unwirksamkeit einer Differenzierungsklausel
(BAG, Urteil v. 23.3.2011 = NZA 2011, 920):
Eine tarifvertragliche Inhaltsnorm, die eine den Gewerkschaftsmitgliedern vorbehaltene Leistung dadurch absichert, dass sie für den Fall einer Kompensationsleistung des Arbeitgebers an nicht oder anders organisierte Arbeitnehmer das Entstehen eines entsprechend erhöhten Anspruchs für die Gewerkschaftsmitglieder vorsieht (sog. Spannenklausel), ist – so das BAG – wegen Überschreitung der Tarifmacht unwirksam.

„Blitzaustritt" aus Arbeitgeberverband (BAG, Urteil v. 20.2.2008 = NZA 2008, 1809):
Gegenüber einer nach Vereins- und Satzungsrecht wirksamen Vereinbarung über die Beendigung der Mitgliedschaft in einem Arbeitgeberverband ohne Einhaltung der satzungsmäßig vorgesehenen Austrittsfrist können nach Ansicht des BAG aus koalitionsrechtlichen Gründen Wirksamkeitsbedenken bestehen, wenn durch eine solche Vereinbarung die Funktionsfähigkeit der Tarifautonomie beeinträchtigt wird. Dies komme insbesondere dann in Betracht, wenn durch sie die Grundlagen der Tarifverhandlungen und ihrer Ergebnisse nicht unerheblich verändert werden. Solche Bedenken bestünden dann nicht, wenn eine Tarifver-

tragspartei auf eine kurzfristige, verbandsrechtlich zulässige Beendigung der Mitgliedschaft im gegnerischen Verband auch nach dem Beginn der Tarifverhandlungen reagieren kann.

Tarifliche Öffnungsklausel zu abweichender Betriebsvereinbarung (BAG, Urteil v. 20.10.2010 = NZA 2011, 468):
Wenn ein Tarifvertrag eine Öffnungsklausel enthält, nach der beim Vorliegen bestimmter, im Tarifvertrag genannter Voraussetzungen die Tarifvertragsparteien einer von den Tarifregelungen abweichenden Betriebsvereinbarung zustimmen „sollen", kann – so das BAG – eine der Parteien des Tarifvertrages von der anderen die Zustimmung verlangen,

- wenn die tariflich bestimmten Voraussetzungen vorliegen,
- wenn die Betriebsvereinbarung die tariflichen Anforderungen erfüllt (im konkreten Fall: Zweck der Beschäftigungssicherung und der Wettbewerbsverbesserung, Einhaltung eines bestimmten Absenkungsrahmens) und
- wenn die andere Partei nicht das Vorliegen eines besonderen Ausnahmesachverhaltes geltend machen kann.

Prüfungsschema (Tarifvertragsrecht)

1. Vertrag (§ 1 Abs. 1 TVG) i.S. der §§ 145 ff. BGB.
2. Schriftformerfordernis (§ 1 Abs. 2 TVG i.V.m. § 126 BGB).
3. Tariffähigkeit der Vertragspartner (§ 2 TVG):
   a) Gewerkschaften.
   b) Arbeitgebervereinigungen (Verbandstarifvertrag).
   c) Einzelner Arbeitgeber (Firmen-/Haustarifvertrag).
   d) Besonderheit: Innungen und Innungsverbände (§§ 54 Abs. 3 Nr. 1, 85 Abs. 2 HandwO).
4. Regelungsgegenstand (Tarifautonomie – Art. 9 Abs. 3 S. 1 GG).
   a) § 1 Abs. 1 TVG:
      i. Schuldrechtlicher Teil des Tarifvertrags.
      ii. Normativer Teil des Tarifvertrags:
         1. Inhalt, Abschluss und Beendigung von Arbeitsverträgen.
         2. Betriebliche Normen.
         3. Betriebsverfassungsrechtliche Normen.
   b) § 4 Abs. 2 TVG (gemeinsame Einrichtungen der Tarifvertragsparteien).
5. Kein Verstoß der im Tarifvertrag geregelten Materie gegen übergeordnetes Recht.
6. Örtliche und sachliche Tarifzuständigkeit der Tarifvertragsparteien nach ihrer Satzung.
7. Zeitliche (auch § 4 TVG – Nachwirkung), räumliche und sachliche Geltung.
8. Tarifbindung:
   a) Grundsätzlich ist nach § 4 Abs. 1 TVG eine beidseitige Tarifbindung erforderlich (Mitgliedschaft im jeweiligen Verband – § 3 Abs. 1 TVG).

b) Im Hinblick auf Normen über betriebliche und betriebsverfassungsrechtliche Fragen ist auf die Tarifbindung des Arbeitgebers abzustellen (§ 3 Abs. 2 TVG).

c) Allgemeinverbindlichkeitserklärung (§ 5 TVG).

9. Liegen die Voraussetzungen der anspruchsbegründenden Tarifnorm vor?

2.2.5 Normen der Betriebsvereinbarung

a) Normativer und schuldrechtlicher Teil einer Betriebsvereinbarung

Die Betriebsvereinbarung (§ 77 BetrVG) ist im Hinblick auf ihren normativen Teil privatrechtlicher Normenvertrag („Gesetz des Betriebes") und damit Parallelinstitut zum Tarifvertrag auf Betriebsebene. Dadurch gilt sie unmittelbar und zwingend zwischen Arbeitnehmern und dem Arbeitgeber eines bestimmten Betriebs (§ 77 Abs. 4 S. 1 BetrVG). Sie wirkt von außen auf das Arbeitsverhältnis ein, ohne Inhalt des Arbeitsvertrages zu werden. Abweichende einzelvertragliche Abreden sind und bleiben unzulässig. Werden Arbeitnehmern durch eine Betriebsvereinbarung Rechte eingeräumt, so ist ein Verzicht auf sie nur mit Zustimmung des Betriebsrats zulässig (§ 77 Abs. 4 S. 2 BetrVG). Auch eine Verwirkung solcher Rechte ist nach § 77 Abs. 4 S. 3 BetrVG ausgeschlossen. Ausschlussfristen für ihre Geltendmachung sind nur zulässig, wenn sie in einem Tarifvertrag oder in einer Betriebsvereinbarung vereinbart werden – dasselbe gilt für die Abkürzung von Verjährungsfristen (§ 77 Abs. 4 S. 4 BetrVG). Der schuldrechtliche Teil einer Betriebsvereinbarung verpflichtet Arbeitgeber (§ 77 Abs. 1 S. 1 BetrVG) wie Betriebsrat dazu, die Betriebsvereinbarung durchzuführen.

b) Das Zustandekommen einer Betriebsvereinbarung

Eine Betriebsvereinbarung kommt entweder durch

- schriftliche Vereinbarung (Einigung) zwischen den Betriebsverfassungsorganen (Betriebspartnern) Arbeitgeber und Betriebsrat (§ 77 Abs. 2 S. 1 und 2 BetrVG) oder durch
- verbindlichen Spruch der Einigungsstelle (§ 77 Abs. 1 und 2 i.V.m. § 76 Abs. 5 und 6 BetrVG) zustande.

Die Nichteinhaltung des Schriftformerfordernisses hat entsprechend § 125 S. 1 BGB die Nichtigkeit der Betriebsvereinbarung zur Folge. Die Vereinbarung kann dann als formlose **Regelungsabrede** weiter gelten, der jedoch keine normative Wirkung zukommt. Auch bei der Betriebsvereinbarung gehen günstigere Regelungen (zu Gunsten eines Arbeitnehmers) in einem Einzelarbeitsvertrag der Betriebsvereinbarung vor (analog § 4 Abs. 3 TVG). Der Arbeitgeber ist nach § 77 Abs. 2 S. 3 BetrVG verpflichtet, die Betriebsvereinbarung an geeigneter Stelle im Betrieb durch Auslegung bekannt zu machen. Die Bekanntgabe stellt jedoch keine Wirksamkeitsvoraussetzung dar.

c) Geltungsbereich und Dauer einer Betriebsvereinbarung

Eine Betriebsvereinbarung erfasst räumlich den Betrieb, für den sie abgeschlossen wird. Persönlich werden alle Arbeitnehmer dieses Betriebs (mit Ausnahme der leitenden Angestellten) erfasst, auch jene, mit denen erst nach Abschluss der Betriebsvereinbarung ein Arbeitsverhältnis eingegangen wird.

Betriebsvereinbarungen können, soweit nichts anderes vereinbart ist, nach § 77 Abs. 5 BetrVG mit einer Frist von drei Monaten gekündigt werden. Nach Ablauf einer Betriebsvereinbarung (im Bereich der zwingenden Mitbestimmung) gelten deren Regelungen nach § 77 Abs. 6 BetrVG weiter (**Nachwirkung der Betriebsvereinbarung**), bis sie durch eine andere Abmachung ersetzt werden.

d) Erzwingbare und freiwillige Betriebsvereinbarungen

Es ist zwischen erzwingbaren und freiwilligen Betriebsvereinbarungen zu unterscheiden: In allen Angelegenheiten, in denen dem Betriebsrat nach § 87 Abs. 1 Nr. 1 bis 13 BetrVG ein (erzwingbares) Mitbestimmungsrecht zusteht, soweit keine gesetzliche oder tarifliche Regelung besteht, und in denen der Spruch der Einigungsstelle die fehlende Einigung zwischen Arbeitgeber und Betriebsrat gemäß § 87 Abs. 2 i.V.m. § 76 Abs. 5 BetrVG ersetzt, kann der Betriebsrat vom Arbeitgeber auch den Abschluss einer diese Angelegenheit auf Betriebsebene abschließend regelnden (erzwingbaren) Betriebsvereinbarung verlangen. Darüber hinaus können nach § 88 BetrVG auch (freiwillige) Betriebsvereinbarungen abgeschlossen werden.

e) Regelungsgehalt einer Betriebsvereinbarung

Die Betriebsvereinbarung ist inhaltlich also durch die Legitimation der Betriebspartner begrenzt. Arbeitsentgelte und sonstige Arbeitsbedingungen, die durch Tarifvertrag geregelt sind oder üblicherweise geregelt werden, können nach § 77 Abs. 3 S. 1 BetrVG nicht Gegenstand einer Betriebsvereinbarung sein (**Sperrwirkung des Tarifvertrags**), es sei denn, der Tarifvertrag lässt den Abschluss ergänzender Betriebsvereinbarungen ausdrücklich zu (sog. **Tariföffnungsklausel** – § 77 Abs. 3 S. 2 BetrVG).

Problematisch ist der Umfang der Regelungssperre nach § 77 Abs. 3 BetrVG und ihr Verhältnis zu § 87 Abs. 1 BetrVG. Die Regelung des § 77 Abs. 3 S. 1 BetrVG schließt (umstritten) keine Betriebsvereinbarungen in Angelegenheiten aus, in denen dem Betriebsrat ein erzwingbares Mitbestimmungsrecht nach § 87 Abs. 1 BetrVG zusteht. Dies wird damit begründet, dass § 87 Abs. 1 BetrVG seinem Normzweck nach als speziellere Regelung dem § 77 Abs. 3 S. 1 BetrVG vorgeht. Betriebsvereinbarungen in den in § 87 Abs. 1 BetrVG genannten Angelegenheiten sind jedoch nur unzulässig, wenn und soweit tatsächlich eine entsprechende tarifliche Regelung besteht. Möglich ist hingegen eine Betriebsvereinbarung während eines nachwirkenden Tarifvertrags.

f) Rechts- und Billigkeitskontrolle

Betriebsvereinbarungen unterliegen wegen der §§ 75 Abs. 1 und 76 Abs. 5 S. 3 BetrVG sowohl einer Rechtskontrolle als auch einer allgemeinen Billigkeitskontrolle nach den §§ 315, 319 BGB.

g) Exkurs: Betriebsabsprachen

Von der förmlichen Betriebsvereinbarung zu unterscheiden sind (formlose) Betriebsabsprachen (**Regelungsabreden**), die lediglich als schuldrechtliche Verträge ohne normative Wirkung zu qualifizieren sind. Sie begründen nur Rechte und Pflichten zwischen den Betriebspartnern (Arbeitgeber und Betriebsrat), entfalten aber keine Wirkungen im Verhältnis zu den Arbeitnehmern des Betriebs.

Wichtige Judikatur (bitte lesen):

Unzulässigkeit einer normativen Regelung zu Lasten Dritter in einer Betriebsvereinbarung (BAG, Urteil v. 11.1.2011 = DB 2011, 1171):
Betriebsparteien können im Rahmen einer Betriebsvereinbarung (im konkreten Fall: einem Sozialplan, dem die Wirkung einer Betriebsvereinbarung zukommt) Rechte und Pflichten nur im Verhältnis zueinander begründen – keinesfalls jedoch (wegen Fehlens einer ihnen nach dem BetrVG zustehenden Regelungsbefugnis) normative Ansprüche gegenüber und zu Lasten Dritter.

Unwirksamkeit eines Einigungsstellenspruchs im Falle des Abschlusses einer Betriebsvereinbarung (BAG, Urteil v. 5.10.2010 = NZA 2011, 420):
Die Unterzeichnung eines Einigungsstellenspruchs durch den Vorsitzenden der Einigungsstelle kann nach dem Rechtsgedanken des § 126 Abs. 3 BGB nicht durch die elektronische Form (§ 126a BGB) und auch nicht durch die Textform (§ 126b BGB) ersetzt werden – wobei auch eine nachträgliche, rückwirkende Heilung der Verletzung der Formvorschriften nach § 76 Abs. 3 S. 4 BetrVG ausgeschlossen ist.

Nachwirkung einer Betriebsvereinbarung (BAG, Urteil v. 5.10.2010 = NZA 2011, 598):
Eine Betriebsvereinbarung, deren alleiniger Gegenstand eine finanzielle Leistung des Arbeitgebers ist, über deren Einführung und Leistungszweck dieser ohne Beteiligung des Betriebsrats entscheiden kann, wirkt solange gemäß § 77 Abs. 6 BetrVG nach, bis der Arbeitgeber gegenüber dem Betriebsrat oder den Arbeitnehmern erklärt, dass er für den bisherigen Leistungszweck keine Mittel mehr zur Verfügung stellt.

Abgrenzung einer erzwingbaren Betriebsvereinbarung von einer Gleichstellungsabrede (BAG, Urteil v. 26.9.2001 = NZA 2002, 634):
Eine dynamische Bezugnahme auf die einschlägigen Tarifverträge in einem vom tarifgebundenen Arbeitgeber vorformulierten Vertrag ist typischerweise eine Gleichstellungsabrede.

Regelungskompetenz der Betriebsparteien (BAG, Urteil v. 12.12.2006 = NZA 2007, 453):
Die Betriebsparteien besitzen eine umfassende Kompetenz, durch freiwillige Betriebsvereinbarungen Regelungen über Arbeitsbedingungen zu treffen. Dabei sind sie beim Abschluss von Betriebsvereinbarungen gemäß § 75 Abs. 1 und 2 S. 1 BetrVG zur Wahrung der durch Art. 2 Abs. 1 GG geschützten allgemeinen Handlungsfreiheit der Arbeitnehmer verpflichtet und dürfen diese nur beschränken, wenn die getroffene Regelung zur Erreichung ihres Zwecks geeignet, erforderlich und verhältnismäßig ist. Eine Regelung in einer Betriebsvereinbarung, die von den Arbeitnehmern bereits während eines laufenden Kündigungsschutzprozesses die gerichtliche Geltendmachung von Annahmeverzugsansprüchen verlangt, die vom Ausgang des Kündigungsschutzprozesses abhängen, belastet die Arbeitnehmer unverhältnismäßig und ist daher unwirksam.

**Gleichbehandlung in einer Betriebsvereinbarung
(BAG, Urteil v. 27.7.2010 = NZA 2010, 1369):**
Der arbeitsrechtliche Gleichbehandlungsgrundsatz gebiete – so das BAG – dem Arbeitgeber, seine Arbeitnehmer oder Gruppen von Arbeitnehmern, die sich in vergleichbarer Lage befinden, bei Anwendung einer selbst gesetzten Regel gleich zu behandeln. Der Gleichbehandlungsgrundsatz verbiete nicht nur die willkürliche Schlechterstellung einzelner Arbeitnehmer innerhalb der Gruppe, sondern auch eine sachfremde Gruppenbildung. Im Bereich der Arbeitsvergütung sei der Gleichbehandlungsgrundsatz trotz des Vorrangs der Vertragsfreiheit anwendbar, wenn Arbeitsentgelte durch eine betriebliche Einheitsregelung generell angehoben werden und der Arbeitgeber die Leistungen nach einem bestimmten erkennbaren und generalisierenden Prinzip gewährt, indem er bestimmte Voraussetzungen oder Zwecke festlegt. Dem Arbeitgeber sei es danach verwehrt, einzelne Arbeitnehmer oder Gruppen von ihnen aus unsachlichen Gründen von einer Erhöhung der Arbeitsentgelte auszuschließen. Eine sachfremde Benachteiligung liege nicht vor, wenn nach dem Leistungszweck Gründe bestehen, die es unter Berücksichtigung aller Umstände rechtfertigen, diesen Arbeitnehmern die den anderen gewährte Entgelterhöhung vorzuenthalten. Die Gründe müssten auf vernünftigen, einleuchtenden Erwägungen beruhen und dürften nicht gegen höherrangige Wertentscheidungen verstoßen. Die Gruppenbildung sei nur dann gerechtfertigt, wenn die Unterscheidung einem legitimen Zweck dient und zur Erreichung dieses Zwecks erforderlich und angemessen ist. Die Zweckbestimmung ergebe sich vorrangig aus den tatsächlichen und rechtlichen Voraussetzungen, von deren Vorliegen und Erfüllung die Entgelterhöhung abhängig gemacht wird. Die unterschiedliche Leistungsgewährung müsse stets im Sinne materieller Gerechtigkeit sachgerecht sein. Bestehen in einem Betrieb oder Unternehmen unterschiedlich hohe Vergütungen, rechtfertige dies für sich allein genommen nicht die Angleichung der Vergütungsdifferenzen. Vielmehr komme es auf die Gründe für die unterschiedlichen Vergütungen an und welche materielle Rechtfertigung den Vergütungsunterschieden (noch) zugrunde liegt. Bei einer Entgelterhöhung sei eine Differenzierung zwischen der bisherigen Belegschaft und den übernommenen Arbeitnehmern zulässig, sofern diese zur Reduzierung der Vergütungsunterschiede zwischen der Stammbelegschaft und den durch § 613a Abs. 1 S. 2 BGB begünstigten Arbeitnehmern führt. Die Herstellung einheitlicher Arbeitsbedingungen durch den Ausgleich von Nachteilen und die Angleichung an die Bedingungen der übernommenen Belegschaft rechtfertige eine differenzierte Behandlung der verschiedenen Gruppen. Unerheblich sei, ob der Arbeitgeber einen gänzlichen oder nur teilweisen Ausgleich vornimmt. Stehe eine Gruppenbildung fest, habe der Arbeitgeber die Gründe für die Differenzierung offenzulegen und so substantiiert darzutun, dass die Beurteilung möglich ist, ob die Gruppenbildung sachlichen Kriterien entspricht. Liege ein Verstoß gegen den Gleichbehandlungsgrundsatz vor, sei der Arbeitgeber verpflichtet, die Regel auf alle Arbeitnehmer anzuwenden und diese entsprechend zu begünstigen. Der benachteiligte Arbeitnehmer habe Anspruch auf die vorenthaltene Leistung.

Prüfungsschema (Betriebsvereinbarung)

1. Wirksam begründetes und bestehendes Arbeitsverhältnis.

2. Vorliegen einer wirksamen Betriebsvereinbarung mit zulässigem Inhalt (d.h. keine Regelungssperre im Sinne der §§ 77 Abs. 3, 87 Abs. 1 S. 1 BetrVG).

3. Anwendbarkeit der Betriebsvereinbarung auf das konkrete Arbeitsverhältnis in räumlicher, persönlicher und sachlicher Hinsicht.

4. Liegen die Voraussetzungen der Betriebsvereinbarung als anspruchsbegründender Norm zugunsten des jeweiligen Arbeitnehmers als Anspruchsteller vor?

2.2.6 Der Arbeitsvertrag

Arbeitnehmer und Arbeitgeber steht es auf der Grundlage der **Privatautonomie** (Grundsatz der Vertragsfreiheit – §§ 311 Abs. 1, 241 BGB) grundsätzlich frei, ob sie einen Vertrag abschließen (**Abschlussfreiheit**) und wie dieser inhaltlich (**Inhaltsfreiheit**) auszugestalten ist, wenn und soweit der Arbeitsvertrag nicht gegen zwingendes höherrangiges Recht verstößt. Dies wird nunmehr von § 105 S. 1 GewO (der nach § 6 Abs. 2 GewO auf alle Arbeitnehmer Anwendung findet) bestätigt: Arbeitgeber und Arbeitnehmer können Abschluss, Inhalt und Form des Arbeitsvertrages frei vereinbaren, soweit nicht zwingend gesetzliche Vorschriften, Bestimmungen eines anwendbaren Tarifvertrages oder einer Betriebsvereinbarung entgegenstehen. Die Abschlussfreiheit erfährt eine gewisse Einschränkung durch **Abschlussgebote** sowie **Abschlussverbote**: Abschlussgebote können aus Gesetz, Kollektivvereinbarung (Tarifvertrag oder Betriebsvereinbarung) bzw. einem Einzelarbeitsvertrag resultieren. Auch die Inhaltsfreiheit des Arbeitsvertrags findet ihre Grenze an Beschränkungen, die sich aus Gesetz, Tarifvertrag oder Betriebsvereinbarung ergeben können.

Im Regelfall werden die Bedingungen eines Arbeitsvertrags nicht einzeln ausgehandelt. Vielmehr legt der Arbeitgeber dem Bewerber bei Vertragsabschluss vorformulierte allgemeine Arbeitsbedingungen (**vertragliche Einheitsregelungen**) vor. Dann sind nach § 310 Abs. 4 S. 2 BGB bei der Anwendung der Vorschriften über die Gestaltung rechtsgeschäftlicher Schuldverhältnisse durch Allgemeine Geschäftsbedingungen (§§ 305 ff. BGB) die im Arbeitsrecht geltenden Besonderheiten angemessen zu berücksichtigen.

Prüfungsschema (AGB-Kontrolle)

1. Liegt eine Allgemeine Geschäftsbedingung (AGB) im Sinne von § 305 Abs. 1 S. 1 BGB vor?

   • Vertragsbedingungen,

   • die von einer Vertragspartei (Verwender = Arbeitgeber) der anderen (= Arbeitnehmer) gestellt wurden und

   • für eine Vielzahl von Verträgen vorformuliert worden sind.

2. Wurde die AGB wirksam in den Arbeitsvertrag einbezogen?

   • Nach § 310 Abs. 4 S. 2 BGB finden – da bei der Anwendung auf Arbeitsverträge die im Arbeitsrecht geltenden Besonderheiten angemessen zu berücksichtigen sind – die Einbeziehungsregelungen des § 305 Abs. 2 und 3 BGB keine Anwendung.

- Individualabreden genießen Vorrang vor einer AGB (§ 305b BGB).

- Keine überraschende Klausel im Sinne von § 305c Abs. 1 BGB.

3. Auslegung der AGB – Unklarheitenregel (§ 305c Abs. 2 BGB = im Zweifel zu Lasten des Verwenders).

4. Klauselkontrolle:

   - Anwendbarkeit nach § 310 Abs. 4 S. 3 BGB:

   - Klauselverbote:

     – § 309 BGB – Klauselverbote ohne Wertungsmöglichkeit.

     – § 308 BGB – Klauselverbote mit Wertungsmöglichkeit.

     – Generalklausel:

       ◦ § 307 Abs. 1 S. 1 BGB = „unangemessene Benachteiligung" entgegen den Geboten von Treu und Glauben.

       ◦ § 307 Abs. 1 S. 2 BGB (Transparenzkontrolle = „unangemessene Benachteiligung" liegt auch vor, wenn die Bestimmung nicht klar und verständlich ist)

       ◦ § 307 Abs. 2 BGB – „unangemessene Benachteiligung" im Zweifel wenn eine Bestimmung

         – mit wesentlichen Grundgedanken der gesetzlichen Regelung (von der abgewichen wird) unvereinbar bzw.

         – wesentliche Rechte oder Pflichten (die sich aus der Natur des Vertrages ergeben) so eingeschränkt werden, dass die Erreichung des Vertragszwecks gefährdet ist.

2.2.7 Vertragliche Einheitsregelungen

Unter vertraglichen Einheitsregelungen (**Allgemeinen Arbeitsbedingungen**) können die Folgenden verstanden werden:

- Formularmäßige (standardisierte) **Einheitsarbeitsverträge** (Formulararbeitsverträge oder auch Allgemeine Arbeitsbedingungen), die einheitlich für alle oder bestimmte Gruppen von Arbeitnehmern eines Betriebs gelten. Sie unterliegen einer AGB-Kontrolle nach § 310 Abs. 4 S. 2 BGB.

- **Gesamtzusagen** des Arbeitgebers (bspw. am Aushang). Eine Gesamtzusage des Arbeitgebers (als Angebot im Sinne des § 145 BGB) gegenüber allen/einem Teil der Arbeitnehmer des Betriebs kann der einzelne Arbeitnehmer stillschweigend gemäß § 151 S. 1 BGB annehmen.

Wichtige Judikatur (bitte lesen):

Inhaltskontrolle eines Widerrufsvorbehalts (BAG, Urteil v. 29.6.2011 = NJW 2011, 2153):
Ein im Arbeitsvertrag geregelter Widerrufsvorbehalt ist eine Allgemeine Geschäftsbedingung im Sinne der §§ 305 ff. BGB. Voraussetzung ist, dass der Arbeitsvertragstext beim

Arbeitgeber standardmäßig Verwendung findet. Ein Widerrufsvorbehalt, der das Recht des Arbeitgebers begründete, die versprochene Leistung einseitig zu ändern, stellt eine von Rechtsvorschriften abweichende Regelung im Sinne von § 307 Abs. 3 S. 1 BGB dar, weil ein Vertrag grundsätzlich bindend ist. Nach § 308 Nr. 4 BGB ist die Vereinbarung eines Widerrufsrechts zumutbar, wenn der Widerruf nicht grundlos erfolgen soll, sondern wegen der unsicheren Entwicklung der Verhältnisse als Instrument der Anpassung notwendig ist. Das gilt auch im Arbeitsverhältnis. Ein Widerrufsvorbehalt muss seit Inkrafttreten der §§ 305 ff. BGB den formellen Anforderungen von § 308 Nr. 4 BGB gerecht werden. Bei den Widerrufsgründen muss zumindest die Richtung angegeben werden, aus der der Widerruf möglich sein soll, bspw. wirtschaftliche Gründe, Leistung oder Verhalten des Arbeitnehmers (BAGE 113, 140). Dabei ist zu beachten, dass der Verwender vorgibt, was ihn zum Widerruf berechtigen soll.

2.2.8   Die betriebliche Übung

Unter einer betrieblichen Übung wird die regelmäßige Wiederholung bestimmter Verhaltensweisen oder Leistungen (insbesondere freiwillige Zuwendungen, etwa Urlaubsgeld oder Weihnachtsgratifikationen) durch den Arbeitgeber (im Sinne einer Erneuerung seines Versprechens) verstanden, aus denen die Arbeitnehmer schließen können, ihnen solle die Vergünstigung auf Dauer gewährt werden (Vertrauenstatbestand). Das Arbeitgeberverhalten muss dessen Einverständnis mit einer entsprechenden Rechtsbindung erkennen oder wenigstens vermuten lassen. Zu berücksichtigen ist, dass auch nachteilige Verhaltensweisen durch betriebliche Übung verbindlich gemacht werden können. Aufgrund einer entsprechenden, als Willenserklärung des Arbeitgebers zu qualifizierenden Verhaltensweise, die von den Arbeitnehmern stillschweigend angenommen wird (§ 151 BGB – Vertragstheorie), erwachsen vertragliche Ansprüche auf die üblich gewordenen Vergünstigungen. Die betriebliche Übung begründet damit einen schuldrechtlichen Verpflichtungstatbestand.

Nach ständiger Judikatur wird durch eine mindestens dreimalige vorbehaltlose Gewährung einer Gratifikation, wenn nicht die Umstände des konkreten Falles eine andere Auslegung bedingen, eine Verpflichtung des Arbeitgebers unter dem Gesichtspunkt der betrieblichen Übung begründet. Er kann sich von dieser Verpflichtung auch nicht mehr durch einseitigen Widerruf lossagen.

Der Arbeitgeber kann die Entstehung einer betrieblichen Übung dadurch ausschließen, dass er von vornherein eine Leistung lediglich unter Vorbehalt gewährt, bzw. sich einen späteren Widerruf vorbehält. Die Verpflichtung des Arbeitgebers besteht auch gegenüber neu in den Betrieb eintretenden Arbeitnehmern (sofern der Arbeitgeber – was zulässig ist – diesen gegenüber keine einseitige Lossagung für die Zukunft erklärt).

Der vom Arbeitgeber aufgrund betrieblicher Übung geschuldete Anspruch auf die üblich gewordene Vergünstigung kann jedoch durch Vereinbarung zwischen Arbeitgeber und Arbeitnehmer auch wieder abgeändert oder aufgehoben werden (Änderungs-/Aufhebungsvertrag – § 311 Abs. 1 BGB). Zudem besteht die Möglichkeit einer Änderungskündigung (§ 2 KSchG) durch den Arbeitgeber. Auch ein nachträglich abgeschlossener Tarifvertrag setzt eine weitergehende betriebliche Übung ggf. außer Kraft.

Weihnachtsgratifikation für Betriebsrentner (BAG, Urteil v. 16.2.2010 = NZA 2011, 104):
Im Bereich der betrieblichen Altersversorgung hat der Gesetzgeber die betriebliche Übung
ausdrücklich als Rechtsquelle anerkannt (vgl. § 1b Abs. 1 S. 4 BetrAVG). Danach steht der
Verpflichtung aus einer ausdrücklichen Versorgungszusage eine auf betrieblicher Übung beruhende Versorgungsverpflichtung gleich.
Die betriebliche Übung ist ein gleichförmiges und wiederholtes Verhalten des Arbeitgebers,
das geeignet ist, vertragliche Ansprüche auf eine Leistung zu begründen, wenn die Leis-
tungsempfänger aus dem Verhalten des Arbeitgebers schließen dürfen, ihnen werde die Leistung auch künftig gewährt. Nach der ständigen Rechtsprechung des BAG wird durch eine
mindestens dreimalige vorbehaltlose Gewährung einer Weihnachtsgratifikation, wenn nicht
die Umstände des Falles eine andere Auslegung bedingen, eine Verpflichtung des Arbeitgebers aus dem Gesichtspunkt der betrieblichen Übung begründet, mit der Folge, dass er sich
von dieser Verpflichtung nicht mehr einseitig lossagen kann. Für die Zahlung von Weihnachtsgeld an Betriebsrentner gelte – so das BAG jetzt – nichts anderes: Indem der Arbeitgeber über mehr als zehn Jahre an die Betriebsrentner ohne Rücksicht auf die Höhe des vorma-
ligen Arbeitsentgelts oder auf die Dauer der Betriebszugehörigkeit jeweils mit den Ver-
sorgungsbezügen für den Monat November ein Weihnachtsgeld i.H.v. zunächst 500,00 DM
und später 250,00 Euro zahlte, habe er eine betriebliche Übung begründet, die das Versor-
gungsverhältnis der Parteien dergestalt änderte, dass dem klagenden Rentner gegen ihn ein
vertraglicher Anspruch auf die Gewährung der Gratifikation zustehe. Das aus Anlass des vorangegangenen Arbeitsverhältnisses geleistete Rentnerweihnachtsgeld diente der Altersversorgung der Versorgungsempfänger. Dies führe auch keiner Ewigkeitsgarantie für in der Vergangenheit erbrachte Arbeitgeberleistungen: Betriebsrentenansprüche aus betrieblicher Übung
ließen sich nicht deshalb verneinen, weil zur Abänderung oder Ablösung derartiger Ansprüche das Instrumentarium der Änderungskündigung (§ 2 KSchG) oder der kollektivvertragli-
chen Abänderung regelmäßig nicht zur Verfügung steht. Grundsätzlich könne nicht wegen
der Schwierigkeiten, einen Anspruch zu beseitigen oder zu verändern, seine Entstehung ge-
leugnet werden. Betriebsrentenrechtliche Ansprüche aufgrund betrieblicher Übung seien
nicht solche minderer Qualität oder geringerer Bestandskraft. Da im Übrigen Art, Bedeutung
und Begleitumstände der üblich gewordenen Leistung bei der Bestimmung des Inhalts einer
betrieblichen Übung zu berücksichtigen seien, könnten sich im Einzelfall Bedingungen, Än-
derungs- oder Widerrufsvorbehalte ergeben. Darüber hinaus bedürfe der Arbeitgeber nicht
eines besonderen Schutzes. Er selbst habe es in der Hand, das Entstehen einer betrieblichen
Übung zu vermeiden, indem er mit der Zahlung von Weihnachtsgeld einen hinreichend deut-
lichen Vorbehalt verbindet, dem zufolge die Leistung keine Rechtsansprüche für die Zukunft
begründet. Der Arbeitgeber habe die Zahlung der Gratifikation nicht unter einen immanenten
Freiwilligkeitsvorbehalt gestellt, der das Entstehen einer anspruchsbegründenden betrieblichen Übung gehindert hätte. Wolle der Arbeitgeber vermeiden, dass aus der Stetigkeit seines
Verhaltens eine in die Zukunft wirkende Bindung entsteht, müsse er den einschränkenden
Vorbehalt zwar nicht ausdrücklich formulieren, aber klar und deutlich zum Ausdruck bringen. Das durch die betriebliche Übung begründete Leistungsversprechen des Arbeitgebers sei
in der Folgezeit weder durch einen Widerruf seitens des Arbeitgebers noch durch eine einvernehmliche Änderung des Versorgungsverhältnisses aufgehoben worden.

Prüfungsschema (Betriebliche Übung)

1. Der Arbeitgeber hat in der Vergangenheit bestimmte Verhaltensweisen tatsächlich und ohne Vorbehalt wiederholt (lang andauernde tatsächliche Übung gerade gegenüber dem den Anspruch stellenden Arbeitnehmer – sonst: ggf. allgemeiner Gleichbehandlungsgrundsatz relevant).

2. Diese Verhaltensweisen verstießen nicht gegen höherrangiges Recht.

3. Der Arbeitgeber hat durch diese Verhaltensweisen den objektiven Tatbestand einer verbindlichen Zusage geschaffen (da sie den Schluss auf einen Verpflichtungswillen zulassen).

4. Der Arbeitnehmer hat die Zusage des Arbeitgebers nach § 151 BGB (Annahme ohne Erklärung gegenüber dem Antragenden) angenommen (BAG – Vertragstheorie) – bzw. ersterer darf nach Treu und Glauben (§ 242 BGB) auf eine Fortsetzung der Verhaltensweise des Arbeitgebers vertrauen.

5. Ausnahmen:

    a) Freiwilligkeitsvorbehalt (= Hinweis, dass bspw. eine Gratifikation freiwillig erfolgt) des Arbeitgebers.

    b) Widerrufsvorbehalt des Arbeitgebers.

    c) In einer Klausel des Arbeitsvertrags bzw. des Tarifvertrags wird ausdrücklich Schriftform (gewillkürte Schriftform nach § 126 BGB) vorausgesetzt – Rechtsfolge: Im Zweifel Nichtigkeit nach § 125 S. 2 BGB wegen Mangels der durch Rechtsgeschäft bestimmten Form. BAG-Judikatur:

        i. Einfache Schriftformklausel im Formular: Arbeitsvertrag zulässig.

        ii. Doppelte Schriftformklausel im Formular: Arbeitsvertrag unzulässig.

6. Rechtsfolge: Fortbestand der betrieblichen Übung – und zwar sowohl zu Gunsten als auch zu Ungunsten des Arbeitnehmers.

7. Beseitigung der betrieblichen Übung:

    a) Erklärung des Widerrufs bei Widerrufsvorbehalt.

    b) Änderungskündigung durch Arbeitgeber (§ 2 KSchG).

Fall 4: Betriebliche Übung

Sachverhalt (Grundfall): Arbeitnehmer A arbeitet im Betrieb des Arbeitgebers B auf der Grundlage eines zwischen den beiden im Jahre 2004 geschlossenen Arbeitsvertrages. Im Dezember 2008 zahlte der B seinen Beschäftigten zum ersten Mal vorbehaltlos eine zusätzliche Weihnachtsgratifikation in Höhe der Hälfte des Monatsbruttoverdienstes. Auch zum Ende der beiden folgenden Jahre erhielten die Beschäftigten diese vorbehaltlose Sonderzahlung. Im Dezember 2011 verweigert B die Zahlung der zusätzlichen Weihnachtsgratifikation mit dem Hinweis auf die schlechte Geschäftsentwicklung des vergangenen Jahres. Für A bedeutet dies einen Verzicht auf 2.000 Euro brutto. Er hat dieses Geld schon fest verplant und verlangt nunmehr von B Zahlung von 2.000 Euro. Zu Recht?

Lösung:

A könnte gegen B einen Anspruch auf Zahlung von 2.000 Euro aus § 611 BGB haben.

1. Zwischen A und B besteht ein Arbeitsvertrag. Dieser ursprünglich zwischen A und B geschlossene Vertrag enthält jedoch keine Regelung, die den B zur Zahlung einer zusätzlichen Weihnachtsgratifikation verpflichtet. Der Arbeitsvertrag könnte jedoch zwischen den Parteien dahin geändert worden sein, dass B nunmehr verpflichtet ist, jedes Jahr ein zusätzliches Weihnachtsgeld in Höhe der Hälfte des Bruttomonatsverdienstes zu zahlen. Erbringt ein Arbeitgeber gegenüber seinen Beschäftigten über einen längeren Zeitraum regelmäßig freiwillige Leistungen, entsteht eine sog. betriebliche Übung. In der Regel geht man davon aus, dass eine betriebliche Übung nach dreimaliger freiwilliger Leistung etabliert ist. Sie bildet die Grundlage für den Anspruch der Arbeitnehmer gegen den Arbeitgeber auf Fortsetzung der regelmäßigen freiwilligen Leistungen. Umstritten ist lediglich die dogmatische Begründung dieses Anspruchs. Das BAG ging früher (BAG NJW 1971, 1423) davon aus, dass Rechtsgrund für die Verpflichtung des Arbeitgebers zur weiteren Erbringung der ursprünglich freiwilligen Leistungen im schutzwürdigen Vertrauen der Arbeitnehmer darauf liege, dass nach dreimaliger Erbringung der Leistung diese auch in Zukunft erbracht werde. Ein Bruch mit der so etablierten betrieblichen Übung verstoße gegen Treu und Glauben nach § 242 BGB. Dagegen vertritt das BAG (NJW 1996, 834) heute die sog. Vertragstheorie. Danach stellt das Erbringen der freiwilligen Leistung durch den Arbeitgeber über einen längeren Zeitraum hinweg ein Angebot zur Änderung des Arbeitsvertrages in der Hinsicht dar, dass diese Leistung auch in Zukunft erbracht wird. Der Arbeitgeber verzichtet dabei gleichzeitig gemäß § 151 BGB auf den Zugang der Annahmeerklärung durch den Arbeitnehmer. Dass die Arbeitnehmer die Annahme des Vertragsänderungsangebotes konkludent erklären, kann angenommen werden, da diese sich für sie günstig auswirkt. Der Ansicht des BAG folgend kann demnach festgestellt werden, dass B durch dreimalige freiwillige Sonderzahlung von Weihnachtsgeld dem A gegenüber ein Angebot zur Änderung des Arbeitsvertrages des Inhalts gemacht hat, dass auch weiterhin A jedes Jahr ein zusätzliches Weihnachtsgeld in Höhe der Hälfte des Monatsbruttogehaltes erhalten soll. Dieses Vertragsänderungsangebot hat A konkludent und in wirksamer Weise gemäß § 151 BGB angenommen.

2. A hat deshalb gegen B einen Anspruch auf Zahlung von 2.000 Euro gemäß § 611 BGB i.V.m. der entstandenen betrieblichen Übung.

Alternativen:

a) Arbeitnehmer C, der im Mai 2008 in das Unternehmen des B eingetreten ist, fragt, ob auch er einen Anspruch auf die Weihnachtsgratifikation hat.

b) Welche Möglichkeiten hat Arbeitgeber B, um von seiner Verpflichtung wieder frei zu werden?

Lösung:

a) Auch der neu in das Unternehmen des B eingetretene Arbeitnehmer C hat einen Anspruch auf die Gratifikation auf der Grundlage des § 611 BGB i.V.m. seinem Arbeitsvertrag, und zwar unabhängig davon, ob er das Versprechen des B kannte oder nicht. Denn bei Auslegung seines Arbeitsvertrags (§ 157 BGB) ist davon auszugehen, dass neue Arbeitnehmer an allen Leistungen partizipieren sollen, die vorab bereits den Arbeitnehmern des Unternehmens allgemein gewährt worden sind. Sie können nämlich von einer Gleichbehandlung aller Arbeitnehmer durch den Arbeitgeber ausgehen.

b) Arbeitgeber B kann im Falle einer betrieblichen Übung, die zum Vertragsbestandteil der einzelnen Arbeitsverhältnisse der Arbeitnehmer geworden ist, von dieser allein durch eine

- Änderungskündigung (§ 2 KSchG) bzw. durch eine
- einvernehmliche Vertragsänderung mit dem jeweiligen Arbeitnehmer (Abschluss eines Änderungsvertrags, vgl. § 311 Abs. 1 BGB)

wieder frei werden. Einseitig kann sich B von seiner Verpflichtung nur bei neu einzustellenden Arbeitnehmern lossagen, wenn er in dem mit diesen abzuschließenden Arbeitsverträgen ausdrücklich vereinbart, dass er diesen jeweils künftig keine Weihnachtsgratifikation mehr zu gewähren bereit ist.

2.2.9 Weisungen des Arbeitgebers

Der Arbeitgeber ist im Rahmen eines bestehenden wirksamen Arbeitsvertrages berechtigt, die Arbeitspflicht des Arbeitnehmers in Bezug auf das Was, Wann, Wo und das Wie der Leistungserbringung, mithin nach

- Zeit,
- Art und
- Ort

zu konkretisieren und dem Arbeitnehmer dabei bestimmte Aufgaben bzw. Arbeiten (einseitig bestimmend) zuzuweisen (**Direktions- bzw. Weisungsrecht des Arbeitgebers**). Vgl. § 106 GewO, wonach der Arbeitgeber (einseitig) Inhalt, Ort und Zeit der Arbeitsleistung nach billigem Ermessen (§ 315 BGB) näher bestimmen kann, soweit diese Arbeitsbedingungen nicht durch den Arbeitsvertrag, Bestimmungen einer Betriebsvereinbarung, eines anwendbaren Tarifvertrages oder gesetzliche Vorschriften festgelegt sind. Dies gilt auch hinsichtlich der Ordnung und des Verhaltens des Arbeitnehmers im Betrieb. Bei der Ausübung des Ermessens hat der Arbeitgeber auch auf Behinderungen des Arbeitnehmers Rücksicht zu nehmen.

Soll die (Arbeits-) Leistung durch den Arbeitgeber bestimmt werden, so ist nach § 106 S. 1 GewO im Zweifel anzunehmen, dass dieser die Bestimmung nach „billigem Ermessen" durch Erklärung gegenüber dem Arbeitnehmer zu treffen hat. Soll die Bestimmung nach „billigem Ermessen" erfolgen, so ist die Bestimmung gemäß § 315 Abs. 3 BGB für den Arbeitnehmer nur dann verbindlich, wenn sie der Billigkeit entspricht – entspricht sie nicht der Billigkeit, so kann der Arbeitnehmer eine arbeitsgerichtliche Überprüfung (die durch Urteil erfolgt) veranlassen.

Das Recht auf einseitige Festlegung der Arbeitskonditionen erfasst nicht den Umfang der Arbeits- oder der Vergütungspflicht. Das Direktionsrecht muss sich im Einklang mit den gesetzlichen Vorgaben, jenen des Tarifvertrags, der Betriebsvereinbarung oder des Einzelarbeitsvertrags halten und darf im Übrigen auch nur nach billigem Ermessen ausgeübt werden. Eine einseitige Änderung der vertraglich geschuldeten Leistung durch den Arbeitgeber – etwa ein Wechsel der Beschäftigungsart gegen den Willen des Arbeitnehmers bzw. durch

Anordnung von Mehrarbeit oder Herabsetzung der Wochenarbeitszeit – ist nicht möglich. Hierzu wäre eine Vertragsänderung erforderlich, die ggf. seitens des Arbeitgebers mittels einer Änderungskündigung nach § 2 KSchG durchgesetzt werden kann. Allein in Notfällen kann einem Arbeitnehmer (aufgrund seiner Schadensabwendungspflicht) aufgegeben werden, kurzfristig andere Arbeiten oder eine Mehrarbeit zu verrichten. Die Mitbestimmungsrechte des Betriebsrats (etwa nach § 87 Abs. 1 Nr. 2 BetrVG) sind zu beachten.

Rechtsgrundlage bei einer Prüfung des Weisungs- bzw. Leitungsrechts des Arbeitgebers ist § 611 BGB i.V.m. dem konkret in Rede stehenden Individualarbeitsvertrag, konkretisiert durch eine aufgrund des Direktionsrechts des Arbeitgebers ergangene Weisung.

Fall 5: Das Direktionsrecht des Arbeitgebers

Sachverhalt: A ist Arzt und in der Forschungsabteilung des Pharmaunternehmens P beschäftigt. Im zwischen A und P bestehenden Arbeitsvertrag ist die von A geschuldete Arbeitsleistung als Forschungstätigkeit beschrieben. A wird einem neuen Forschungsprojekt zugeteilt, in welchem es um die Entwicklung einer Substanz geht, die Brechreiz unterdrückt. Einem firmeninternen Vermerk entnimmt A, dass man sich von der Produktion des Mittels unter der Voraussetzung einen großen Markterfolg verspricht, dass es zu einem Atomkrieg kommt. Es könnte in diesem Fall zur Behandlung der durch die radioaktive Strahlung verursachten Krankheitssymptome eingesetzt werden. A ist schockiert und macht P gegenüber deutlich, dass er aus Gewissensgründen an keinem Projekt mitarbeiten könne, für dessen wirtschaftlichen Erfolg auf einen Atomkrieg spekuliert werde. Zudem war bei der Einstellung des A durch die P mit einem solchen Konflikt nicht zu rechnen, und eine Mitarbeit des A ist auch nicht zwingend erforderlich. P verlangt von A Mitarbeit an dem Projekt. Ist A dazu verpflichtet?

Lösung:
P könnte gegen A einen Anspruch aus § 611 BGB i.V.m. dem Arbeitsvertrag und i.V.m. § 106 S. 1 GewO und § 315 Abs. 3 BGB auf Mitarbeit an dem Forschungsprojekt haben.

1. Aus dem zwischen A und P bestehenden Arbeitsvertrag ergibt sich die Pflicht des A, an Forschungsprojekten der P mitzuwirken, jedoch keine Verpflichtung hinsichtlich konkreter Forschungsvorhaben. Der Arbeitgeber hat jedoch in diesen Fällen der bloß allgemeinen Tätigkeitsbeschreibung ein sog. Direktionsrecht, d.h. das Recht, im Rahmen des Arbeitsvertrages die Arbeitspflicht des Arbeitnehmers nach Zeit, Art und Ort zu konkretisieren und diesem bestimmte Arbeiten zuzuweisen (BAG DB 1994, 482 f.). Dieses Direktionsrecht kann nach Maßgabe des § 106 S. 1 GewO i.V.m. § 315 Abs. 3 BGB überprüft werden. Weisungen sind nach billigem Ermessen auszuüben. Was billigem Ermessen entspricht, ist unter der Berücksichtigung der Interessen beider Parteien und des in vergleichbaren Fällen Üblichen festzustellen. Dabei müssen insbesondere auch die Wertentscheidungen des Grundgesetzes berücksichtigt werden. Entscheidend ist demnach primär, dass Art. 4 Abs. 1 GG das Grundrecht der Gewissensfreiheit gewährt. Als Gewissensentscheidung ist jede ernste, an den Kategorien von Gut und Böse orientierte Entscheidung zu respektieren, die der einzelne in einer bestimmten Lage als für sich bindend erfährt, so dass er nicht ohne ernste Gewissensnot gegen sie

handeln kann (BAG NJW 1990, 203, 204). A hat deutlich zum Ausdruck gebracht, dass er nicht an einem Forschungsprojekt mitarbeiten könne, für dessen wirtschaftlichen Erfolg man maßgeblich auf den Ausbruch eines Atomkrieges setzt. Er hält eine auf solcher Haltung beruhende Forschung für schlecht und ist nicht in der Lage, ohne Gewissensnot an dem Projekt mitzuarbeiten. Auch ist bei der Interessenabwägung zu berücksichtigen, dass bei der Einstellung des A durch die P mit einem solchen Konflikt nicht zu rechnen war und eine Mitarbeit des A nicht zwingend erforderlich ist. Die Bewertung dieser Umstände unter besonderer Berücksichtigung der Gewissensfreiheit des A führt demnach zu der Feststellung, dass die Aufforderung an A, an dem Forschungsprojekt mitzuwirken eine Direktive darstellt, die nicht billigem Ermessen entspricht.

2. P hat demnach gegen A aus § 611 i.V.m. dem Arbeitsvertrag und i.V.m. § 106 S. 1 GewO sowie § 315 Abs. 3 BGB keinen Anspruch auf Mitwirkung an dem Forschungsprojekt.

2.2.10 Der allgemeine betriebliche Gleichbehandlungsgrundsatz

Der allgemeine arbeitsrechtliche Gleichbehandlungsgrundsatz verpflichtet den Arbeitgeber in Bezug auf Maßnahmen, die seiner einseitigen Gestaltungsmacht unterworfen sind und die generell im Unternehmen durchgeführt werden, alle Arbeitnehmer gleich zu behandeln. Vgl. auch den vom EuGH in der Mangold-Entscheidung (NJW 2005, 3695) anerkannten allgemeinen Grundsatz der Gleichbehandlung in Beschäftigung und Beruf.

Letztlich basiert der Gleichbehandlungsgrundsatz auf der Fürsorgepflicht des Arbeitgebers. Dies bedeutet, dass er Differenzierungen (Schlechterstellungen) hinsichtlich einzelner Arbeitnehmer (die sich gruppenmäßig in einer vergleichbaren Lage befinden) nicht willkürlich (sachfremd), sondern nur aus sachgerechten Gründen vornehmen darf (Benachteiligungsverbot einzelner Arbeitnehmer [oder einer Arbeitnehmergruppe] bei freiwilligen Sozialleistungen im Sinne einer sachfremden Durchbrechung gruppenbezogener Regelungen). Nicht verboten ist hingegen eine (wenn auch willkürliche) Besserstellung einzelner Arbeitnehmer (erlaubte Begünstigung – aber nur durch einzeln ausgehandelte vertragliche Vereinbarungen). Dem Gleichbehandlungsgrundsatz kommt auch eine Anspruch begründende Wirkung zu (Erfüllungsanspruch).

Wichtige Judikatur (bitte lesen):

Gleichbehandlung bei Entgelterhöhung (BAG, Urteil v. 23.2.2011 = NZA 2011, 693):
Die unterschiedliche Leistungsgewährung bei der generellen Anhebung von Arbeitsentgelten durch eine betriebliche Einheitsregelung muss – so das BAG – stets im Sinne materieller Gerechtigkeit sachgerecht sein, der Gleichbehandlungsgrundsatz diene damit der Gewährung materieller Gerechtigkeit. Seine Verletzung hänge nicht davon ab, ob der Arbeitgeber die Gründe der von ihm vorgenommenen Differenzierung dem Arbeitnehmer – vorprozessual – mitgeteilt hat, sondern davon, ob die Ungleichbehandlung in der Sache gerechtfertigt ist. Ob der Arbeitgeber einen „nachgeschobenen" Differenzierungsgrund nur „vorschiebt", sei keine Frage der Präklusion, sondern der Tatsachenfeststellung. Die Tatsacheninstanzen hätten nach den Grundsätzen des § 286 Abs. 1 ZPO festzustellen, ob der vom Arbeitgeber

im Prozess vorgetragene Differenzierungsgrund tatsächlich vorliegt. Der Zweck, bestehende Vergütungsunterschiede auszugleichen, könne es, sofern der Arbeitgeber die Nachteile der begünstigten Arbeitnehmergruppe nicht überkompensiert, rechtfertigen, Arbeitnehmern, die sich auf eine Erhöhung ihrer Wochenarbeitszeit und den damit verbundenen finanziellen Nachteilen nicht einließen, die der anderen Arbeitnehmergruppe gewährte Gehaltserhöhung vorzuenthalten.

Eine Spezialausprägung findet der allgemeine Gleichbehandlungsgrundsatz im Verbot einer geschlechtsspezifischen Diskriminierung bei der Entlohnung nach Art. 157 AEUV (vormals Art. 141 EGV) bzw. im AGG.

Insbesondere: Das Allgemeine Gleichstellungsgesetz (AGG)

Nach § 7 Abs. 1 AGG dürfen Beschäftigte i.S.v. § 6 Abs. 1 AGG (mithin Arbeitnehmer, die zu ihrer Berufsbildung Beschäftigten, Personen, die wegen ihrer wirtschaftlichen Unselbstständigkeit als arbeitnehmerähnliche Personen anzusehen sind – aber auch Bewerber für ein Beschäftigungsverhältnis sowie die Personen, deren Beschäftigungsverhältnis beendet ist) nicht wegen eines in § 1 AGG genannten Grundes, nämlich

- der Rasse oder
- der ethnischen Herkunft,
- des Geschlechts,
- der Religion oder
- Weltanschauung,
- einer Behinderung,
- des Alters oder
- der sexuellen Identität

benachteiligt werden (**Benachteiligungsverbot**). Bestimmungen in Vereinbarungen, die gegen das Benachteiligungsverbot des § 7 Abs. 1 AGG verstoßen, sind unwirksam (so § 7 Abs. 2 AGG). Eine Benachteiligung nach § 7 Abs. 1 AGG durch Arbeitgeber oder Beschäftigte qualifiziert § 7 Abs. 3 AGG als Verletzung vertraglicher Pflichten – was Schadensersatzansprüche nach § 280 Abs. 1 BGB auszulösen vermag.

Benachteiligungen aus einem in § 1 AGG genannten Grund sind gemäß § 2 AGG nach Maßgabe des AGG u.a. unzulässig in Bezug auf:

- die Bedingungen, einschließlich Auswahlkriterien und Einstellungsbedingungen, für den Zugang zu unselbstständiger und selbstständiger Erwerbstätigkeit, unabhängig von Tätigkeitsfeld und beruflicher Position, sowie für den beruflichen Aufstieg, sowie
- die Beschäftigungs- und Arbeitsbedingungen einschließlich Arbeitsentgelt und Entlassungsbedingungen, insbesondere in individual- und kollektivrechtlichen Vereinbarungen und Maßnahmen bei der Durchführung und Beendigung eines Beschäftigungsverhältnisses sowie beim beruflichen Aufstieg.

Die Geltung sonstiger Benachteiligungsverbote oder Gebote der Gleichbehandlung wird nach § 2 Abs. 3 AGG durch das AGG nicht berührt. Dies gilt auch für öffentlich-rechtliche Vorschriften, die dem Schutz bestimmter Personengruppen dienen. Für **Kündigungen** gelten gemäß § 2 Abs. 4 AGG ausschließlich die Bestimmungen zum allgemeinen und besonderen Kündigungsschutz.

Eine **unmittelbare Benachteiligung** liegt nach § 3 Abs. 1 AGG vor, wenn eine Person wegen eines in § 1 AGG genannten Grundes eine weniger günstige Behandlung erfährt, als eine andere Person in einer vergleichbaren Situation erfährt, erfahren hat oder erfahren würde. Eine unmittelbare Benachteiligung wegen des Geschlechts liegt in Bezug auf § 2 Abs. 1 Nr. 1 bis 4 AGG auch im Falle einer ungünstigeren Behandlung einer Frau wegen Schwangerschaft oder Mutterschaft vor. Eine **mittelbare Benachteiligung** liegt gemäß § 3 Abs. 2 AGG vor, wenn dem Anschein nach neutrale Vorschriften, Kriterien oder Verfahren Personen wegen eines in § 1 AGG genannten Grundes gegenüber anderen Personen in besonderer Weise benachteiligen können, es sei denn, die betreffenden Vorschriften, Kriterien oder Verfahren sind durch ein rechtmäßiges Ziel sachlich gerechtfertigt und die Mittel sind zur Erreichung dieses Ziels angemessen und erforderlich. Eine **Belästigung** ist nach § 3 Abs. 3 AGG eine Benachteiligung, wenn unerwünschte Verhaltensweisen, die mit einem in § 1 AGG genannten Grund in Zusammenhang stehen, bezwecken oder bewirken, dass die Würde der betreffenden Person verletzt und ein von Einschüchterungen, Anfeindungen, Erniedrigungen, Entwürdigungen oder Beleidigungen gekennzeichnetes Umfeld geschaffen wird. Eine **sexuelle Belästigung** ist gemäß § 3 Abs. 4 AGG eine Benachteiligung in Bezug auf § 2 Abs. 1 Nr. 1 bis 4 AGG, wenn ein unerwünschtes, sexuell bestimmtes Verhalten (wozu auch unerwünschte sexuelle Handlungen und Aufforderungen zu diesen, sexuell bestimmte körperliche Berührungen, Bemerkungen sexuellen Inhalts sowie unerwünschtes Zeigen und sichtbares Anbringen von pornographischen Darstellungen gehören) bezweckt oder bewirkt, dass die Würde der betreffenden Person verletzt wird. Dies ist insbesondere dann anzunehmen, wenn ein von Einschüchterungen, Anfeindungen, Erniedrigungen, Entwürdigungen oder Beleidigungen gekennzeichnetes Umfeld geschaffen wird.

Eine **unterschiedliche Behandlung** wegen eines in § 1 AGG genannten Grundes ist nach § 8 Abs. 1 AGG nur zulässig, wenn dieser Grund wegen der Art der auszuübenden Tätigkeit oder der Bedingungen ihrer Ausübung eine wesentliche und entscheidende berufliche Anforderung darstellt, sofern der Zweck rechtmäßig und die Anforderung angemessen ist. Die **Vereinbarung einer geringeren Vergütung** für gleiche oder gleichwertige Arbeit wegen eines in § 1 AGG genannten Grundes wird nicht dadurch gerechtfertigt, dass wegen eines in § 1 AGG genannten Grundes besondere Schutzvorschriften gelten (so § 8 Abs. 2 AGG).

Ungeachtet des § 8 AGG ist eine **unterschiedliche Behandlung wegen der Religion oder der Weltanschauung** bei der Beschäftigung durch Religionsgemeinschaften, die ihnen zugeordneten Einrichtungen ohne Rücksicht auf ihre Rechtsform oder durch Vereinigungen, die sich die gemeinschaftliche Pflege einer Religion oder Weltanschauung zur Aufgabe machen, nach § 9 Abs. 1 AGG auch zulässig, wenn eine bestimmte Religion oder Weltanschauung unter Beachtung des Selbstverständnisses der jeweiligen Religionsgemeinschaft oder Vereinigung im Hinblick auf ihr Selbstbestimmungsrecht oder nach der Art der Tätigkeit eine gerechtfertigte berufliche Anforderung darstellt. Das Verbot unterschiedlicher Behandlung wegen der Religion oder der Weltanschauung berührt nicht das Recht der genannten Religionsgemeinschaften, der ihnen zugeordneten Einrichtungen ohne Rücksicht auf ihre Rechtsform oder der Vereinigungen, die sich die gemeinschaftliche Pflege einer Religion oder Weltanschauung zur Aufgabe machen, von ihren Beschäftigten ein loyales und aufrichtiges Verhalten im Sinne ihres jeweiligen Selbstverständnisses verlangen zu können (§ 9 Abs. 2 AGG).

Ungeachtet des § 8 AGG ist eine **unterschiedliche Behandlung wegen des Alters** gemäß § 10 AGG auch zulässig, wenn sie objektiv und angemessen und durch ein legitimes Ziel gerechtfertigt ist. Die Mittel zur Erreichung dieses Ziels müssen angemessen und erforderlich sein.

Ein Arbeitsplatz darf gemäß § 11 AGG nicht unter Verstoß gegen § 7 Abs. 1 AGG **ausgeschrieben** werden.

Verstoßen Beschäftigte gegen das Benachteiligungsverbot des § 7 Abs. 1 AGG, so hat der Arbeitgeber nach § 12 Abs. 3 AGG die im Einzelfall geeigneten, erforderlichen und angemessenen Maßnahmen zur Unterbindung der Benachteiligung wie Abmahnung, Umsetzung, Versetzung oder Kündigung zu ergreifen. Werden Beschäftigte bei der Ausübung ihrer Tätigkeit durch Dritte nach § 7 Abs. 1 AGG benachteiligt, so hat der Arbeitgeber die im Einzelfall geeigneten, erforderlichen und angemessenen Maßnahmen zum Schutz der Beschäftigten zu ergreifen (§ 12 Abs. 4 AGG).

Ergreift der Arbeitgeber keine oder offensichtlich ungeeignete Maßnahmen zur Unterbindung einer Belästigung oder sexuellen Belästigung am Arbeitsplatz, sind die betroffenen Beschäftigten nach § 14 AGG (Leistungsverweigerungsrecht) berechtigt, ihre Tätigkeit ohne Verlust des Arbeitsentgelts einzustellen, soweit dies zu ihrem Schutz erforderlich ist. § 273 BGB bleibt unberührt.

Bei einem Verstoß gegen das Benachteiligungsverbot ist der Arbeitgeber nach § 15 Abs. 1 AGG verpflichtet, den hierdurch entstandenen Schaden zu ersetzen (**Schadensersatz**). Dies gilt nicht, wenn der Arbeitgeber die Pflichtverletzung nicht zu vertreten hat. Wegen eines Schadens, der nicht Vermögensschaden ist, kann der oder die Beschäftigte eine angemessene Entschädigung in Geld verlangen. Die Entschädigung darf bei einer Nichteinstellung drei Monatsgehälter nicht übersteigen, wenn der oder die Beschäftigte auch bei benachteiligungsfreier Auswahl nicht eingestellt worden wäre (§ 15 Abs. 2 AGG). Im Übrigen bleiben Ansprüche gegen den Arbeitgeber, die sich aus anderen Rechtsvorschriften ergeben, nach § 15 Abs. 5 AGG unberührt. Ein Verstoß des Arbeitgebers gegen das Benachteiligungsverbot des § 7 Abs. 1 AGG begründet aber keinen Anspruch auf Begründung eines Beschäftigungsverhältnisses, Berufsausbildungsverhältnisses oder einen beruflichen Aufstieg (**kein Kontrahierungszwang**), es sei denn, ein solcher ergibt sich aus einem anderen Rechtsgrund (so § 15 Abs. 6 AGG).

Schadensersatzanspruch nach § 15 AGG

1. Anwendbarkeit des AGG:
   a) In sachlicher Hinsicht – § 2 Abs. 1 AGG.
   b) In persönlicher Hinsicht – §§ 7 ff. AGG.
   c) Vorrang anderer Gesetze (§ 2 Abs. 2 bis 4 AGG).

2. Verstoß gegen das Benachteiligungsverbot nach § 7 Abs. 1 AGG:
   a) Gründe für eine Benachteiligung – § 1 AGG (vgl. § 4 AGG beim Vorliegen mehrerer Gründe).
   b) Formen einer Benachteiligung:
      i.   Unmittelbare Benachteiligung (§ 3 Abs. 1 AGG).
      ii. Mittelbare Benachteiligung (§ 3 Abs. 2 AGG).

    iii. Belästigung (§ 3 Abs. 3 AGG).

    iv. Sexuelle Belästigung (§ 3 Abs. 4 AGG).

    v. Gesetzliche Fiktion einer Benachteiligung im Falle einer Anweisung zur Benachteiligung (§ 3 Abs. 5 AGG).

3. Keine Rechtfertigung der Benachteiligung nach den §§ 8 ff. AGG:

    a) Zulässige unterschiedliche Behandlung wegen beruflicher Anforderungen (§ 8 AGG).

    b) Zulässige unterschiedliche Behandlung wegen der Religion oder Weltanschauung (§ 9 AGG).

    c) Zulässige unterschiedliche Behandlung wegen des Alters (§ 10 AGG).

4. Arbeitgeber hat Pflichtverletzung zu vertreten (§ 15 Abs. 1 S. 2 AGG).

5. Haftungseinschränkung nach § 15 Abs. 3 AGG im Falle der Anwendung kollektivrechtlicher Vereinbarungen (bei vorsätzlichem oder grob fahrlässigem Handeln)?

6. Haftungsausschluss nach § 15 Abs. 4 AGG, weil der Anspruch nicht innerhalb einer Frist von zwei Monaten schriftlich geltend gemacht worden ist?

7. Ansprüche gegen den Arbeitgeber – die sich aus anderen Rechtsvorschriften ergeben – bleiben nach § 15 Abs. 5 AGG unberührt, bspw.:

    a) § 823 Abs. 1 BGB (Verletzung des allgemeinen Persönlichkeitsrechts des Arbeitnehmers als „sonstiges Recht").

    b) § 823 Abs. 2 BGB i.V.m. §§ 185 ff. StGB (Schutzgesetzverletzung).

    c) § 826 BGB (vorsätzliche sittenwidrige Schädigung).

Der Arbeitgeber darf Beschäftigte nach § 16 AGG nicht wegen der Inanspruchnahme von Rechten nach dem zweiten Abschnitt (§§ 6 ff. AGG, Schutz des Beschäftigten vor Benachteiligung) oder wegen der Weigerung, eine gegen diesen Abschnitt verstoßende Anweisung auszuführen, benachteiligen (**Maßregelverbot**). Gleiches gilt für Personen, die den Beschäftigten hierbei unterstützen oder als Zeuginnen oder Zeugen aussagen.

Ungeachtet der in den §§ 8 bis 10 AGG benannten Gründe ist eine unterschiedliche Behandlung nach § 5 AGG (**positive Maßnahmen**) auch zulässig, wenn durch geeignete und angemessene Maßnahmen bestehende Nachteile wegen eines in § 1 AGG genannten Grundes verhindert oder ausgeglichen werden sollen.

Wichtige Judikatur (bitte lesen):

EuGH, Urteil v. 22.11.2005 – C-144/04 – Mangold (= NJW 2005, 3695)
§ 8 Nr. 3 der Rahmenvereinbarung über befristete Arbeitsverträge vom 18.3.1999, die mit der RL 1999/70/EG des Rates vom 28.6.1999 zu der EGB-UNICE-CEEP-Rahmenvereinbarung über befristete Arbeitsverträge durchgeführt worden ist, ist dahin auszulegen, dass er einer nationalen Regelung wie der im Ausgangsverfahren streitigen nicht entgegensteht, mit der aus Gründen der Beschäftigungsförderung und unabhängig von der Umsetzung der Rahmenvereinbarung das Alter gesenkt wurde, ab dem uneingeschränkt befristete Arbeitsver-

träge geschlossen werden können. Das Gemeinschaftsrecht und insbesondere Art. 6 Abs. 1
der RL 2000/78/EG des Rates vom 27.11.2000 zur Festlegung eines allgemeinen Rahmens
für die Verwirklichung der Gleichbehandlung in Beschäftigung und Beruf sind dahin auszulegen, dass sie einer nationalen Regelung wie der im Ausgangsverfahren streitigen, nach
der der Abschluss befristeter Arbeitsverträge mit Arbeitnehmern, die das 52. Lebensjahr
vollendet haben, uneingeschränkt zulässig ist, sofern nicht zu einem vorhergehenden unbefristeten Arbeitsvertrag mit demselben Arbeitgeber ein enger sachlicher Zusammenhang
besteht, entgegenstehen. Es obliegt dem nationalen Gericht, die volle Wirksamkeit des allgemeinen Verbotes der Diskriminierung wegen des Alters zu gewährleisten, indem es jede
entgegenstehende Bestimmung des nationalen Rechts unangewendet lässt, auch wenn die
Frist für die Umsetzung der Richtlinie noch nicht abgelaufen ist.

EuGH, Urteil v. 13.9.2011 – C-447/09 – Prigge
(= NJW 2011, 3209 – Alterdiskriminierungsverbot zugunsten von Piloten – tarifver-
tragliche Klausel zur automatischen Beendigung der Arbeitsverträge bei Vollendung
des 60. Lebensjahres)
Art. 2 Abs. 5 der RL 2000/78/EG des Rates vom 27.11.2000 zur Festlegung eines allgemeinen Rahmens für die Verwirklichung der Gleichbehandlung in Beschäftigung und Beruf ist dahin auszulegen, dass die Mitgliedstaaten über Ermächtigungsvorschriften den Sozialpartnern gestatten können, Maßnahmen im Sinne dieses Art. 2 Abs. 5 auf den in dieser
Bestimmung genannten Gebieten, die in den Anwendungsbereich von Tarifverträgen fallen, zu treffen, vorausgesetzt, diese Ermächtigungsvorschriften sind hinreichend genau,
damit gewährleistet wird, dass die genannten Maßnahmen die in Art. 2 Abs. 5 der RL genannten Anforderungen beachten. Eine Maßnahme wie die im Ausgangsverfahren in Rede
stehende, die die Altersgrenze, ab der Piloten ihrer beruflichen Tätigkeit nicht mehr nach-
gehen dürfen, auf 60 Jahre festlegt, während die nationale und die internationale Regelung
dieses Alter auf 65 Jahre festlegen, ist keine Maßnahme, die für die öffentliche Sicherheit
und den Schutz der Gesundheit im Sinne dieses Art. 2 Abs. 5 notwendig ist. Art. 4 Abs. 1
der RL ist dahin auszulegen, dass er einer tarifvertraglichen Klausel entgegensteht, die wie
die im Ausgangsverfahren in Rede stehende die Altersgrenze, ab der Piloten als körperlich
nicht mehr fähig zur Ausübung ihrer beruflichen Tätigkeit gelten, auf 60 Jahre festlegt,
während die nationale und die internationale Regelung dieses Alter auf 65 Jahre festlegen.
Art. 6 Abs. 1 Unterabs. 1 RL ist dahin auszulegen, dass die Flugsicherheit kein legitimes
Ziel im Sinne dieser Vorschrift ist.

Arbeitsrechtlicher Gleichbehandlungsgrundsatz bei Sonderzahlungen
(BAG, Urteil v. 13.4.2011 = DB 2011, 1923):
Soll eine Sonderzahlung als Ausgleich für die Vereinbarung schlechterer Arbeitsbedingungen nur dann geleistet werden, wenn bestimmte Unternehmensziele erreicht werden, so
wird damit kein zusätzlicher Leistungszweck begründet, bei dessen Eintritt auch die Mitarbeiter einen Anspruch auf die Sonderzahlung haben, die den schlechteren Arbeitsbedingungen nicht zugestimmt haben.

Geschlechtsbezogene Benachteiligung männlicher Bewerber für die Stelle einer Gleich-stellungsbeauftragten (BAG, Beschluss v. 18.3.2010 = NZA 2010, 872):

Das weibliche Geschlecht sei für die zu besetzende Stelle wegen der Art der auszuübenden Tätigkeit eine wesentliche und entscheidende berufliche Anforderung, deren Zweck recht-mäßig und die angemessen ist. § 8 Abs. 1 AGG stelle mit dem Erfordernis, das Merkmal nach § 1 AGG müsse eine wesentliche und entscheidende berufliche Anforderung für die Tätigkeit darstellen, inhaltlich keine geringeren Anforderungen an die Rechtfertigung einer Ungleichbehandlung als § 611a BGB alt, der für die Zulässigkeit der Differenzierung nach dem Geschlecht verlangte, dass dieses unverzichtbare Voraussetzung für die Erbringung der Tätigkeit ist. Dementsprechend könne das Geschlecht nur dann i.S.d. § 8 Abs. 1 AGG eine wesentliche und entscheidende berufliche Anforderung bilden, wenn die Tätigkeit ohne das Merkmal jedenfalls nicht ordnungsgemäß durchgeführt werden kann. Abzustellen sei auf die konkret vom Arbeitnehmer auszuübende Tätigkeit, die sich nach dem vom Arbeitgeber fest-gelegten Unternehmenskonzept richtet. Das vom Arbeitgeber geforderte Merkmal müsse um wesentlich sein zu können, für die vom Arbeitgeber vorgegebene berufliche Anforde-rung eine prägende Bedeutung haben, wobei es nicht darauf ankomme, welcher zeitliche Anteil der Tätigkeit betroffen ist, sondern darauf, ob das Merkmal für die Erreichung des unternehmerischen Zwecks erforderlich ist. Das Differenzierungsmerkmal dürfe nicht nur für unbedeutende, für den Arbeitsplatz nicht charakteristische Tätigkeiten notwendig sein.

Die vom Arbeitgeber gesuchte Gleichstellungsbeauftragte sollte an der Umsetzung des Verfassungsauftrages der Gleichberechtigung von Frauen und Männern in der Stadt und in der Stadtverwaltung mitwirken. Schwerpunkte ihrer Tätigkeit sollten in der Verbesserung der Vereinbarkeit von Beruf und Familie und in der Integrationsarbeit mit zugewanderten Frauen liegen. Diese Integrationsarbeit, die unstreitig insbesondere Musliminnen betrifft, sollte im Rahmen der Initiierung von Projekten und der Beratung von Gruppen sowie der Einzelberatung erfolgen. Außerdem sollte die Gleichstellungsbeauftragte zum Abbau von Benachteiligungen Maßnahmen insbesondere zu frauen- und mädchenrelevanten Themen entwickeln. Sie sollte mit allen frauenrelevanten Organisationen, Initiativen und Institutio-nen zusammenarbeiten und Unterstützung bei Frauendiskriminierung bieten.

Zur Erbringung eines Teils dieser Tätigkeiten sei das weibliche Geschlecht unverzichtbare Voraussetzung, weil sie von einem Mann nicht ausgeübt werden könnten, ohne den ver-folgten Zweck zu gefährden. Zwar könne ein Mann grundsätzlich in gleicher Weise wie eine Frau an der Gleichberechtigung von Männern und Frauen mitwirken und Maßnahmen zur Verbesserung der Vereinbarkeit von Beruf und Familie entwickeln. Etwas anderes gelte aber für die Projekte und Beratungsangebote zur Integration zugewanderter Frauen. Der vom Arbeitgeber vorgenommene, das weibliche Geschlecht bedingende Stellenzuschnitt begegne keinen Bedenken. Die Bestimmung des spezifischen beruflichen Tätigkeitsbe-reichs und der daraus abzuleitenden beruflichen Anforderungen sei Teil der nach Art. 12 Abs. 1 GG geschützten Unternehmerfreiheit. Auch im Bereich des öffentlichen Dienstes obliege es dem Dienstherrn, die Dienstposten nach organisatorischen Bedürfnissen und Möglichkeiten auszugestalten. Um die Anforderungen von Art. 1 Abs. 1, Art. 3 Abs. 1 GG, § 1 AGG sicherzustellen, müsse der verfolgte unternehmerische Zweck zudem rechtmäßig sein, dürfe also nicht gegen eine Verbotsnorm verstoßen, und die gestellte Anforderung müsse angemessen sein. Dies bedinge eine Verhältnismäßigkeitsprüfung zwischen dem verfolgten unternehmerischen Zweck einerseits und dem Nachteil für den Beschäftigten oder Bewerber andererseits.

**Altersdiskriminierende Befristung eines Arbeitsvertrages
(BAG, Urteil v. 6.4.2011 = NZA 2011, 970):**
Eine unmittelbare Benachteiligung liegt nach § 3 Abs. 1 S. 1 AGG vor, wenn eine Person wegen eines in § 1 AGG genannten Grundes eine weniger günstige Behandlung erfährt, als eine andere Person in einer vergleichbaren Situation erfährt, erfahren hat oder erfahren würde. Dies hat das BAG im entschiedenen Fall angenommen: Der Kläger erfuhr gegenüber einer hypothetischen Vergleichsperson in vergleichbarer Situation eine ungünstigere Behandlung, weil sein Arbeitsvertrag lediglich bis zum 30. Juni 2008 befristet wurde. Mit einer hypothetischen Vergleichsperson wäre ein Vertrag mit längerer Befristungsdauer abgeschlossen worden. Die unterschiedliche Behandlung wegen des Alters sei nicht nach § 10 AGG zulässig. § 10 S. 1 AGG lasse – unbeschadet des § 8 AGG – eine unterschiedliche Behandlung wegen Alters zu, wenn sie objektiv und angemessen und durch ein legitimes Ziel gerechtfertigt ist. Nach § 10 S. 2 AGG müssen die Mittel zur Erreichung dieses Ziels angemessen und erforderlich sein. Die Rechtfertigungsgründe werden in § 10 S. 1 und 2 AGG zunächst in Form einer Generalklausel umschrieben. § 10 S. 3 AGG zählt sodann sechs Anwendungsfälle auf. Diese stellten, wie das Wort „insbesondere" deutlich macht, keinen abschließenden Katalog, sondern die Generalklausel konkretisierende Beispiele dar. Bei Anwendung der Generalklausel des § 10 S. 1 und 2 AGG müssten die nationalen Gerichte sicherstellen, dass der Grundsatz des Verbots der Diskriminierung aus Gründen des Alters nicht ausgehöhlt wird. Deshalb genügten allgemeine Behauptungen, dass eine bestimmte Maßnahme geeignet sei, der Beschäftigungspolitik, dem Arbeitsmarkt und der beruflichen Bildung zu dienen, nicht zur Darlegung eines legitimen Ziels im Sinne des § 10 AGG. Vielmehr müssten zumindest aus dem allgemeinen Kontext der betreffenden Maßnahme abgeleitete Anhaltspunkte die Feststellung des hinter ihr stehenden Ziels ermöglichen, um die Rechtmäßigkeit, die Angemessenheit und die Erforderlichkeit der zu seiner Erreichung eingesetzten Mittel gerichtlich überprüfen zu können. Als rechtmäßig seien jedenfalls Ziele anzusehen, die als sozialpolitische Ziele im allgemeinen Interesse stehen. Insgesamt erfordere die Rechtfertigung einer unterschiedlichen Behandlung wegen des Alters nach § 10 S. 1 und 2 AGG – ebenso wie nach der nahezu wortgleichen Regelung in Art. 6 Abs. 1 Satz 1 der RL 2000/78/EG – der Sache nach, „dass sich die zugrunde liegende Maßnahme auf ein legitimes Ziel stützt und einer Verhältnismäßigkeitsprüfung standhält". Im entschiedenen Fall könne zugunsten des Arbeitgebers angenommen werden, dass diese mit der wegen des Alters des Klägers gewählten Befristungsdauer legitime Ziele verfolgte. Das hierzu gewählte Mittel, das Arbeitsverhältnis des Klägers kürzer zu befristen als das vergleichbarer jüngerer Arbeitnehmer, sei zur Erreichung der Ziele aber weder erforderlich noch angemessen gewesen: Der Arbeitgeber verfolge mit der bei ihr geltenden Regelung, wissenschaftliche Nachwuchskräfte auf den Qualifikationsstellen bis höchstens zur Erreichung eines Lebensalters von 40 ½ Jahren zu beschäftigen, verschiedene Ziele. Zum einen soll die Regelung dazu dienen, das Erstberufungsalter von Professoren herabzusetzen und damit im Interesse der Allgemeinheit sicherzustellen, dass aus Steuermitteln qualifizierte Nachwuchswissenschaftler möglichst lange der selbstständigen Forschung zur Verfügung stehen. Zum anderen soll der laufende Zustrom junger Wissenschaftler und neuer Ideen gewährleistet werden. Und schließlich soll sie verhindern, dass Inhaber von Nachwuchsstellen erst in einem Lebensalter, in dem eine berufliche Neuorientierung nicht mehr oder nur noch schwer möglich ist, realisieren, ihre angestrebte Habilitation und das Ziel einer Hochschulprofessur nicht erreichen zu können. Dabei sei nicht entscheidend, ob der Beschluss des Rektorats wegen eines unzulässigen Eingriffs in das Recht auf Berufs-

freiheit nach Art. 12 Abs. 1 GG unwirksam ist. Nähme man dies an, folgte allein daraus nicht, dass die mit einer Altersgrenze begründete Befristung des Arbeitsvertrags des Klägers eine ungerechtfertigte Benachteiligung wäre. Maßgeblich sei allein, ob die zur Begründung der – an das Lebensalter anknüpfenden – Befristungsdauer vorgebrachten Ziele im Sinne des § 10 S. 1 AGG legitim und die Mittel zur Erreichung dieser Ziele im Sinne des § 10 S. 2 AGG angemessen und erforderlich sind. Die vom Arbeitgeber verfolgten Ziele unterfielen keinem der in § 10 S. 3 AGG genannten Beispielsfälle. Auch wenn sie im Sinne von § 10 S. 1 AGG legitim seien, das gewählte Mittel sei aber weder erforderlich noch angemessen: So habe das BVerfG die Vorgabe einer die Mobilität des wissenschaftlichen Personals sichernden Regelaltersgrenze für die Erstberufung, die beim Abschluss des Qualifikationswegs nicht überschritten sein sollte, als probates Mittel zur Verfolgung hochschulpolitischer Reformziele anerkannt (vgl. BVerfGE 111, 226 – unter V.IV.). Auch stellten die Schaffung einer hochwertigen Lehre und die optimale Verteilung von Professorenstellen auf die Generationen legitime Ziele im Sinne von Art. 6 Abs. 1 S. 1 der RL 2000/78/EG dar (EuGH NZA 2011, 29 – Rn. 68 – Georgiev). Schließlich könne auch das Ziel, im objektiven Interesse der Nachwuchswissenschaftler Sackgassen in ihrer Erwerbsbiographie zu vermeiden, im Sinne von § 10 S. 1 AGG legitim sein. Das gewählte Mittel – die Reduzierung der an sich nach § 2 Abs. 1 WissZeitVG möglichen Befristungsdauer – sei zur Erreichung der Ziele aber weder erforderlich noch angemessen (verhältnismäßig i.e.S.). Zur Senkung des Erstberufungsalters von Professoren der Beklagten erscheine die Altersgrenze für befristete Verträge mit Habilitanden ohnehin ungeeignet, nehme doch die Hochschule keine sog. Hausberufungen vor. Ferner sei sie aber auch deshalb unverhältnismäßig, weil die Habilitation nicht notwendig der Vorbereitung einer universitären Laufbahn dient. Nicht jeder Habilitand werde nach erfolgreicher Habilitation Professor. Nichts anderes gelte für das Interesse der Forschung und Lehre an der kontinuierlichen Fluktuation der Nachwuchswissenschaftler. Es wäre unverhältnismäßig, die Höchstdauer der Zeitbefristungen nach dem WissZeitVG im Hinblick auf das Lebensalter noch weiter zu reduzieren. Im Übrigen hänge das Ausmaß der Fluktuation im wissenschaftlichen Bereich der Universitäten und staatlichen Hochschulen nicht davon ab, wie alt die Bewerber zum Zeitpunkt der Beendigung ihres Beschäftigungsverhältnisses sind, sondern davon, wie lange sie auf den von ihnen besetzten Stellen verweilen.

Eine unzulässige Benachteiligung des Klägers bei der Befristungsdauer gemäß § 7 Abs. 2 AGG führe zur Unwirksamkeit der Befristungsabrede „an sich". Das Arbeitsverhältnis des Klägers habe deshalb nicht etwa zu einem späteren Zeitpunkt, sondern – jedenfalls aufgrund der Befristungsabrede – überhaupt nicht geendet.

§ 139 BGB sei auf das Verhältnis zwischen der Befristungsdauer und der Vereinbarung der Befristung nicht anwendbar, da die Regelung die Teilbarkeit des Rechtsgeschäfts voraussetze. Der unwirksame Teil des Rechtsgeschäfts müsse von dem wirksamen in dem Sinn trennbar sein, dass das Rechtsgeschäft auch ohne den nichtigen Teil hätte vorgenommen werden können. Dies sei hier nicht der Fall. Die Befristungsvereinbarung sei nur Teil eines Rechtsgeschäfts, nämlich des Arbeitsvertrags. Sie sei als einheitliche Klausel auch nicht teilbar. Es gebe keine Befristung ohne bestimmte Dauer.

Weder im Wege der ergänzenden Vertragsauslegung noch der Umdeutung nach § 140 BGB oder der Anwendung der Grundsätze zur „Anpassung nach oben" bei diskriminierender Vorenthaltung von Leistungen könne eine andere – längere – Befristungsdauer angenommen werden.

**Schutz „einfach-behinderter Menschen" durch das AGG
(BAG, Urteil v. 27.1.2011 = NJW 2011, 2070):**
Nach § 68 Abs. 1 SGB IX gelten die §§ 81 ff. SGB IX nur für Schwerbehinderte und diesen gleichgestellte behinderte Menschen mit der Folge, dass ein „einfach-behinderter Bewerber" sich nicht i.S. von Vermutungstatsachen auf Verstöße des Arbeitgebers im Bewerbungsverfahren gegen die §§ 81 ff. SGB IX berufen könne. Nach Inkrafttreten des AGG (18.8.2006) müssen „einfach-behinderte Menschen", die sich bei ihrer Bewerbung aufgrund ihrer Behinderung benachteiligt sehen, Vermutungstatsachen i.S. von § 22 AGG vortragen.

Prüfungsschema (arbeitsrechtlicher Gleichbehandlungsgrundsatz – BAG: durch allgemeinen Gleichheitssatz bestimmt – BAG NZA 2010, 273, 276):
1. Spezialregelungen:
    a) § 75 BetrVG.
    b) § 7 i.V.m. § 1 AGG.
2. Rechtsgrundlage: Fürsorgepflicht bzw. Selbstbindung des Arbeitgebers oder Treu und Glauben (§ 242 BGB) – BAG legt sich nicht fest.
3. Voraussetzungen:
    a) Maßnahme (bspw. Leistungsgewährung) des Arbeitgebers.
    b) Gegenüber einer abgrenzbaren Gruppe von Arbeitnehmern (Kollektivmaßnahme).
    c) Ein oder mehrere (vergleichbare[r], d.h. der Gruppe zugehörige[r]) Arbeitnehmer wird/werden nachteilig ungleich behandelt.
    d) Die Ungleichbehandlung erfolgt ohne „sachlichen Grund".
4. Rechtsfolge: Anspruch auf Gleichbehandlung.

Fall 6: Der arbeitsrechtliche Gleichbehandlungsgrundsatz

Sachverhalt: Arbeitgeber B gewährt seit 10 Jahren seinen Beschäftigten jährlich eine Weihnachtssonderzahlung in Höhe eines Monatsgehalts, allerdings ohne Anerkennung eines Rechtsanspruchs und mit dem Hinweis, dass die Sonderzahlung zurückzuerstatten sei, wenn das Arbeitsverhältnis bis zum 31. März des auf die Zahlung folgenden Jahres endet, sei es auf Wunsch des Arbeitnehmers oder durch eine von ihm selbst ausgesprochene Kündigung. Im November 2011, nur drei Wochen vor Auszahlung der Sonderzuwendung, wird dem Arbeitnehmer A fristgerecht zum 31. Dezember 2011 gekündigt. Die Weihnachtssonderzahlung erhält A nicht. A fühlt sich ungerecht behandelt und verlangt von B Zahlung des zusätzlichen Monatsgehalts. Hat A Recht?

Lösung:
1. Ein Anspruch des A gegen B aus § 611 BGB auf der Grundlage einer durch eine betriebliche Übung bewirkten Vertragsänderung bzw. eines Vertrauensschutzes (dazu näher Fall 5) kommt nicht in Betracht, da jede Sonderzahlung bislang ohne Anerkennung

eines Rechtsanspruchs erfolgte und deshalb eine entsprechende betriebliche Übung nicht entstehen konnte (BAG NZA 1996, 418, 419).

2. Der Zahlungsanspruch könnte sich jedoch aus § 611 BGB i.V.m. dem allgemeinen arbeitsrechtlichen Gleichbehandlungsgrundsatz ergeben.

   a) Der Gleichbehandlungsgrundsatz verpflichtet den Arbeitgeber, alle Arbeitnehmer gleich zu behandeln, d.h. Differenzierungen nicht willkürlich, sondern nur aus sachlichen Gründen vorzunehmen (BAG NZA 1996, 132, 134). Unabhängig von seiner dogmatischen Herleitung ist anerkannt, dass er den Inhalt von Arbeitsverhältnissen bestimmt und arbeitsvertragliche Ansprüche auslösen kann (BAG NZA 1995, 939).

   b) Fraglich ist also, ob B den A ohne sachlichen Grund gegenüber denjenigen Beschäftigten, die nicht bis zum 31. März aus dem Betrieb ausscheiden, ungleich behandelt. B will mit der Weihnachtssonderzahlung nicht nur die Treue der Arbeitnehmer zum Betrieb in der Vergangenheit, sondern auch die zukünftige Betriebstreue belohnen. Da die Betriebstreue in der Vergangenheit eine Bedingung ist, die auch der A erfüllt, ist somit entscheidend, ob die Betriebszugehörigkeit in der – zumindest näheren – Zukunft einen sachlichen Grund für die Weihnachtssonderzahlung darstellt. Die Zahlung von zusätzlichem Weihnachtsgeld ist ein Mittel des Arbeitgebers, die Bindung der Belegschaft an den Betrieb zu stärken. Sie ist nicht nur eine Belohnung für die in der Vergangenheit bewiesene Treue gegenüber dem Unternehmen, sondern auch ein Treueanreiz für die Zukunft. In diesem Sinne – als Zukunftsinvestition verstanden – macht sie jedoch keinen Sinn, wenn der Arbeitnehmer kurz nach ihrem Erhalt aus dem Betrieb ausscheidet. Die Ausnahme solcher Arbeitnehmer von der Weihnachtssonderzahlung ist deshalb unter dem Gesichtspunkt der auch zukünftigen Betriebstreue sachlich gerechtfertigt (BAG NZA 1995, 309). Ein Verstoß gegen den allgemeinen arbeitsrechtlichen Gleichbehandlungsgrundsatz liegt nicht vor.

   c) A hat deshalb gegen B keinen Anspruch auf die Weihnachtssonderzahlung aus § 611 BGB i.V.m. dem allgemeinen arbeitsrechtlichen Gleichbehandlungsgrundsatz.

3 Das Individualarbeitsrecht

Das Individualarbeitsrecht regelt die individualvertraglichen Beziehungen zwischen Arbeitnehmer und Arbeitgeber.

3.1 Die Begründung des Arbeitsverhältnisses

Der Begründung eines Arbeitsverhältnisses geht regelmäßig eine Arbeitsvermittlung bzw. eine Ausschreibung voraus. Im Übrigen kommt ein Arbeitsvertrag – wie jeder andere gegenseitige Vertrag auch – durch Angebot und Annahme (§§ 145 ff. BGB) zustande (**Vertragstheorie**). Aktualisiert wird das Arbeitsverhältnis durch die tatsächliche Arbeitsaufnahme.

Der Arbeitsvertrag ist grundsätzlich formfrei (**Grundsatz der Formfreiheit**) – er kann also auch durch konkludentes Handeln zustande kommen bzw. geändert werden. So bestimmt bspw. § 17 BBiG (Weiterarbeit), dass, wenn der Auszubildende im Anschluss an das Berufsausbildungsverhältnis weiter beschäftigt wird, ohne dass hierüber ausdrücklich etwas vereinbart worden ist, ein Arbeitsverhältnis auf unbestimmte Zeit als begründet gilt (gesetzliche Fiktion). Eine vergleichbare Regelung trifft § 15 Abs. 5 TzBfG. Eine Ausnahme vom Grundsatz der Formfreiheit ist dann anzunehmen, wenn bei einer entsprechenden Tarifbindung ein Tarifvertrag konstitutive Schriftform (§ 127 i.V.m. § 126 BGB) vorsieht bzw. wenn im Hinblick auf Änderungen eines bereits zustande gekommenen Arbeitsvertrags gewillkürte Schriftform vorgesehen ist.

Überblick zum Grundsatz der Formfreiheit:
- ausdrücklicher Vertragsabschluss
  - mündlich oder
  - schriftlich.
- konkludenter Vertragsabschluss

Andererseits begründet jedoch ein schriftlich zustande gekommener Arbeitsvertrag die Vermutung der Richtigkeit und Vollständigkeit. Auch § 2 Abs. 1 NachweisG stellt kein Schriftformerfordernis auf, sondern verschafft dem Arbeitnehmer lediglich einen Anspruch gegen den Arbeitgeber auf Erteilung einer schriftlichen Bescheinigung über die wesentlichen Vertragsbedingungen, nämlich

- Name und Anschrift der Vertragsparteien;
- Zeitpunkt des Beginns des Arbeitsverhältnisses;
- bei befristeten Arbeitsverhältnissen die vorhersehbare Dauer des Arbeitsverhältnisses;

- der Arbeitsort (oder, falls der Arbeitnehmer nicht nur an einem bestimmten Arbeitsort tätig sein soll, ein Hinweis darauf, dass der Arbeitnehmer an verschiedenen Orten beschäftigt werden kann);
- eine kurze Charakterisierung oder Beschreibung der vom Arbeitnehmer zu leistenden Tätigkeit;
- die Zusammensetzung und die Höhe des Arbeitsentgelts einschließlich der Zuschläge, Zulagen, Prämien und Sonderzahlungen sowie anderer Bestandteile des Arbeitsentgelts und deren Fälligkeit;
- die vereinbarte Arbeitszeit;
- die Dauer des jährlichen Erholungsurlaubs;
- die Fristen für die Kündigung des Arbeitsverhältnisses; sowie
- ein in allgemeiner Form gehaltener Hinweis auf die Tarifverträge, Betriebs- oder Dienstvereinbarungen, die auf das Arbeitsverhältnis anzuwenden sind.

Dies gilt auch für die korrespondierende Regelung in § 4 BBiG in Bezug auf Berufsausbildungsverhältnisse. Allerdings bedarf eine Befristungsabrede zwingend der Schriftform – §§ 620 Abs. 3, 126 BGB, § 14 Abs. 4 TzBfG.

Der Vertragsabschluss setzt regelmäßig voraus, dass Arbeitgeber und Arbeitnehmer voll geschäftsfähig sind. Ein **Minderjähriger** bedarf daher nach § 107 BGB zu einer Willenserklärung, durch die er nicht lediglich einen rechtlichen Vorteil erlangt, grundsätzlich der Einwilligung (§ 183 BGB) seines gesetzlichen Vertreters. Schließt er einen Arbeitsvertrag ohne die erforderliche Einwilligung des gesetzlichen Vertreters ab, so hängt die Wirksamkeit des Vertrags nach § 108 Abs. 1 BGB von der Genehmigung (§ 184 Abs. 1 BGB) des Vertreters ab. Für das Arbeitsverhältnis relevante Sonderregelungen enthalten die §§ 113 (Arbeitsmündigkeit) und 112 BGB (Geschäftsmündigkeit).

3.1.1   Die Ausschreibung

Die Ausschreibung eines Arbeitsplatzes (die nach § 92 BetrVG unter Berücksichtigung der Informations-, Beratungs- und Vorschlagsrechte des Betriebsrats vorzunehmen ist) ist als bloße invitatio ad offerendum zu qualifizieren. Nach § 93 BetrVG kann der Betriebsrat verlangen, dass Arbeitsplätze, die besetzt werden sollen, allgemein oder für bestimmte Arten von Tätigkeiten vor ihrer Besetzung innerhalb des Betriebs ausgeschrieben werden. Der Betriebsrat kann nicht verlangen, dass der Arbeitgeber erst dann externe Bewerber sucht und einstellt, wenn intern keine geeignete Person zur Verfügung steht. Kommt der Arbeitgeber dem Verlangen des Betriebsrats nicht oder nicht ordnungsgemäß nach, zu besetzende Arbeitsplätze auszuschreiben, kann der Betriebsrat später gemäß § 99 Abs. 2 Nr. 5 BetrVG seine Zustimmung zu einer vom Arbeitgeber vorgeschlagenen Einstellung verweigern.

Nach § 95 Abs. 1 BetrVG bedürfen Auswahlrichtlinien der Zustimmung des Betriebsrats. Bei fehlender Einigung entscheidet auf Antrag des Arbeitgebers die Einigungsstelle, deren Spruch die Einigung zwischen Arbeitgeber und Betriebsrat ersetzt. In größeren Betrieben – mit mehr als 500 Arbeitnehmern – kann der Betriebsrat sogar die Aufstellung von Auswahlrichtlinien verlangen (§ 95 Abs. 2 BetrVG). Vgl. auch § 11 AGG (Verbot, einen Arbeitsplatz unter Verstoß gegen § 7 AGG auszuschreiben).

Wichtige Judikatur (bitte lesen):

Innerbetriebliche Stellenausschreibung (BAG, Beschluss v. 1.2.2011 = NJW 2011, 1757):
Die Ausschreibungspflicht nach § 93 BetrVG bestehe auch für Arbeitsplätze, die der
Arbeitgeber dauerhaft mit Leiharbeitnehmern zu besetzen beabsichtigt. Dies folge aus
einem am Wortlaut, der Gesetzessystematik und dem Normzweck orientierten Verständnis
der Vorschrift: Der Wortlaut von § 93 BetrVG sei eindeutig. Danach kann der Betriebsrat
die innerbetriebliche Ausschreibung von sämtlichen Arbeitsplätzen verlangen, die der
Arbeitgeber zu besetzen beabsichtigt. Damit stelle das Gesetz auf die Stelle ab, auf der ein
Arbeitnehmer tätig werden soll. Hierfür komme es auf die Art und den Inhalt des Rechtsverhältnisses, das dieser Beschäftigung zugrunde liegt, nicht an. Fehl gehe die Annahme,
§ 93 BetrVG sei entgegen seinem Wortlaut dahingehend auszulegen, dass eine Ausschreibungspflicht nicht für Arbeitsplätze besteht, die mit Leiharbeitnehmern besetzt werden
sollen: Einem solchen Normverständnis widerspreche schon der systematische Zusammenhang zwischen § 93 BetrVG und dem Beteiligungsrecht des Betriebsrats bei der Einstellung i.S.v. § 99 Abs. 1 S. 1 BetrVG. Beide Vorschriften knüpften dessen Handlungs-
möglichkeiten an die Besetzung eines „Arbeitsplatzes". Nach § 99 Abs. 1 S. 1 und 2
BetrVG hat der Arbeitgeber die Zustimmung des Betriebsrats zu einer Einstellung einzuholen und dabei u.a. über den in Aussicht genommenen Arbeitsplatz zu unterrichten. Der
Betriebsrat kann die Zustimmung zu der Einstellung verweigern, wenn die nach § 93
BetrVG erforderliche Ausschreibung des Arbeitsplatzes im Betrieb unterblieben ist (§ 99
Abs. 2 Nr. 5 BetrVG). Eine Einstellung i.S.v. § 99 Abs. 1 S. 1 BetrVG liege vor, wenn Per-
sonen in den Betrieb des Arbeitgebers eingegliedert werden, um zusammen mit den dort
beschäftigten Arbeitnehmern dessen arbeitstechnischen Zweck durch weisungsgebundene
Tätigkeit zu verwirklichen. Auch insoweit sei das Rechtsverhältnis, in dem diese Personen
zum Betriebsinhaber stehen, bedeutungslos. Zu den nach § 99 Abs. 1 S. 1 BetrVG zustim-
mungspflichtigen Einstellungen gehöre daher auch der Einsatz von Leiharbeitnehmern im
Entleiherbetrieb. Dafür spreche auch der Normzweck von § 93 BetrVG: Die Vorschrift
solle es dem Betriebsrat im Interesse der von ihm vertretenen Belegschaft ermöglichen,
durch die Bekanntmachung der freien Beschäftigungsmöglichkeiten den innerbetrieblichen
Arbeitsmarkt zu aktivieren. Die im Betrieb beschäftigten Arbeitnehmer sollten die Gele-
genheit erhalten, sich auf die zu besetzenden Arbeitsplätze zu bewerben. Daneben solle
einer Verärgerung der Belegschaft über die Hereinnahme Außenstehender trotz im Betrieb
vorhandener Beschäftigungsmöglichkeiten entgegengewirkt werden.

3.1.2 Offenbarungspflichten des Arbeitnehmers und Fragerecht des Arbeitgebers

Das Bewerbungsschreiben eines Stellenbewerbers auf eine Ausschreibung begründet ein
Vertragsanbahnungsverhältnis. Der Bewerber ist daher (von sich aus) verpflichtet, sich dem
künftigen Arbeitgeber gegenüber im Hinblick auf alle für das in Aussicht genommene
Arbeitsverhältnis relevanten Umstände, die ihn für eine entsprechende Tätigkeit als ungeeignet erscheinen lassen und die für die Erfüllbarkeit der arbeitsvertraglichen Leistungspflicht
wesentlich sind, zu offenbaren (**Offenbarungspflicht**), soweit diese Umstände für den

Arbeitgeber nicht ohne weiteres erkennbar sind. Nach Ansicht des BAG besteht eine Offenbarungspflicht nur dann, wenn der Arbeitgeber eine Aufklärung nach Treu und Glauben erwarten durfte. Umgekehrt ist aber auch der Arbeitgeber verpflichtet, den Bewerber auf mit dem Arbeitsplatz verbundene Risiken (bspw. für dessen Gesundheit) aufmerksam zu machen.

Im Kontext mit der Begründung des Arbeitsverhältnisses steht dem Arbeitgeber im Rahmen des Vorstellungsgespräches kein uneingeschränktes Fragerecht (über die Offenbarungspflicht des Bewerbers hinaus) zu. Vielmehr hat er die grundrechtlich verbürgte Intimsphäre des Arbeitnehmers zu respektieren. Fragen sind dann statthaft, wenn ein konkreter Bezug zum zu besetzenden Arbeitsplatz besteht, sie mithin durch legitime Interessen des Arbeitgebers hinsichtlich der konkret zu besetzenden Stelle gerechtfertigt sind. Der Arbeitnehmer ist verpflichtet, zulässige Fragen wahrheitsgemäß zu beantworten. Im Hinblick auf unerlaubte Fragen hat der Arbeitnehmer aber ein **„Recht auf Lüge"**.

a)   Verstoß gegen die Offenbarungspflicht

Ein (auch nur fahrlässiger) Verstoß gegen die Offenbarungspflicht kann sowohl zu Gunsten des Arbeitgebers als auch des Arbeitnehmers (je nachdem, ob ein Arbeitsvertrag später zustande kommt oder nicht) einen Schadensersatzanspruch nach § 280 Abs. 1 i.V.m. §§ 311 Abs. 2, 241 Abs. 2 BGB bzw. gemäß § 280 Abs. 1 BGB – ggf. i.V.m. §§ 280 Abs. 3 und 281 bzw. 282 BGB begründen. Ein Schadensersatzanspruch des Arbeitgebers (etwa wegen entstandener Inseratskosten) kann jedoch unter dem Aspekt der überholenden Kausalität bzw. eines rechtmäßigen Alternativverhaltens wieder entfallen. Dem Arbeitgeber kann zudem aus einer unterlassenen Unterrichtung ein Anfechtungsrecht nach § 119 bzw. § 123 BGB erwachsen.

b)   Zulässige Fragen

Ein Arbeitgeber ist zum einen zu solchen Fragen berechtigt (Fragerecht des Arbeitgebers mit korrespondierender Antwortpflicht des Arbeitnehmers), deren Inhalt der Arbeitnehmer bereits im Rahmen seiner Offenbarungspflichten hätte darlegen müssen. Im Übrigen kann er aber auch Fragen stellen, die im sachlichen Zusammenhang mit dem Arbeitsverhältnis stehen.

c)   Unzulässige Fragen

Grundsätzlich unzulässig sind nach h.M. Fragen nach einer Schwangerschaft, selbst dann, wenn sich nur Frauen um einen Arbeitsplatz beworben haben (Verstoß gegen das Diskriminierungsverbot nach § 7 AGG). Unzulässig sind in jedem Falle auch Fragen des Arbeitgebers nach der persönlichen Lebensführung (etwa Heiratsabsicht oder Kinderwunsch) bzw. solche nach dem Wehrdienst, einer Gewerkschaftsmitgliedschaft bzw. einer Partei- oder Religionszugehörigkeit des Bewerbers (mit Ausnahmen bei sog. Tendenzbetrieben sowie kirchlichen Einrichtungen).

Eingeschränkte Offenbarungspflicht bei Vorstrafen
(LAG Baden-Württemberg, Urteil v. 22.3.2011):
Ein Arbeitgeber ist nur dann nach § 123 Abs. 1 BGB zur Anfechtung des Arbeitsvertrags berechtigt, wenn der Bewerber vor der Einstellung eine in zulässiger Weise gestellten Frage wahrheitswidrig beantwortet hat. Dies ist dann nicht der Fall – d.h. dem Arbeitnehmer war es erlaubt, nicht den Tatsachen entsprechend zu antworten –, weil die Frage des Arbeitgebers zu weit gefasst war und der Arbeitnehmer sie in dem Teilbereich, in dem er ihre Zulässigkeit erkennen konnte und zur Offenbarung verpflichtet war, nicht falsch beantwortet hat. Eine Offenbarungspflicht von Vorstrafen im Bewerbungsgespräch obliegt dem Arbeitnehmer dann, wenn es sich um Sachgebiete handelt, hinsichtlich derer es unabhängig von den Verhältnissen des Betriebs und des individuellen Zuschnitts der zu besetzenden Stelle offensichtlich und für jeden verständigen Bewerber in der konkreten Situation zweifelsfrei erkennbar ist, dass der Arbeitgeber ein berechtigtes Interesse daran hat, über ein strafrechtlich relevantes Vorverhalten des Arbeitnehmers informiert zu werden. An das Frage- und Auskunftsrecht des Arbeitgebers sind während des laufenden Arbeitsverhältnisses keine geringeren Anforderungen zu stellen als beim Bewerbungsgespräch.

Fragerecht nach Schwerbehinderteneigenschaft
(LAG Baden-Württemberg, Urteil v. 30.6.2010):
Die Frage nach der Schwerbehinderteneigenschaft sei in einem bestehenden Arbeitsverhältnis nicht grundsätzlich unzulässig. Sie falle nicht unter das Benachteiligungsverbot gemäß §§ 1 und 7 AGG, wenn sie dazu dient, dem Arbeitgeber die Prüfung über das Eingreifen kündigungsrechtlicher Schutzbestimmungen zu Gunsten des schwerbehinderten Menschen zu ermöglichen. Es stelle keine Benachteiligung wegen der Behinderung dar, wenn der Arbeitgeber nach der Schwerbehinderteneigenschaft fragt, um vor Ausspruch einer geplanten Kündigung gegebenenfalls die Zustimmung des Integrationsamtes gemäß § 85 SGB IX einzuholen. Wie § 1 Abs. 3 S. 1 KSchG zeige, sei es dem Arbeitgeber nicht verwehrt, im Falle von betriebsbedingten Kündigungen schwerbehinderte Arbeitnehmer in den Kreis der vergleichbaren Arbeitnehmer einzubeziehen. Die dort genannten Kriterien der sozialen Auswahl, zu denen auch die Schwerbehinderung gehört, könnten in dem Abwägungsprozess nur berücksichtigt werden, wenn sie bekannt sind.

Kein Fragerecht wegen Schwangerschaft
(BAG, Urteil v. 6.2.2003 = NZA 2003, 848):
Die Frage des Arbeitgebers nach einer Schwangerschaft vor der geplanten unbefristeten Einstellung einer Frau verstößt regelmäßig gegen § 611a BGB alt (nunmehr § 7 Abs. 1 i.V.m. § 1 AGG). Das gilt auch dann, wenn die Frau die vereinbarte Tätigkeit wegen eines mutterschutzrechtlichen Beschäftigungsverbotes zunächst nicht aufnehmen kann.

Übersicht (Fragerecht des Arbeitgebers):

1. Der Arbeitgeber darf Umstände erfragen, die in einem hinreichend engen Zusammenhang zum angestrebten Arbeitsverhältnis stehen (**Arbeitsplatzbezogenheit**):

   a) Einschlägige (für den konkret in Rede stehenden Arbeitsplatz relevante) **Vorstrafen** (bspw. für kaufmännische Berufe Fragen nach Vermögensdelikten – etwa Diebstahl [§ 242 StGB], Unterschlagung [§ 246 StGB], Betrug [§ 263 StGB] oder Untreue [§ 266 StGB]), wenn und so lange diese in ein polizeiliches Führungszeugnis (vgl. §§ 32 ff. BZRG) aufzunehmen sind.

   b) **Aidserkrankung** (arg.: Unheilbarkeit der Krankheit, die für die Leistungsfähigkeit des Arbeitnehmers relevant sein kann – hingegen i.d.R. [anders bei potentieller Ansteckungsgefahr des konkret in Rede stehenden Berufsbildes – bspw. Tätigkeit im Operationssaal] **nicht** nach einer **HIV-Infektion** [arg.: nicht jede Infektion führt zwingend zu einer Erkrankung und in der Inkubationszeit bis zum Krankheitsausbruch ist die Leistungsfähigkeit des Arbeitnehmers nicht zwingend eingeschränkt).

   c) **Berufliche Fähigkeiten und Qualifikationen** des Bewerbers, die für das betreffende Arbeitsverhältnis bedeutsam sind.

   d) Nach **persönlichen Umständen** (bspw. einer gesundheitlichen Beeinträchtigung) darf nur gefragt werden, wenn dies für die Besetzung des konkreten Arbeitsplatzes wichtig ist.

   e) **Beachte:** Nach Inkrafttreten des AGG (vgl. § 81 Abs. 2 SGB IX – Diskriminierungsverbot schwerbehinderter Arbeitnehmer) ist die Frage nach einer Schwerbehinderung/Behinderung/Gleichstellung („Behinderung" i.S.v. § 1 AGG ist nicht identisch mit „Schwerbehinderung" i.S.v. § 2 Abs. 2 AGG bzw. „Gleichstellung" i.S. von § 2 Abs. 3 SGB IX, sondern weitergehender – nämlich: entsprechend „Behinderung" i.S.v. § 2 Abs. 1 S. 1 SGB IX [= Menschen sind „behindert", wenn ihre körperliche Funktion, geistige Fähigkeit oder seelische Gesundheit mit hoher Wahrscheinlichkeit länger als sechs Monate von dem für das Lebensalter typischen Zustand abweicht und daher ihre Teilhabe am Leben in der Gesellschaft beeinträchtigt ist]) nur in zwei Konstellationen statthaft:

      i. Es stehen positive Maßnahmen i.S.v. § 5 AGG in Rede.

      ii. Es handelt sich um eine (zulässige) unterschiedliche Behandlung wegen beruflicher Anforderungen (vgl. § 8 AGG).

2. Fragen, die nicht „arbeitsplatzbezogen" sind, dürfen nicht gestellt werden – bspw.: nach einer

   • **Parteizugehörigkeit** (Ausnahme: Beschäftigung in Tendenzbetrieben) oder

   • **Gewerkschaftsmitgliedschaft** (Unzulässigkeit nach Art. 9 Abs. 3 GG – Grundrecht der individuellen Koalitionsfreiheit des Arbeitnehmers – die Frage nämlich, ob der Arbeitnehmer i.S.v. § 3 Abs. 1 TVG als Mitglied einer Gewerkschaft durch seine Tarifgebundenheit unter den Anwendungsbereich eines Tarifvertrags fällt, kann nämlich auch noch nach der Eingehung des Arbeitsverhältnisses geklärt werden) oder einer

- **Religionszugehörigkeit** (i.d.R. liegt bei einer entsprechenden Frage ein Indiz für eine Benachteiligung aus Gründen der Religion nach § 1 AGG vor – Zulässigkeit ausnahmsweise nach § 9 AGG; vgl. auch Art. 140 GG i.V.m. Art. 137 WRV) bzw. einer

- **Schwangerschaft** (i.d.R. indiziert eine entsprechende Frage eine unmittelbare Benachteiligung der Arbeitnehmerin wegen des Geschlechts i.S. des § 1 AGG [vgl. auch § 3 Abs. 1 S. 2 AGG] und ist damit ohne jegliche Ausnahmen unzulässig – auch wenn die Frau einem Beschäftigungsverbot nach den §§ 3 ff. MuSchG unterliegt. Bitte lesen:

  – **EuGH NZA 2001, 1241 EuGH, Urteil v. 4.10.2001 – C-109/00 (NJW 2002, 123 – Gleichbehandlung von Männern und Frauen und Entlassung einer schwangeren Arbeitnehmerin):**

    Art. 5 Absatz 1 der RL 76/207 zur Verwirklichung des Grundsatzes der Gleichbehandlung von Männern und Frauen hinsichtlich des Zugangs zur Beschäftigung, zur Berufsbildung und zum beruflichen Aufstieg sowie in Bezug auf die Arbeitsbedingungen und Art. 10 der RL 92/85 über die Durchführung von Maßnahmen zur Verbesserung der Sicherheit und des Gesundheitsschutzes von schwangeren Arbeitnehmerinnen, Wöchnerinnen und stillenden Arbeitnehmerinnen am Arbeitsplatz stehen der Entlassung einer Arbeitnehmerin wegen Schwangerschaft entgegen,

    ◦ wenn diese auf bestimmte Zeit eingestellt wurde,

    ◦ wenn sie den Arbeitgeber nicht über ihre Schwangerschaft unterrichtet hat, obwohl diese ihr bei Abschluss des Arbeitsvertrages bekannt war,

    ◦ und wenn feststand, dass sie aufgrund ihrer Schwangerschaft während eines wesentlichen Teils der Vertragszeit nicht würde arbeiten können.

    Für die Auslegung des Art. 5 Abs. 1 der RL 767207 und des Art. 10 der RL 92/85 ist unerheblich, dass die Arbeitnehmerin von einem sehr großen Unternehmen eingestellt wurde, das häufig Aushilfspersonal beschäftigt.

  – **BAGE 104, 304 = NZA 2003, 848 (Fragerecht des Arbeitgebers nach einer Schwangerschaft und Anfechtung des Arbeitsvertrags):**

    Die Frage des Arbeitgebers nach einer Schwangerschaft vor der geplanten unbefristeten Einstellung einer Frau verstößt regelmäßig gegen § 611a BGB alt (nunmehr § 7 Abs. 1 i.V.m. § 1 AGG). Das gilt auch dann, wenn die Frau die vereinbarte Tätigkeit wegen eines mutterschutzrechtlichen Beschäftigungsverbotes zunächst nicht aufnehmen kann.

3. Eine unzulässige Frage des Arbeitgebers darf der Bewerber auch bewusst falsch beantworten: „**Recht zur Lüge**" – ohne dass ihm hieraus arbeitsrechtliche Sanktionen (bspw. Anfechtung nach § 123 Abs. 1 BGB oder außerordentliche Kündigung gemäß § 626 BGB) erwachsen.

4. **Beachte:** Nach § 32 Abs. 1 des Regierungsentwurfs eines Bundesdatenschutzgesetzes (BDSG-E) – Datenerhebung vor Begründung eines Beschäftigungsverhältnisses – soll es dem Arbeitgeber erlaubt sein, den Namen, die Anschrift, die Telefonnummer und

die Adresse der elektronischen Post eines Beschäftigten vor Begründung eines Beschäftigungsverhältnisses zu erheben. Weitere personenbezogene Daten soll er nur erheben dürfen, soweit die Kenntnis dieser Daten erforderlich ist, um die Eignung des
Beschäftigten für die vorgesehenen Tätigkeiten festzustellen. Er soll zu diesem Zweck
insbesondere Daten über die fachlichen und persönlichen Fähigkeiten, Kenntnisse und
Erfahrungen sowie über die Ausbildung und den bisherigen beruflichen Werdegang
des Beschäftigten erheben dürfen.

a) Daten eines Beschäftigten über die rassische und ethnische Herkunft, die Religion
    oder Weltanschauung, eine Behinderung, die sexuelle Identität, die Gesundheit,
    die Vermögensverhältnisse, Vorstrafen oder laufende Ermittlungsverfahren sollen
    nach § 32 Abs. 2 BDSG-E nur unter den Voraussetzungen erhoben werden, unter
    denen nach § 8 Abs. 1 AGG eine unterschiedliche Behandlung zulässig ist, wobei
    die Vorschriften des BZRG davon unberührt bleiben sollen.

b) Der Arbeitgeber soll nach § 32 Abs. 3 BDSG-E vom Beschäftigten keine Aus-
    kunft darüber verlangen können, ob eine Schwerbehinderung oder Gleichstellung
    mit einer Schwerbehinderung nach § 68 SGB IX vorliegt.

c) Soll eine Beschäftigung bei einer Religionsgemeinschaft, einer ihr zugeordneten
    Einrichtung oder bei einer Vereinigung erfolgen, die sich die gemeinschaftliche
    Pflege einer Religion oder Weltanschauung zur Aufgabe gemacht hat, soll der
    Arbeitgeber gemäß § 32 Abs. 4 BDSG-E auch Daten über die religiöse Überzeu-
    gung, die Religionszugehörigkeit oder die Weltanschauung des Beschäftigten er-
    heben dürfen, wenn die religiöse Überzeugung, die Religionszugehörigkeit oder
    die Weltanschauung unter Beachtung des Selbstverständnisses der jeweiligen Re-
    ligionsgemeinschaft oder Vereinigung im Hinblick auf ihr Selbstbestimmungs-
    recht oder nach der Art der Tätigkeit eine gerechtfertigte berufliche Anforderung
    darstellt.

d) Ein Arbeitgeber, dessen Tätigkeit unmittelbar und überwiegend politisch oder
    koalitionspolitisch ausgerichtet ist oder der Zwecke der Berichterstattung oder
    Meinungsäußerung verfolgt, auf die Art. 5 Abs. 1 S. 2 GG anzuwenden ist, soll
    nach § 32 Abs. 5 BDSG-E auch Daten über die politische Meinung und Gewerk-
    schaftszugehörigkeit des Beschäftigten erheben dürfen, soweit die politische Mei-
    nung oder die Gewerkschaftszugehörigkeit im Hinblick auf die Ausrichtung des
    Arbeitgebers und die Art der Tätigkeit eine gerechtfertigte berufliche Anforderung
    darstellt. Ein Arbeitgeber, dessen Tätigkeit Zwecke der Berichterstattung oder
    Meinungsäußerung verfolgt, auf die Art. 5 Abs. 1 S. 2 GG anzuwenden ist, soll
    Daten über die religiöse Überzeugung, die Religionszugehörigkeit oder die Welt-
    anschauung des Beschäftigten erheben dürfen, soweit die religiöse Überzeugung,
    die Religionszugehörigkeit oder die Weltanschauung wegen der Art der auszu-
    übenden Tätigkeit oder der Bedingungen ihrer Ausübung eine wesentliche und
    entscheidende berufliche Anforderung darstellt.

3.1.3 Personalfragebögen, psychologische Tests und graphologische Gutachten

Personalfragebögen bedürfen nach § 94 Abs. 1 BetrVG der Zustimmung des Betriebsrats. Kommt eine Einigung über ihren Inhalt nicht zustande, so entscheidet die Einigungsstelle, deren Spruch die fehlende Einigung zwischen Arbeitgeber und Betriebsrat ersetzt (§ 76 Abs. 5 BetrVG). Graphologische Gutachten bedürfen der Zustimmung des Bewerbers. Die Verwendung psychologischer Tests ist in jedem Falle – auch bei Zustimmung des unmittelbar davon betroffenen Bewerbers – problematisch.

3.1.4 Verfahrensfragen im Zusammenhang mit der Vorstellung

Ein Bewerber, der zu einem Vorstellungsgespräch eingeladen wird, kann nach § 670 BGB (unabhängig davon, ob letztlich eine Einstellung erfolgt oder nicht) die notwendigen Kosten ersetzt verlangen, es sei denn, dass eine Kostenerstattung ausdrücklich ausgeschlossen wurde. Eingereichte Bewerbungsunterlagen sind zurückzureichen (Anspruch des Bewerbers aus § 985 BGB). Der Arbeitnehmer hat nach § 629 BGB gegen seinen Arbeitgeber im Falle einer Kündigung auch einen Anspruch auf Freizeit zur Stellensuche.

3.1.5 Die Beteiligung des Betriebsrats bei der Einstellung

In Betrieben mit in der Regel mehr als 20 wahlberechtigten Arbeitnehmern hat der Arbeitgeber nach § 99 Abs. 1 BetrVG den Betriebsrat vor jeder personellen Einzelmaßnahme (Einstellung) zu unterrichten, ihm die erforderlichen Bewerbungsunterlagen vorzulegen und Auskunft über die Person der Beteiligten zu geben. Er hat dem Betriebsrat unter Vorlage der erforderlichen Unterlagen auch Auskunft über die Auswirkungen der geplanten Maßnahme zu geben und die Zustimmung des Betriebsrats dazu einzuholen. Der Betriebsrat kann die beantragte Zustimmung nur bei Vorliegen bestimmter Voraussetzungen nach § 99 Abs. 2 BetrVG verweigern:

- Die personelle Maßnahme würde gegen ein Gesetz, eine Verordnung, eine Unfallverhütungsvorschrift oder gegen eine Bestimmung in einem Tarifvertrag oder in einer Betriebsvereinbarung oder gegen eine gerichtliche Entscheidung oder eine behördliche Anordnung verstoßen (Nr. 1).
- Die personelle Maßnahme würde gegen eine Auswahlrichtlinie i.S.v. § 95 BetrVG verstoßen (Nr. 2).
- Es besteht die durch Tatsachen begründete Besorgnis, dass infolge der personellen Maßnahme im Betrieb beschäftigte Arbeitnehmer gekündigt werden oder sonstige Nachteile erleiden, ohne dass dies aus betrieblichen oder persönlichen Gründen gerechtfertigt ist (Nr. 3).
- Der betroffene Arbeitnehmer wird durch die personelle Maßnahme benachteiligt, ohne dass dies aus betrieblichen oder in der Person des Arbeitnehmers liegenden Gründen gerechtfertigt ist (Nr. 4).
- Eine nach § 93 BetrVG erforderliche Ausschreibung im Betrieb – wonach der Betriebsrat verlangen kann, dass Arbeitsplätze, die besetzt werden sollen, allgemein oder für bestimmte Arten von Tätigkeiten vor ihrer Besetzung innerhalb des Betriebs ausgeschrie-

ben werden (Anspruch des Betriebsrats auf eine betriebsinterne Ausschreibung) – ist unterblieben (Nr. 5).

- Es besteht die durch Tatsachen begründete Besorgnis, dass der durch die personelle Maßnahme in Aussicht genommene Bewerber oder Arbeitnehmer den Betriebsfrieden durch gesetzwidriges Verhalten oder durch grobe Verletzung der in § 75 Abs. 1 BetrVG enthaltenen Grundsätze (insbesondere durch rassistische oder fremdenfeindliche Betätigung) stören wird (Nr. 6).

Verweigert der Betriebsrat seine Zustimmung, so hat er dies unter Angabe von Gründen innerhalb einer Woche nach Unterrichtung durch den Arbeitgeber diesem schriftlich mitzuteilen. Teilt der Betriebsrat dem Arbeitgeber die Verweigerung seiner Zustimmung nicht innerhalb dieser Frist schriftlich mit, so gilt (gesetzliche Fiktion) die Zustimmung als erteilt (§ 99 Abs. 3 BetrVG). Verweigert der Betriebsrat seine Zustimmung, so kann der Arbeitgeber aber gemäß § 99 Abs. 4 BetrVG beim Arbeitsgericht beantragen, die verweigerte Zustimmung zu ersetzen. Der Arbeitgeber kann zudem nach § 100 BetrVG, wenn dies aus sachlichen Gründen dringend erforderlich ist, die personelle Maßnahme, nachdem er den Bewerber über die Sach- und Rechtslage aufgeklärt hat, auch vorläufig vornehmen. Darüber hat er jedoch den Betriebsrat unverzüglich zu unterrichten. Bestreitet letzterer, dass die Maßnahme aus sachlichen Gründen dringend erforderlich ist, so hat er dieses dem Arbeitgeber unverzüglich mitzuteilen. Für diesen Fall darf der Arbeitgeber die vorläufige personelle Maßnahme nur aufrechterhalten, wenn er innerhalb von drei Tagen beim Arbeitsgericht die Ersetzung der Zustimmung des Betriebsrats (§ 99 Abs. 4 BetrVG) und die Feststellung beantragt, dass die Maßnahme aus sachlichen Gründen dringend erforderlich war. Lehnt das Gericht durch rechtskräftige Entscheidung die Ersetzung der Zustimmung des Betriebsrats ab, oder stellt es rechtskräftig fest, dass die Maßnahme aus sachlichen Gründen offensichtlich nicht dringend erforderlich war, so endet die vorläufige personelle Maßnahme mit Ablauf von zwei Wochen nach Rechtskraft der Entscheidung. Von diesem Zeitpunkt an darf die personelle Maßnahme nicht mehr länger aufrechterhalten werden (§ 100 Abs. 3 BetrVG).

Führt ein Arbeitgeber eine personelle Einzelmaßnahme ohne Zustimmung des Betriebsrats durch oder hält er eine vorläufige personelle Maßnahme entgegen § 100 BetrVG aufrecht, so kann der Betriebsrat nach § 101 BetrVG beim Arbeitsgericht beantragen, dem Arbeitgeber aufzugeben, die personelle Maßnahme aufzuheben. Hebt der Arbeitgeber entgegen einer rechtskräftigen gerichtlichen Entscheidung die personelle Maßnahme nicht auf, so ist auf Antrag des Betriebsrats vom Arbeitsgericht zu erkennen, dass der Arbeitgeber zur Aufhebung der Maßnahme durch Zwangsgeld anzuhalten ist, dessen Höchstmaß für jeden Tag der Zuwiderhandlung 250 Euro beträgt.

Wichtige Judikatur (bitte lesen):

Mitbestimmung bei Einstellung von Leiharbeitnehmern
(BAG, Urteil v. 21.7.2010 = NZA 2011, 871):
Die Arbeitgeberin ist verpflichtet, dem Betriebsrat bei seiner Unterrichtung vor der Einstellung eines Leiharbeitnehmers nach § 99 Abs. 1 S. 1 und 2 BetrVG, § 14 Abs. 3 S. 1 AÜG dessen Namen mitzuteilen.

3.1.6 Der Arbeitsvertragsabschluss

Die Begründung des Arbeitsverhältnisses erfolgt durch den Abschluss eines Arbeitsvertrages. Ausnahmsweise kann ein Arbeitsvertrag aber auch aufgrund einer gesetzlichen Fiktion zustande kommen: Nach § 24 BBiG gilt ein Arbeitsverhältnis als auf unbestimmte Zeit begründet, wenn der Auszubildende im Anschluss an das Berufsausbildungsverhältnis weiterbeschäftigt wird (vgl. zudem § 15 Abs. 5 TzBfG – Fortsetzung eines befristeten Arbeitsverhältnisses). Auf der Grundlage der Privatautonomie (Vertragsfreiheit) steht es Arbeitgeber und Arbeitnehmer grundsätzlich frei, ob sie überhaupt miteinander einen Arbeitsvertrag abschließen wollen (Abschlussfreiheit) und ggf. wie dieser inhaltlich ausgestaltet sein soll (Inhaltsfreiheit).

a) Die Abschlussfreiheit

Von wenigen Ausnahmen abgesehen gibt es keinen gesetzlichen Einstellungsanspruch des Arbeitnehmers. Einstellungsansprüche können allein aus folgenden ausdrücklichen gesetzlichen Vorgaben resultieren, bspw. § 78 a Abs. 2 S. 1 BetrVG, § 2 Abs. 5 S. 1 ArbPlSchG bzw. § 91 Abs. 6 SGB IX.

Weiterhin vermag auch ein Vorvertrag, ein Kollektivvertrag (etwa ein Tarifvertrag) bzw. die nachwirkende Fürsorgepflicht des Arbeitgebers im Falle einer betriebsbedingten Kündigung, wenn während der Kündigungsfrist ein anderer Arbeitsplatz frei wird, einen (Wieder-) Einstellungsanspruch des Arbeitnehmers zu begründen. Gleiches gilt für den Fall einer sog. Verdachtskündigung, wenn sich unmittelbar im Anschluss an die ausgesprochene Kündigung die Unschuld des Arbeitnehmers herausstellt.

Die Nichtbeschäftigung einer hinreichend großen Zahl an Schwerbehinderten – § 71 Abs. 1 SGB IX verpflichtet (private und öffentliche) Arbeitgeber, die über mindestens zwanzig Arbeitsplätze i.S.v. § 73 SGB IX verfügen, auf wenigstens 5 % der Arbeitsplätze Schwerbehinderte zu beschäftigen – führt zu keinem „individuellen" Beschäftigungsanspruch eines schwer behinderten Arbeitnehmers gegen den die Quote missachtenden Arbeitgeber (bloße Prüfungspflicht des Arbeitgebers nach § 81 Abs. 1 SGB IX). Der Arbeitgeber ist lediglich zur Entrichtung einer Ausgleichsabgabe nach § 77 SGB IX verpflichtet – wenngleich die Zahlung der Ausgleichsabgabe die Pflicht zur Beschäftigung behinderter Menschen nicht aufhebt (so § 77 Abs. 1 S. 2 SGB IX). Bei schuldhaftem Verstoß gegen § 71 SGB IX begeht der Arbeitgeber ggf. eine Ordnungswidrigkeit (§ 156 Abs. 1 Nr. 1 SGB IX).

b) Abschlussverbote und Jugendarbeitsschutz

Gesetzlich normierte Abschlussverbote finden sich im Jugendarbeitsschutzgesetz (JArbSchG): Nach dessen § 5 Abs. 1 ist die Beschäftigung von Kindern grundsätzlich (d.h. mit Ausnahmen nach § 5 Abs. 2 bis 4 JArbSchG) verboten. Kind im Sinne des Jugendarbeitsschutzgesetzes ist zum einen nach dessen § 2 Abs. 1, wer noch nicht 15 Jahre alt ist. Darüber hinaus gelten aber auch Jugendliche, die der Vollzeitschulpflicht unterliegen, als Kinder im Sinne dieses Gesetzes (§ 2 Abs. 3 JArbSchG). Darüber hinaus statuiert § 7 JArbSchG ein Mindestalter für die Beschäftigung: Kinder, die der Vollzeitschulpflicht nicht mehr unterliegen, dürfen im Berufsausbildungsverhältnis bzw. außerhalb eines Berufsausbildungsverhältnisses nur mit leichten und für sie geeigneten Tätigkeiten bis zu sieben Stunden täglich und 35 Stunden

wöchentlich beschäftigt werden. Ein Arbeitsvertrag, der gegen die vorgenannten gesetzlichen
Verbote verstößt, ist nach § 134 BGB nichtig.

c) Doppelarbeitsverhältnisse und Wettbewerbsverbote

Ein bereits bestehendes Arbeitsverhältnis mit einem anderen Arbeitgeber bzw. ein arbeitsver-
tragliches Wettbewerbsverbot begründen kein Abschlussverbot: Die Rechtswirksamkeit des
abgeschlossenen weiteren Arbeitsvertrags wird dadurch nicht berührt. Unabhängig davon ist
allerdings die Frage zu beantworten, welche rechtlichen Ansprüche der Arbeitgeber als Vertragspartner des zuerst eingegangenen Arbeitsverhältnisses aus dem Arbeitsvertrag unter dem
Gesichtspunkt der Erfüllbarkeit ggf. wegen Verletzung des Arbeitsvertrages (Schadensersatz)
gegen den Arbeitnehmer geltend machen kann. Zudem kann eine Kündigung des Arbeitsverhältnisses durch einen der beiden Arbeitgeber in Betracht kommen.

Wichtige Judikatur (bitte lesen):

**Reichweite eines Wettbewerbsverbots bei bloßer Hilfstätigkeit
(BAG, Beschluss v. 24.3.2010 = NZA 2010, 693):**
Bei der Bestimmung der Reichweite des im laufenden Arbeitsverhältnis bestehenden Wettbewerbsverbots müsse die durch Art. 12 Abs. 1 GG geschützte Berufsfreiheit des Arbeitnehmers stets Berücksichtigung finden. Daher sei im Rahmen einer Gesamtwürdigung aller
Umstände des Einzelfalls festzustellen, ob die anderweitige Tätigkeit zu einer Gefährdung
oder Beeinträchtigung der Interessen des Arbeitgebers führt. Es spreche viel dafür, dass
bloße Hilfstätigkeiten ohne Wettbewerbsbezug nicht erfasst werden. Daher sei eine Nebentätigkeit bei einem Konkurrenzarbeitgeber, die als bloße Hilfstätigkeit zu qualifizieren ist
und eine lediglich untergeordnete wirtschaftliche Unterstützung bedeute, erlaubt.

3.2   Die Beendigung des Arbeitsverhältnisses

3.2.1   Die Nichtigkeit des Arbeitsvertrages

Grundsätzlich entfaltet ein etwa nach den §§ 104 ff. BGB (Geschäftsunfähigkeit bzw. be-
schränkte Geschäftsfähigkeit), § 116 S. 2 BGB (geheimer Vorbehalt), § 117 Abs. 1 BGB
(Scheingeschäft), § 118 BGB (Mangel der Ernstlichkeit), § 134 BGB (Verstoß gegen ein
gesetzliches Verbot – beispielsweise i.V.m. §§ 5, 7 JArbSchG oder §§ 3, 4, 6, 8 MuSchG),
§ 138 BGB (Sittenwidrigkeit), § 142 BGB (Anfechtung) bzw. §§ 177 ff. BGB (fehlende
Vertretungsmacht) oder ein wegen eines Formmangels nichtiger Arbeitsvertrag (§ 125 BGB)
keine Rechtswirkungen.

**Nichtiger Arbeitsvertrag bei Scheingeschäft
(BAG, Urteil v. 18.3.2009 = NJW 2009, 2554):**
Ein Vertrag, mit dem ein Handwerksmeister einem Handwerksbetrieb lediglich seinen
Meistertitel zur Verfügung stellt, ohne dass er tatsächlich als technischer Betriebsleiter tä-
tig wird, ist gem. § 134 BGB wegen Umgehung des § 7 HandwO nichtig.

**Nichtiger Arbeitsvertrag bei fehlender Approbation
(BAG, Urteil v. 3.11.2004 = NZA 2005, 1409):**
Ein Arbeitsvertrag ist nichtig, wenn er die Ausübung des ärztlichen Berufs zum Gegenstand hat und die erforderliche Approbation oder Erlaubnis nicht vorliegt und auch nicht
erteilt werden kann.

Wird das auf einem nichtigen Arbeitsvertrag beruhende Arbeitsverhältnis gleichwohl in Vollzug gesetzt, so ist dieses aber zunächst als wirksam anzusehen (sog. **fehlerhaftes Arbeitsverhältnis**). Das Arbeitsverhältnis kann jedoch sowohl vom Arbeitgeber als auch vom
Arbeitnehmer jederzeit mit Wirkung für die Zukunft (ex-nunc-Wirkung) durch einseitige
Erklärung wieder beendet werden, da die Vertragsgrundlage mangelhaft ist. Ist nur ein Teil
des Arbeitsvertrags nichtig, so bestimmt § 139 BGB (Teilnichtigkeit), dass das ganze
Rechtsgeschäft nichtig ist (sog. Totalnichtigkeit), wenn nicht anzunehmen ist, dass es auch
ohne den nichtigen Teil vorgenommen sein würde. Beim „Lohnwucher" ist beispielsweise
nur die Vereinbarung eines „Hungerlohns" nach den §§ 134 oder 138 Abs. 2 BGB nichtig.
§ 139 BGB wird nicht herangezogen. Die Vergütung bestimmt sich nach § 612 Abs. 2 BGB.

Fall 7: Fehlerhaftes Arbeitsverhältnis bei Minderjährigkeit

Sachverhalt: Der wesentlich älter aussehende 17jährige A hat vor einem halben Jahr seine
Schulausbildung abgebrochen und ist nunmehr auf der Suche nach Arbeit. Seine Eltern kümmern sich nicht um das, was A den ganzen Tag über tut, und so erfahren sie auch nichts davon, dass er in dem kleinen Hotel des B einen Minijob (sog. 400-Euro-Job) als Portier annimmt. Beim Abschluss des Arbeitsvertrages gibt A vor, 24 Jahre alt zu sein, und übergibt B
eine entsprechend manipulierte Lohnsteuerkarte. B merkt von dem Schwindel zunächst
nichts und ist froh über die billige Arbeitskraft. Nach vier Wochen erfährt B durch Zufall das
wahre Alter des A. Auf einen Anruf des B bei den überraschten Eltern des A erklären diese,
dass sie weder für die Vergangenheit noch für die Zukunft mit einer Arbeit ihres Sohnes für
B einverstanden seien. B ist über die Täuschung durch A verärgert und entlässt diesen,
ohne ihm seinen Monatslohn zu zahlen. Zudem erfährt B von der Putzfrau, dass A in den
vergangenen vier Wochen mehrmals Gäste abgewiesen hat, weil er aus Nachlässigkeit an-
nahm, dass das Hotel vollständig belegt war. Der dem B auf diese Weise entstandene
Schaden beträgt 400 Euro. A verlangt nunmehr von B Zahlung der ausstehenden 400 Euro.
B rechnet demgegenüber mit der – wie er meint – ihm gegen A zustehenden Schadens-
ersatzforderung in Höhe von 400 Euro auf. Hat A gegen B einen Anspruch auf Zahlung?

Lösung:

A könnte gegen B einen Anspruch aus § 611 BGB i.V.m. seinem Einzelarbeitsvertrag auf Zahlung von 400 Euro haben.

1. Dieser Anspruch ist entstanden, wenn zwischen beiden ein entsprechender Arbeitsvertrag bestand. A und B haben einen Arbeitsvertrag geschlossen, aufgrund dessen A gegen B einen Lohnanspruch in Höhe von 400 Euro monatlich zustand.

   Dieser Vertrag könnte durch eine Anfechtung rückwirkend entfallen. Eine zwar noch nicht erfolgte, aber mögliche Anfechtung des Arbeitsvertrages durch B gem. § 119 Abs. 2 BGB wegen Irrtums über eine verkehrswesentliche Eigenschaft des A oder gem. § 123 Abs. 1 BGB wegen arglistiger Täuschung würde jedoch nach allgemeiner Ansicht wegen der bereits begonnenen Tätigkeit des A nicht zur Auflösung des Vertrages für die Vergangenheit führen (bloße ex-nunc-Nichtigkeit für die Zukunft).

   Allerdings war A wegen seines Alters gemäß § 106 BGB nur beschränkt geschäftsfähig und bedurfte deshalb gemäß § 107 BGB zum Abschluss des Arbeitsvertrages der Zustimmung seiner Eltern (da seine auf Abschluss des Arbeitsvertrags gerichtete Willenserklärung für ihn nicht „lediglich rechtlich vorteilhaft" war). Da diese von seiner Arbeitsaufnahme nichts wussten und eine spätere Genehmigung (§ 184 BGB) verweigerten, war die Willenserklärung des A gemäß § 108 BGB unwirksam. Ein wirksamer Arbeitsvertrag ist somit zwischen A und B nicht zustande gekommen.

   Fraglich ist, ob die Grundsätze des fehlerhaften Arbeitsverhältnisses eingreifen. Nach Aufnahme der Tätigkeit durch den Arbeitnehmer werden unwirksame Arbeitsverhältnisse wegen der andernfalls schwierigen oder unbilligen Rückabwicklung nach Kondiktionsrecht (§§ 812 ff. BGB) wie wirksame Arbeitsverhältnisse behandelt. Dies gilt jedoch nur insoweit, als die Norm, aus der sich die Unwirksamkeit ergibt, einer solchen Vorgehensweise nicht zwingend entgegensteht. Im Falle des Minderjährigenschutzes werden solche überwiegenden entgegenstehenden Interessen angenommen. Damit jedoch der Schutz des Minderjährigen diesem nicht zum Nachteil gereicht, behält er für die Zeit, in der er tatsächlich gearbeitet hat, seinen Anspruch auf Lohnzahlung. Umgekehrt greift jedoch der Minderjährigenschutz voll durch, so dass der Arbeitgeber aus dem nichtigen Arbeitsvertrag keinerlei vertragliche Ansprüche herleiten kann. Demnach hat A gegen B aus dem zwischen ihnen bestehenden fehlerhaften Arbeitsverhältnis einen Anspruch auf Zahlung von 400 Euro.

2. Der Zahlungsanspruch des A könnte jedoch gemäß § 387 BGB durch Aufrechnung des B erloschen sein. Dies setzt voraus, dass B gegenüber A eine dem Zahlungsanspruch des A gleichartige Forderung in Höhe von 400 Euro hat und beide Forderungen fällig und erfüllbar sind. Wie jedoch schon erwähnt wurde, kann B aus dem nichtigen Arbeitsvertrag keinerlei vertragliche Ansprüche, also auch keine vertraglichen Schadensersatzansprüche geltend machen. Ein Anspruch des B gegen A aus c. i. c. (culpa in contrahendo – Verschulden bei Vertragsschluss) scheidet ebenfalls schon im Ansatz aus, da über diesen Umweg sonst der Minderjährigenschutz umgangen würde. Schließlich scheiden auch deliktische Ansprüche aus, insbesondere ein solcher aus § 823 Abs. 1 BGB, da lediglich ein Vermögensschaden des B vorliegt. B hat demnach gegen A keine Gegenforderung in Höhe von 400 Euro. Der Lohnanspruch des A gegen B in dieser Höhe ist damit nicht gemäß § 387 BGB erloschen.

3. A hat also gegen B einen Anspruch auf Zahlung von 400 Euro aus § 611 BGB i.V.m. den Grundsätzen des fehlerhaften Arbeitsverhältnisses.

3.2.2 Die Anfechtung des Arbeitsvertrages

Die Anfechtung wird nicht durch das Recht zur außerordentlichen (oder ordentlichen) Kündigung verdrängt. Der Arbeitgeber kann seine den Arbeitsvertragsabschluss herbeiführende Willenserklärung nach § 123 bzw. § 119 BGB wegen Willensmängeln anfechten, wenn der Arbeitnehmer bspw. seine Offenbarungspflicht verletzt oder im Rahmen des Einstellungsgesprächs eine ihm gestellte zulässige Frage (bewusst) falsch beantwortet hat. Voraussetzung für eine wirksame Anfechtung ist jedoch, dass die Frage – für den Bewerber erkennbar – als für den Arbeitgeber wesentlich zu qualifizieren war und bei einer richtigen (wahrheitsgemäßen) Beantwortung der Frage eine Einstellung nicht erfolgt wäre. Die Anfechtung erfährt weder durch die im Recht der Kündigung zu berücksichtigenden Arbeitnehmerschutzvorschriften noch durch eine Beteiligung des Betriebsrats nach § 102 BetrVG Einschränkungen.

Die Anfechtung muss im Falle des § 119 BGB „ohne schuldhaftes Zögern" (unverzüglich) erfolgen, nachdem der Anfechtungsberechtigte von dem Anfechtungsgrund Kenntnis erlangt hat (so § 121 Abs. 1 S. 1 BGB) – die Anfechtung ist nach § 121 Abs. 2 BGB ausgeschossen, wenn seit der Abgabe der Willenserklärung zehn Jahre verstrichen sind.

Die Anfechtung einer nach § 123 BGB anfechtbaren Willenserklärung kann gemäß § 124 Abs. 1 BGB nur binnen Jahresfrist erfolgen, wobei die Frist im Falle einer arglistigen Täuschung mit dem Zeitpunkt beginnt, in welchem der Anfechtungsberechtigte die Täuschung entdeckt hat (so § 124 Abs. 2 S. 1 BGB). Die Anfechtung ist nach § 124 Abs. 3 BGB ausgeschlossen, wenn seit der Abgabe der Willenserklärung zehn Jahre verstrichen sind.

Das Recht zur Anfechtung kann aber ggf. auch schon zu einem früheren Zeitpunkt ausgeschlossen sein – nämlich dann, wenn das Arbeitsverhältnis über einen längeren Zeitraum hinweg Bestand hatte und sich der verschwiegene Umstand nicht weiter negativ auf die Vertragsbeziehung ausgewirkt hat. Eine gleichwohl erfolgte Anfechtung kann dann ggf. gegen Treu und Glauben (§ 242 BGB) verstoßen und deshalb unbeachtlich sein.

Überblick: Anfechtung des Arbeitsvertrags

-   Zulässigkeit der Anfechtung im Arbeitsrecht trotz Möglichkeit der ordentlichen bzw. außerordentlichen Kündigung?

-   Wirksame Anfechtungserklärung – ggf. durch Auslegung (§ 133 BGB) zu ermitteln.

-   Mögliche Anfechtungsgründe:

    -   Arglistige Täuschung durch den Arbeitnehmer – § 123 Abs. 1 BGB – durch

        ○   ein Handeln oder

        ○   ein Unterlassen (das dann rechtswidrig ist, wenn eine Rechtspflicht zur Offenbarung besteht – ungefragte Offenbarungspflicht des Arbeitnehmers hinsichtlich solcher Umstände, die im Hinblick auf die arbeitsvertraglichen Leistungspflichten für den Arbeitgeber „wesentlich" sind).

- Irrtum des Arbeitgebers über eine verkehrswesentliche Eigenschaft (i.S. persönlicher Kennzeichen, tatsächlicher oder rechtlicher Verhältnisse, die für die Durchführung des Arbeitsverhältnisses bedeutsam sind, sofern ihnen eine gewisse Dauer zukommt) einer Person, d.h. des eingestellten Arbeitnehmers – § 119 Abs. 2 BGB (bspw. Gesundheitszustand, Leistungsfähigkeit oder Vertrauenswürdigkeit bzw. Vorstrafen). Beispiele:

  ○ **Schwangerschaft** (–): nur „vorübergehender Zustand".

  ○ **Schwerbehinderung** als Eigenschaft: nur dann verkehrswesentlich, wenn für die ins Auge gefasste Beschäftigung bedeutsam = fehlende Eignung des Arbeitnehmers.

  ○ **Krankheit:** verkehrswesentlich, wenn die Arbeitsfähigkeit des Arbeitnehmers dauerhaft und in erheblichem Umfang gemindert ist.

- Anfechtungsfrist:

  – § 123 Abs. 1 BGB:

    ○ Jahresfrist, nachdem der getäuschte Arbeitgeber die Täuschung entdeckt hat – § 124 Abs. 1 i.V.m. Abs. 2 S. 1 BGB.

    ○ Präklusion nach 10 Jahren (§ 124 Abs. 3 BGB).

  – § 119 Abs. 2 BGB:

    ○ „Unverzüglich" (= ohne schuldhaftes Zögern), nachdem der Arbeitgeber vom Anfechtungsgrund Kenntnis erlangt hat.

    ○ Präklusion nach 10 Jahren (§ 121 Abs. 2 BGB).

- Rechtsfolgen der Anfechtung:

  – Im Arbeitsrecht erfolgt eine Ausnahme vom Grundsatz des § 142 Abs. 1 BGB (ex-tunc-Nichtigkeit):

    ○ Der Arbeitsvertrag wird – wie im Falle einer außerordentlichen Kündigung (§ 626 Abs. 1 BGB – allerdings ohne das Erfordernis einer Beteiligung des Betriebsrats nach § 102 BetrVG) – mit ex-nunc-Wirkung (d.h. für die Zukunft) beendet.

    ○ Ersatz des Vertrauensschadens im Falle des § 119 Abs. 2 BGB durch den Arbeitgeber gegenüber dem Arbeitnehmer (§ 122 BGB).

a)   Die Anfechtung nach § 119 Abs. 2 BGB

Als Irrtum über den Erklärungsinhalt gilt nach § 119 Abs. 2 BGB auch der Irrtum über solche Eigenschaften einer Person, die im Verkehr als wesentlich angesehen werden (**Irrtum über eine verkehrswesentliche Eigenschaft einer Person**). Der Eigenschaftsirrtum als ausnahmsweise beachtlicher Motivirrtum erfasst Irrtümer über prägende Merkmale tatsächlicher oder rechtlicher Art einer Person, die in der Person selbst begründet sind und eine gewisse Beständigkeit (Dauerhaftigkeit) aufweisen – etwa Vorstrafen (wobei jedoch § 51 Abs. 1 BZRG zu beachten ist), Farbblindheit (bei Berufskraftfahrern) und sonstige Gesundheitsmängel (Krankheiten, Leiden, wenn dem Arbeitnehmer wegen eines nicht nur kurzfristigen Leidens die notwendige Fähigkeit fehlt oder erheblich beeinträchtigt ist, die vertraglich übernommene Arbeit auszuführen) bzw. Vorbildung oder Zuverlässigkeit eines Bewerbers. Keine Eigenschaft ist hingegen etwa das Bestehen einer Schwangerschaft (ebenso wenig wie eine kürzere Erkrankung), da dieser Zustand nur vorübergehender Natur ist.

b) Die Anfechtung nach § 123 BGB

Wer zur Abgabe einer Willenserklärung durch arglistige Täuschung bestimmt worden ist, kann nach § 123 Abs. 1 BGB die Erklärung anfechten. Unter einer arglistigen Täuschung versteht man ein bewusstes, d.h. vorsätzliches Erregen oder Aufrechterhalten eines Irrtums durch Vorspiegeln falscher oder Unterdrücken wahrer Tatsachen (etwa das Verschweigen offenbarungspflichtiger Tatsachen), um den Getäuschten vorsätzlich zur Abgabe einer bestimmten Willenserklärung zu veranlassen. Eine Anfechtung durch den Arbeitgeber wegen arglistiger Täuschung wegen bewusst falscher Angaben durch den Arbeitnehmer scheidet aber dann aus, wenn der Arbeitgeber eine unzulässige Frage gestellt hatte, da eine Täuschung des Arbeitgebers durch den Arbeitnehmer in einem solchen Falle nicht arglistig (bzw. nicht rechtswidrig) erfolgte.

> **Wichtige Judikatur (bitte lesen):**
>
> **Anfechtung wegen arglistiger Täuschung hinsichtlich einer Stasi-Mitarbeit (BAG, Urteil v. 16.12.2004 = ZTR 2005, 379):**
> Das BAG hatte sich mit der Falschbeantwortung der Fragebogenfrage nach etwaiger Zusammenarbeit mit dem Ministerium für Staatssicherheit der DDR zu befassen und dabei konstatiert, dass weder die vor der Anfechtung eines Arbeitsvertrages ausgesprochene außerordentliche Kündigung noch die zeitgleich mit der Anfechtung des Arbeitsvertrages ausgesprochene Kündigung des Arbeitsverhältnisses als Bestätigung des Arbeitsvertrages i.S.d, § 144 BGB zu qualifizieren sind. Ggf. kann die Ausübung des Anfechtungsrechts aber treuwidrig sein.

c) Wirkungen der Anfechtung und Nichtigkeit (fehlerhaftes Arbeitsverhältnis)

War das Arbeitsverhältnis noch nicht in Vollzug gesetzt, hatte der Arbeitnehmer also noch nicht seine Arbeit aufgenommen, bleibt es bei den allgemeinen Wirkungen einer Anfechtung nach § 142 Abs. 1 BGB. Wird ein anfechtbares Rechtsgeschäft angefochten, so ist es als von Anfang an nichtig anzusehen (ex-tunc-Nichtigkeit): Der Arbeitsvertrag ist also von Anfang an nichtig. Schadensersatzpflichten können sich aus den §§ 122 oder 826 BGB bzw. aus den Rechtsgrundsätzen eines Verschuldens bei Vertragsschluss (§ 280 Abs. 1 i.V.m. §§ 311 Abs. 2, 241 Abs. 2 BGB) ergeben.

> **Wichtige Judikatur (bitte lesen):**
>
> **Fehlerhaftes Arbeitsverhältnis im Falle eines „Anlernvertrags" anstatt eines Berufsausbildungsverhältnisses (BAG, Urteil v. 27.7.2010 = BB 2011, 572):**
> Die Ausbildung in einem anerkannten Ausbildungsberuf hat nach § 4 Abs. 2 BBiG grundsätzlich in einem Berufsausbildungsverhältnis zu erfolgen: Möglich sei ferner der Erwerb

der dazu notwendigen Kenntnisse und Fertigkeiten in einem Arbeitsverhältnis. Der Abschluss eines anderen Vertragsverhältnisses i.S.v. § 26 BBiG sei unzulässig. Schließen die Vertragsparteien allerdings keinen Berufsausbildungsvertrag, sondern begründen sie ein anderes Vertragsverhältnis nach § 26 BBiG auf der Grundlage eines „Anlernvertrags", sei dieser nach § 134 BGB i.V.m. § 4 Abs. 2 BBiG nichtig. Auf das Rechtsverhältnis seien die Regeln über das fehlerhafte Arbeitsverhältnis anzuwenden. – weshalb das für Arbeitnehmer übliche Arbeitsentgelt zu zahlen sei.

Prüfungsfolge § 122 BGB (Schadensersatzanspruch des Arbeitnehmers gegen den anfechtenden Arbeitgeber):

1. Voraussetzungen des § 122 Abs. 1 BGB:

    a) Anfechtung einer Willenserklärung nach § 119 BGB (nicht: § 123 BGB – arglistig Täuschender soll nicht durch die Gewährung eines Schadensersatzanspruchs privilegiert werden).

    b) Schadensersatzanspruch des anderen, dem gegenüber die Willenserklärung abzugeben war, gegen den anfechtenden Arbeitgeber:

        i. Ersatz des Schadens, den der andere dadurch erleidet, dass er auf die Gültigkeit der Erklärung (des jetzt Anfechtenden) vertraut hat (**Vertrauensschaden – sog. negatives Interesse**).

        ii. Jedoch nicht über den Betrag des Interesses hinaus, welches der andere an der Gültigkeit der Erklärung hat (**„Deckelung" des Schadensersatzanspruchs** – Vertrauensschaden „gedeckelt" durch das Erfüllungsinteresse = positives Interesse).

2. Ausschluss des Schadensersatzanspruchs nach § 122 Abs. 2 BGB, wenn der Berechtigte (= Anspruchsberechtigter nach § 122 Abs. 1 BGB) den Grund der Anfechtbarkeit (positiv) kannte oder infolge von Fahrlässigkeit nicht kannte (kennen musste).

Prüfungsfolge § 826 BGB (Schadensersatzanspruch des Arbeitgebers gegen den Arbeitnehmer wegen vorsätzlicher sittenwidriger Schädigung):

1. Anspruchsteller hat einen Schaden erlitten (bloßer Vermögensschaden reicht aus).

2. Sittenwidrige (d.h. gegen das Anstandsgefühl aller billig und gerecht Denkender verstoßende) Handlung – bspw. arglistiges Verhalten im Kontext mit einem Arbeitsvertragsabschluss: Schadensersatzansprüche nach

    a) § 826 BGB bzw.

    b) § 823 Abs. 2 BGB i.V.m. § 263 StGB (Verstoß gegen ein Schutzgesetz – hier: Betrug).

3. Vorsatz = Wissen und Wollen der Verwirklichung des Tatbestandes und Bewusstsein der Rechtswidrigkeit.

    a) Zumindest bedingter Vorsatz (dolus eventualis = Täter hält Schadenseintritt für möglich und nimmt ihn billigend in Kauf).

   b) Grobe Fahrlässigkeit reicht nicht aus.

   c) Vorsatz erfordert auch eine Kenntnis der Tatumstände, die die Sittenwidrigkeit ausmachen.

   d) Vorsatz muss sich auf den Schaden erstrecken.

Prüfungsfolge (Schadensersatzanspruch des Arbeitgebers gegen den Arbeitnehmer wegen Verschulden bei Vertragsschluss – § 280 Abs. 1 i.V.m. §§ 311 Abs. 2, 241 Abs. 2 BGB):

1. Schuldverhältnis = vorvertragliches Schuldverhältnis: Ein Schuldverhältnis mit Pflichten nach § 241 Abs. 2 BGB entsteht gemäß § 311 Abs. 2 Nr. 1 BGB auch durch die „Aufnahme von Vertragsverhandlungen".

2. Pflichtverletzung = Verletzung einer vertraglichen Nebenpflicht i.S.v. § 241 Abs. 1 BGB (wonach auch das vorvertragliche Schuldverhältnis nach seinem Inhalt jeden Teil zur Rücksicht auf die Rechte, Rechtsgüter und Interessen des anderen Teils verpflichtet).

3. Kausal durch die Pflichtverletzung verursachter Schaden.

4. Verschulden:

   a) Eigentlich § 280 Abs. 1 S. 2 BGB (Umkehr der Beweislast – „Dies gilt nicht, wenn der Schuldner die Pflichtverletzung nicht zu vertreten hat").

   b) Aber: § 619a BGB (Beweislast bei Haftung des Arbeitnehmers): Abweichend von § 280 Abs. 1 S. 2 BGB hat ein Arbeitnehmer dem Arbeitgeber Ersatz für den aus der Verletzung einer Pflicht aus dem Arbeitsverhältnis entstehenden Schaden nur zu leisten, wenn er die Pflichtverletzung auch zu vertreten (vgl. § 276 BGB) hat.

5. Umfang des zu ersetzenden Schadens: §§ 249 ff. BGB.

War das Arbeitsverhältnis hingegen bereits (einvernehmlich) **in Vollzug gesetzt** worden, hatte der Arbeitnehmer also bereits mit Wissen und Wollen des Arbeitgebers Arbeitsleistungen erbracht, nimmt die h.M. zunächst das **Bestehen eines fehlerhaften Arbeitsverhältnisses** an, das grundsätzlich nicht mehr rückwirkend beseitigt werden kann. Für die Vergangenheit ist ein entsprechendes fehlerhaftes Arbeitsverhältnis wie ein fehlerfrei zustande gekommenes zu behandeln. Die Nichtigkeit des Arbeitsverhältnisses – für die Zukunft – kann jedoch jederzeit durch einseitige Erklärung des Arbeitgebers herbeigeführt werden (ohne dass etwaige Kündigungsschutzbeschränkungen dem entgegenstehen). Eine Anfechtungserklärung des Arbeitgebers führt also lediglich zur ex-nunc-Nichtigkeit des Arbeitsvertrags. Der Anfechtung kommen somit im Arbeitsrecht dieselben Wirkungen wie einer außerordentlichen Kündigung nach § 626 BGB zu mit dem Unterschied, dass die besonderen Vorgaben des Kündigungsschutzrechts (etwa die Beteiligung des Betriebsrats nach § 102 BetrVG) nicht beachtet werden müssen. Die Annahme eines fehlerhaften Arbeitsverhältnisses kommt nicht in Betracht, wenn überwiegende Interessen der Allgemeinheit bzw. einzelner schutzwürdiger Personen dem entgegenstehen. Insoweit bestehen Besonderheiten bei einem fehlerhaften Arbeitsverhältnis infolge Minderjährigkeit eines Arbeitnehmers.

Prüfungsschema (fehlerhaftes Arbeitsverhältnis)

1. Fehlerhafter Arbeitsvertrag (d.h. Nichtigkeit aufgrund von Vorgaben des BGB-AT – aber: tatsächliche [unwirksame] Einigung der Vertragsparteien) – bspw.:

   a) Anfechtung eines bereits durch Arbeitsaufnahme vollzogenen Arbeitsvertrags nach § 119 bzw. § 123 BGB.

   b) Der Arbeitsvertrag verstößt gegen ein gesetzliches Verbot (§ 134 BGB) oder ist sittenwidrig (§ 138 BGB).

   c) Mängel der Geschäftsfähigkeit (§§ 104 ff. BGB) bzw. der Vertretung bei Vertragsabschluss (§§ 164 ff. BGB).

2. Der Arbeitsvertrag wurde vollzogen durch Arbeitsaufnahme.

3. Negativvoraussetzung: Der Annahme eines fehlerhaften Arbeitsverhältnisses stehen weder entgegen:

   a) überwiegende Interessen der Allgemeinheit noch

   b) überwiegende schutzwürdige Interessen einzelner (etwa Minderjährigenschutz).

4. Folge:

   a) Das fehlerhafte Arbeitsverhältnis wird für die Vergangenheit wie ein wirksam begründetes behandelt.

   b) Es kann jedoch jederzeit und von jedem der Vertragsparteien durch einseitige Erklärung gegenüber der anderen für die Zukunft (d.h. mit ex-nunc-Wirkung) wieder beendet werden.

   c) Das Arbeitsverhältnis vor der Erklärung wird analog einem wirksam zustande gekommenen Arbeitsvertrag behandelt.

Fall 8: Anfechtung des Arbeitsvertrages wegen verschwiegener Schwangerschaft

Sachverhalt: Arbeitnehmerin A wird auf unbefristete Zeit in der Schuhabteilung eines großen Kaufhauses (K) als Verkäuferin eingestellt. Bei der Einstellung antwortet sie auf die Frage nach einer bestehenden Schwangerschaft mit „Nein", obwohl sie weiß, dass sie bereits im vierten Monat schwanger ist. A war unter mehreren (lediglich) weiblichen Bewerbern ausgewählt worden. Bereits im Vorstellungsgespräch hatte K darauf aufmerksam gemacht, dass in nächster Zeit mehrere Ausfälle wegen Schwangerschaft zu erwarten seien und die Abteilung einen weiteren Ausfall von Personal nicht verkraften könne. Nach drei Monaten lässt sich die Schwangerschaft der A nicht mehr verbergen. Der Personalchef des K ist verärgert darüber, dass A ihm bei der Einstellung nicht die Wahrheit gesagt hat und seine Personalplanungen über den Haufen geworfen sind. Er möchte A so schnell wie möglich entlassen und Ersatz für sie einstellen. Da er weiß, dass eine Kündigung wegen § 9 Abs. 1 S. 1 MuSchG nicht möglich ist, ficht er seine Einstellungserklärung an. Mit Erfolg?

Lösung:
1. K könnte sein Angebot zum Abschluss des Arbeitsvertrages mit A gemäß § 123 Abs. 1 BGB wegen arglistiger Täuschung anfechten. Die Anfechtung setzt voraus, dass A den K arglistig getäuscht hat, die Täuschung widerrechtlich war und kausal für das von K der A gemachte Vertragsangebot.

a) A hat auf die Frage des K, ob sie schwanger sei, mit „Nein" geantwortet und damit bei K über diesen Umstand einen Irrtum hervorgerufen. Da sie genau wusste, dass sie schwanger war, und dennoch durch ihr „Nein" gegenüber K das Gegenteil erklärte, täuschte sie K bewusst und damit auch arglistig i.S.v. § 123 Abs. 1 BGB.

b) K hätte der A bei Kenntnis ihrer Schwangerschaft nämlich kein Vertragsangebot gemacht, da es ihr bei der Neubesetzung der Stelle gerade darum ging, die aufgrund der wegen des bevorstehenden Schwangerschaftsurlaubs mehrerer Arbeitnehmerinnen zu erwartenden Personalausfälle durch die Neueinstellung aufzufangen. Die Täuschung durch A war somit kausal für das von K gemachte Vertragsangebot.

c) Fraglich ist jedoch, ob die Täuschung auch widerrechtlich war. Eine durch wahrheitswidrige Antwort auf eine Frage bewirkte Täuschung ist dann nicht widerrechtlich, wenn die gestellte Frage unzulässig ist. Zur Lösung der Problematik, welche Fragen im Rahmen eines Einstellungsgesprächs statthaft sind, gilt im Verhältnis von Arbeitgeber zu potentiellem Arbeitnehmer, dass die sich gegenüberstehenden Interessen bewertet und abgewogen werden müssen. Der Arbeitgeber hat ein Interesse daran, sich möglichst umfassend über den Stellenbewerber zu informieren, um das Risiko später auftretender Probleme möglichst frühzeitig zu erkennen und so minimieren zu können. Dagegen hat der Stellenbewerber ein Interesse daran, persönliche Belange nicht zu offenbaren. Die grundsätzliche Bedeutung dieses Interesses wird von der Rechtsordnung durch die Existenz des aus Art. 2 Abs. 1 GG folgenden allgemeinen Persönlichkeitsrechts anerkannt. Zudem würde es der durch Art. 1 GG geschützten Menschenwürde widersprechen, wenn der Bewerber gezwungen wäre, sich durch Beantwortung aller Fragen völlig zu entblößen, und dann anhand des erfragten Datenmaterials wie eine Sache kategorisiert und bewertet zu werden (Schutz der Intimsphäre als innerstem Kern der Privatsphäre des Arbeitnehmers). Zulässig können danach nur solche Fragen sein, an denen der Arbeitgeber ein berechtigtes Interesse hat, weil sie für die ordnungsgemäße Verrichtung der angestrebten Tätigkeit von Bedeutung sind. Vom Gesetzgeber vorgegebene Wertungen sind dabei zu beachten.

Vor diesem Hintergrund ist bei Fragen nach einer bestehenden Schwangerschaft die Entwicklung im europäischen Recht bedeutsam. Insbesondere der durch Umsetzung der EG-Richtlinie 76/207/EWG in das BGB aufgenommene § 7 Abs. 1 AGG bestimmt, dass auch bei der Begründung eines Arbeitsverhältnisses ein Arbeitnehmer nicht wegen seines Geschlechts benachteiligt werden darf. Da aber naturgemäß nur Frauen schwanger sein können und Arbeitgeber die Einstellung von Schwangeren wegen der für sie damit verbundenen Nachteile scheuen, trifft die Frage nach einer bestehenden Schwangerschaft nur Frauen und diskriminiert diese deswegen. Dieser Standpunkt ist vom EuGH (NJW 1991, 628) unmissverständlich eingenommen worden. Dem Grundsatz der gemeinschaftskonformen Auslegung folgend schloss sich auch das BAG (NZA 1993, 257) dieser Auffassung an und gab insbesondere seine frühere Rechtsprechung auf, nach der die Frage nach einer Schwangerschaft in solchen Fällen zulässig sei, in denen sich – wie hier – nur Bewerberinnen auf eine Stelle gemeldet hatten.

Eine Ausnahme könne auch künftig nur in den Fällen gelten, in denen die Frage dem gesundheitlichen Schutz der Schwangeren oder des ungeborenen Kindes diene oder die angestrebte Tätigkeit durch die Schwangerschaft schlicht vereitelt würde. Da ein solcher Ausnahmefall nicht vorliegt – und der im Übrigen heute von der Judikatur auch nicht mehr anerkannt wird –, war die Frage des K nach einer bestehenden Schwangerschaft der A unzulässig. Mit der wahrheitswidrigen Verneinung auf diese Frage handelte die A deshalb nicht rechtswidrig.

d) K kann sein Angebot zum Abschluss des Arbeitsvertrages mit A nicht gemäß § 123 Abs. 1 BGB anfechten.

2. K könnte den Arbeitsvertrag gemäß § 119 Abs. 2 BGB wegen Irrtums über eine ver-kehrswesentliche Eigenschaft der A anfechten.

Dazu müsste die Schwangerschaft der A eine verkehrswesentliche Eigenschaft im Sinne dieser Vorschrift sein. Eine Eigenschaft liegt jedoch nur dann vor, wenn sie der Person auf gewisse Dauer anhaftet. Nur vorübergehend vorhandene Merkmale werden von § 119 Abs. 2 BGB nicht erfasst. Die Schwangerschaft ist ein solches vorüberge-hendes Merkmal einer Person. Eine Anfechtung des Arbeitsvertrages durch K auf der Grundlage von § 119 Abs. 2 BGB wegen einer Schwangerschaft als „natürlichem Zu-stand" scheidet demnach ebenfalls aus.

3. K hat im Ergebnis keine Möglichkeit, sein Angebot zum Abschluss eines Arbeitsver-trages gegenüber A anzufechten.

3.2.3 Die einvernehmliche Aufhebung des Arbeitsvertrags durch Arbeitnehmer und Arbeitgeber (Aufhebungsvertrag)

Arbeitnehmer und Arbeitgeber können (ohne Beachtung der Restriktionen der arbeitsrechtli-chen Kündigungsvorgaben) auf der Grundlage der Vertragsfreiheit einvernehmlich durch Aufhebung des Vertrags (§§ 241, 311 Abs. 1 BGB) einen wirksam abgeschlossenen Arbeits-vertrag jederzeit auch wieder beenden. Der Aufhebungsvertrag (auch Auflösungsvertrag genannt) bedarf nach § 623 BGB der Schriftform (§ 126 BGB). Der Aufhebungsvertrag führt im Falle einer daraus resultierenden Arbeitslosigkeit des Arbeitnehmers dazu, dass dieser für die Dauer von zwölf Wochen vom Bezug des Arbeitslosengeldes gesperrt ist. Der Aufhe-bungsvertrag muss allerdings frei von Willensmängeln zustande gekommen sein. So kann ein Arbeitnehmer etwa einen Aufhebungsvertrag nach § 123 BGB anfechten, wenn der Arbeit-geber den Entschluss zum Vertragsabschluss durch Drohung mit einer Kündigung herbei-führte, die ein verständiger Arbeitgeber nicht in Betracht gezogen hätte.

Wichtige Judikatur (bitte lesen):

Wirksamkeit eines Aufhebungsvertrag (BAG, Urteil v. 8.5.2008 = NJW 2008, 3372):
Kommt es auf Veranlassung des Arbeitgebers zur Vermeidung einer betriebsbedingten Kündigung zum Abschluss eines Aufhebungsvertrags, ist dieser Vertrag nach den Regeln über den Wegfall der Geschäftsgrundlage (§ 313 BGB) anzupassen, wenn sich in der Zeit zwischen dem Abschluss des Aufhebungsvertrags und dem vereinbarten Vertragsende un-vorhergesehen eine Weiterbeschäftigungsmöglichkeit für den Arbeitnehmer ergibt: Die Vertragsanpassung könne dabei auch in einer Wiedereinstellung liegen.

**Aufhebungsvertrag oder nachträgliche Befristung
(BAG, Urteil v. 15.2.2007 = NZA 2007, 614):**
Wird nach Zugang einer ordentlichen Arbeitgeberkündigung vor Ablauf der Klagefrist eine
Beendigung des Arbeitsverhältnisses mit einer Verzögerung von 12 Monaten vereinbart, so
handelt es sich dabei in der Regel nicht um eine nachträgliche Befristung des Arbeitsverhältnisses, sondern um einen Aufhebungsvertrag, wenn nach der Vereinbarung keine Verpflichtung zur Arbeitsleistung bestehen soll („Kurzarbeit Null") und zugleich Abwick-
lungsmodalitäten wie Abfindung, Zeugniserteilung und Rückgabe von Firmeneigentum
geregelt werden. Ist die Beendigungsvereinbarung in einem vom Arbeitgeber für eine Vielzahl von Fällen vorformulierten Vertrag enthalten, könne es sich je nach den Umständen
um eine ungewöhnliche Bestimmung handeln, die gem. § 305c Abs. 1 BGB nicht Vertragsinhalt wird.

3.2.4 Einseitige Lossagung

Bei Vorliegen eines fehlerhaften Arbeitsverhältnisses können Arbeitgeber oder Arbeitnehmer
sich durch einseitige Erklärung für die Zukunft (d.h. mit ex-nunc-Wirkung) vom Arbeitsverhältnis lossagen.

Wichtige Judikatur (bitte lesen):

**Beendigung eines fehlerhaften Arbeitsverhältnisses durch formlose einseitige Erklärung
(LAG Rheinland-Pfalz, Urteil v. 25.11.2009):**
Wenn es aufgrund einer fehlenden Einigung über die Arbeitszeit zu einem Dissens (vgl.
§ 154 BGB) zwischen den Arbeitsvertragsparteien über die geschuldete Arbeitszeit kommt,
fehlt es an einem wirksamen Vertragsschluss – weshalb das fehlerhafte Arbeitsverhältnis
durch formlose einseitige Erklärung einer Partei mit sofortiger Wirkung beendet werden
kann.

3.2.5 Die ordentliche Kündigung

Das grundsätzliche Kündigungsrecht des Arbeitgebers – die **Kündigungsfreiheit** – erfährt
im Arbeitnehmerschutzinteresse eine Reihe von Restriktionen, vor allem durch die Anwendung des KSchG. Neben diesem **allgemeinen Kündigungsschutz** steht bestimmten Arbeitnehmergruppen auch noch ein **besonderer Kündigungsschutz** (etwa werdenden Müttern
oder Schwerbehinderten bzw. Betriebsratsmitgliedern) zu. Die ordentliche Kündigung
(§§ 620 Abs. 2, 622 BGB) ermöglicht es, das in der Regel auf unbestimmte Zeit und ohne
besondere Zweckbindung abgeschlossene Arbeitsverhältnis zu beenden.

Nicht erforderlich ist eine ausdrückliche Bezeichnung der Erklärung als „Kündigung". Vielmehr kann sich auch aus dem gesamten Verhalten des Kündigenden unter verständiger Würdigung und unter Berücksichtigung von Treu und Glauben sowie der Verkehrssitte (§ 242 BGB)

ergeben, dass dieser das Arbeitsverhältnis beenden möchte. Ausreichend aber auch erforderlich ist somit allein, dass der Wille zur Beendigung des Arbeitsverhältnisses (Beendigungswille) hinreichend deutlich zum Ausdruck kommt. Die Benennung eines Beendigungszeitpunktes ist bei der ordentlichen Kündigung dann entbehrlich, wenn sich ein solcher bereits aus dem Arbeitsvertrag, dem Tarifvertrag oder unmittelbar aus dem Gesetz (§ 622 BGB) ergibt. Erforderlich ist jedoch, dass der Kündigende deutlich macht, das Arbeitsverhältnis zu einem bestimmten Zeitpunkt (fristgerecht – und nicht aus „wichtigem Grund" i.S.v. § 626 Abs. 1 BGB) beenden zu wollen. Als empfangsbedürftige Willenserklärung wird die Kündigungserklärung nach § 130 Abs. 1 S. 1 BGB mit Zugang beim Erklärungsempfänger – dem zu Kündigenden – wirksam.

> **Wichtige Judikatur (bitte lesen):**
>
> **Zugang einer Kündigung bei Übergabe des Kündigungsschreibens an den Ehegatten als Empfangsboten (BAG, Urteil v. 9.6.2011 = NJW 2011, 2604):**
> Leben Ehegatten in einer gemeinsamen Wohnung und sind sie deshalb nach der Verkehrsanschauung füreinander als Empfangsboten anzusehen, gelangt eine an einen der Ehegatten gerichtete Willenserklärung grundsätzlich auch dann in dessen Macht- und Zugriffsbereich, wenn sie dem anderen Ehegatten außerhalb der Wohnung übermittelt wird.

Der Zeitpunkt des Zugangs ist etwa bedeutsam für den Beginn und den Lauf der Kündigungsfrist nach § 622 BGB, die Frist nach § 4 S. 1 KSchG (innerhalb der zwecks Vermeidung der Präklusionsfolge nach § 7 KSchG die Rechtsunwirksamkeit einer sozial ungerechtfertigten Kündigung geltend gemacht werden muss) bzw. den Zeitpunkt einer Betriebsratsbeteiligung durch den Arbeitgeber nach § 102 Abs. 2 S. 1 BetrVG.

Unter Abwesenden geht eine Kündigungserklärung erst dann zu, wenn sie dergestalt in den Machtbereich des Empfängers gelangt, dass regelmäßig mit ihrer Kenntnisnahme gerechnet werden kann (Empfangstheorie). Ein Kündigungsschreiben, das mit der Post versandt wird, geht mit der Zustellung im Briefkasten bzw. an einen geeigneten Empfangsboten (etwa einen Familienangehörigen) zu. Verweigert ein Empfangsbote die Annahme des Kündigungsschreibens nachdem der zu Kündigende auf diese Annahmeverweigerung Einfluss genommen hat, gilt die Erklärung dem Adressaten als zugegangen. Wird die Entgegennahme eines Kündigungsschreibens ohne triftigen Grund verweigert, verstößt eine Berufung auf den Nichtzugang regelmäßig gegen Treu und Glauben (§ 242 BGB – Zugangsvereitelung). Bei Einschreibebriefen ist in der Regel auf den Zeitpunkt der Abholung beim Postamt abzustellen (wobei nach Ansicht des BAG [BB 2003, 1178] eine Verpflichtung zur Abholung nur ausnahmsweise besteht). Ist bei urlaubs-/krankheitsbedingter Abwesenheit die Frist des § 4 S. 1 KSchG verstrichen, besteht die Möglichkeit, nach § 5 KSchG eine nachträgliche Zulassung der Kündigungsschutzklage zu beantragen.

Als einseitiges Gestaltungsrecht ist die Kündigung bedingungsfeindlich. Die Beendigung von Arbeitsverhältnissen bedarf zu ihrer Wirksamkeit der **Schriftform** (§ 623 i.V.m. § 126 BGB). Ein Verstoß gegen das Schriftformerfordernis begründet nach § 125 S. 1 BGB die Nichtigkeit der Kündigung wegen Formmangels.

Die Kündigung eines Berufsausbildungsverhältnisses, das nach der Probezeit seitens des Arbeitgebers im Übrigen auch nur noch aus wichtigem Grund gekündigt werden kann, bedarf auch der Schriftform (§ 22 Abs. 3 BBiG i.V.m. § 126 BGB).

Die Wirksamkeit einer ordentlichen Kündigung durch den Arbeitgeber ist vom Vorliegen besonderer Gründe (§ 1 KSchG) abhängig. Es ist also zwischen dem Vorliegen von Kündigungsgründen und dem Erfordernis einer Angabe derselben zu unterscheiden. Nach § 22 Abs. 3 BBiG gilt eine Ausnahme für die Kündigung von Berufsausbildungsverhältnissen – hier ist eine Angabe der Kündigungsgründe (durch den Arbeitgeber) erforderlich. Weiterhin kann sich eine Begründungspflicht der Kündigung auch aus einem Tarif- bzw. dem Individualarbeitsvertrag ergeben (vgl. auch die Begründungspflicht nach § 626 Abs. 2 S. 3 BGB). Im Übrigen kann allerdings der Arbeitgeber auf Verlangen des Arbeitnehmers auch auf der Grundlage des Arbeitsvertrags i.V.m. § 242 BGB bzw. nach § 1 Abs. 3 S. 1 2. HS KSchG verpflichtet sein, diesem den Kündigungsgrund mitzuteilen, wenn er sich nicht nach § 280 Abs. 1 BGB (ggf. i.V.m. §§ 280 Abs. 3 und 281 oder 282 BGB) schadensersatzpflichtig machen will.

a) Kündigungsfristen

Es gilt grundsätzlich die Regelung des § 622 Abs. 1 BGB: Vier-Wochen-Frist zum Fünfzehnten oder zum Ende eines Kalendermonats (**Grundkündigungsfrist**). Im Arbeitnehmerschutzinteresse normiert § 622 Abs. 2 S. 1 BGB aber bei einer längeren Betriebszugehörigkeit des Arbeitnehmers bei Arbeitgeberkündigungen darüber hinausgehend stufenweise verlängerte Kündigungsfristen. Für eine Kündigung durch den Arbeitgeber beträgt die Kündigungsfrist, wenn das Arbeitsverhältnis in dem Betrieb oder Unternehmen

- zwei Jahre bestanden hat, einen Monat zum Ende des Kalendermonats;
- fünf Jahre bestanden hat, zwei Monate zum Ende eines Kalendermonats;
- acht Jahre bestanden hat, drei Monate zum Ende eines Kalendermonats;
- zehn Jahre bestanden hat, vier Monate zum Ende eines Kalendermonats;
- zwölf Jahre bestanden hat, fünf Monate zum Ende eines Kalendermonats;
- fünfzehn Jahre bestanden hat, sechs Monate zum Ende eines Kalendermonats; bzw.
- zwanzig Jahre bestanden hat, sieben Monat zum Ende eines Kalendermonats.

Besondere Kündigungsfristen bestehen für bestimmte Arbeitnehmergruppen: Während einer Probezeit (längstens aber für die Dauer von sechs Monaten) kann das Arbeitsverhältnis nach § 622 Abs. 3 BGB mit einer Frist von zwei Wochen gekündigt werden. Ist eine längere Probezeit vereinbart, gilt nach Ablauf des sechsten Monats die Grundkündigungsfrist des § 622 Abs. 1 BGB. Ein Berufsausbildungsverhältnis kann während der Probezeit jederzeit und ohne Einhaltung einer Kündigungsfrist (von beiden Vertragspartnern) ordentlich gekündigt werden (§ 22 Abs. 1 BBiG – entfristete ordentliche Kündigung). Nach der Probezeit ist eine ordentliche Kündigung allein durch den Auszubildenden mit einer Frist von vier Wochen möglich (§ 22 Abs. 2 Nr. 2 BBiG). Schwerbehinderten kann nach § 86 SGB IX mit einer Mindestfrist von vier Wochen gekündigt werden. Diese Frist gewinnt gegenüber der gleichfalls vierwöchigen Grundkündigungsfrist des § 622 Abs. 1 BGB nur dann an Bedeutung, wenn letztere zulässigerweise tarif- oder individualarbeitsvertraglich verkürzt worden ist.

Gemäß § 622 Abs. 4 BGB sind die gesetzlichen Kündigungsfristen (d.h. die Grundkündigungsfrist wie auch die verlängerten Kündigungsfristen) des § 622 Abs. 1 bis 3 BGB tarifdispositiv: Abweichende Regelungen (d.h. längere oder auch kürzere Kündigungsfristen, andere Kündigungstermine bzw. andere Zeiten der Betriebszugehörigkeit) können durch

Tarifvertrag (nicht hingegen durch Betriebsvereinbarung) vereinbart werden. Durch Individualarbeitsvertrag kann hingegen nach § 622 Abs. 5 S. 1 BGB eine kürzere als die in § 622 Abs. 1 BGB genannte Grundkündigungsfrist nur vereinbart werden,

- wenn ein Arbeitnehmer zur vorübergehenden Aushilfe (weniger als drei Monate – **Aushilfsarbeitsverhältnis**) eingestellt wird (Nr. 1); bzw.
- wenn ein Arbeitgeber (Unternehmen) in der Regel nicht mehr als zwanzig Arbeitnehmer (ausschließlich der zu ihrer Berufsausbildung Beschäftigten) beschäftigt und die Kündigungsfrist vier Wochen (Mindestfrist) nicht unterschritten wird (**Kleinbetriebsklausel** – Nr. 2).

Die einzelarbeitsvertragliche Vereinbarung von längeren als den in § 622 Abs. 1 bis 3 BGB genannten Kündigungsfristen bleibt hiervon unberührt (§ 622 Abs. 5 S. 3 BGB). In jedem Falle darf jedoch für die Kündigung des Arbeitsverhältnisses durch den Arbeitnehmer keine längere Frist vereinbart werden als für die Kündigung durch den Arbeitgeber (so § 622 Abs. 6 BGB – Benachteiligungsverbot des Arbeitnehmers).

b) Allgemeine Nichtigkeitsgründe

Wie alle Rechtsgeschäfte unterliegt auch die Kündigung den Vorgaben der §§ 134 bzw. 138 BGB. Einen besonderen Nichtigkeitsgrund im Sinne eines eigenständigen Kündigungsverbots i.S.v. § 13 Abs. 3 KSchG normiert § 613 a Abs. 4 S. 1 BGB: Die Kündigung des Arbeitsverhältnisses eines Arbeitnehmers durch den bisherigen Arbeitgeber oder durch den neuen Inhaber wegen des Übergangs eines Betriebs oder Betriebsteils ist unwirksam, wenn der Betriebsübergang „wesentlicher Sachgrund" für die Kündigung war. Beachte: Gemäß § 2 Abs. 4 AGG gelten für Kündigungen ausschließlich die Bestimmungen zum allgemeinen und besonderen Kündigungsschutz (womit – nach umstrittener Auffassung – das AGG auf Kündigungen nicht zur Anwendung gelangen soll, was jedoch einen Verstoß gegen die EG-Antidiskriminierungsrichtlinien darstellen dürfte).

c) Ausschluss der ordentlichen Kündigung

Besonderheiten im Zusammenhang mit der grundsätzlichen Möglichkeit des Arbeitgebers, eine ordentliche Kündigung auszusprechen (**Kündigungsfreiheit**), bestehen in folgenden Fällen einer **Unkündbarkeit**:

- § 15 BBiG (Auszubildende nach der Probezeit);
- Mitglieder der Betriebsvertretung (§ 15 KSchG) bzw.
- § 2 ArbPlSchG (Wehr- und Zivildienstpflichtige).

Eine ordentliche Kündigung kann auch auf der Grundlage eines Individualarbeitsvertrags (etwa bei Abschluss eines befristeten Arbeitsvertrages) bzw. aufgrund Betriebsvereinbarung (§§ 77 Abs. 3, 95, 102 Abs. 3 Nr. 2 BetrVG, § 1 Abs. 2 S. 2 Nr. 1 a KSchG) oder durch Tarifvertrag (§ 4 Abs. 1 TVG) ausgeschlossen sein. Insoweit ist jedoch anzumerken, dass im Falle einer Insolvenz nach § 113 InsO auch befristete oder ordentlich nicht kündbare Arbeitsverhältnisse ordentlich gekündigt werden können.

d) Zustimmungs- bzw. Anzeigebedürftigkeit (besonderer Kündigungsschutz)

Die besonderen Kündigungsschutzgründe bewirken, dass sie nach § 13 Abs. 3 KSchG als „sonstige Unwirksamkeitsgründe" zu qualifizieren sind, auf die die Präklusionsfrist des § 4

S. 1 KSchG mithin keine Anwendung findet. Sie können also ohne die Gefahr eines Rechts-
verlusts auch noch nach der Drei-Wochen-Frist im Rahmen der Kündigungsschutzklage
geltend gemacht werden, bspw.

- § 9 MuSchG (Kündigungsschutz gegenüber Schwangeren),
- § 85 SGB IX (ordentliche Kündigung schwerbehinderter Arbeitnehmer) oder
- § 17 KSchG (Anzeigepflicht bei Massenentlassungen).

Wichtige Judikatur (bitte lesen):

**Sonderkündigungsschutz bei Schwerbehinderung – Geltungsbereich des KSchG
(BAG, Urteil v. 9.6.2011 = NJW-Spezial 2011, 564):**
Ist der Arbeitnehmer im Kündigungszeitpunkt bereits als schwerbehinderter Mensch anerkannt, stehe ihm der Kündigungsschutz gemäß §§ 85 ff. SGB IX nach dem Wortlaut des
Gesetzes auch dann zu, wenn der Arbeitgeber von der Schwerbehinderteneigenschaft oder
dem Anerkennungsantrag nichts wusste. Das ergebe sich schon daraus, dass § 85 i.V.m. § 2
SGB IX mit der „Schwerbehinderung" ohnehin auf einen objektiven Grad der Behinderung und nicht auf dessen behördliche Feststellung abstellt. Gleichwohl treffe den Arbeitnehmer – sowohl im Fall der außerordentlichen als auch der ordentlichen Kündigung – bei
Unkenntnis des Arbeitgebers von der Schwerbehinderung bzw. der Antragstellung die Ob-
liegenheit, innerhalb einer angemessenen Frist – die in der Regel drei Wochen beträgt – auf
den besonderen Kündigungsschutz hinzuweisen. Dies trage dem Verwirkungsgedanken
(§ 242 BGB) Rechnung und sei aus Gründen des Vertrauensschutzes gerechtfertigt. Der
Arbeitgeber, der keine Kenntnis von dem bestehenden oder möglichen Schutztatbestand
hat, habe keinen Anlass, eine behördliche Zustimmung zur Kündigung einzuholen. Je nach
dem Stand des Verfahrens beim Versorgungsamt sei ihm dies sogar unmöglich. Das Erfordernis, sich zeitnah auf den besonderen Kündigungsschutz zu berufen, sei geeignet, einer
Überforderung des Arbeitgebers vorzubeugen. Dieser müsste anderenfalls vor Kündigungen stets vorsorglich einen Antrag auf Zustimmung beim Integrationsamt stellen, damit
nicht der besondere Schutztatbestand ggf. erst nach längerer Prozessdauer offenbar wird.
Das Erfordernis trage zugleich dem Gebot der Rechtssicherheit Rechnung. Der Arbeitgeber
könne regelmäßig keinen Vertrauensschutz für sich in Anspruch nehmen, wenn er die
Schwerbehinderung oder den Antrag vor Ausspruch der Kündigung kannte und deshalb
mit dem Zustimmungserfordernis rechnen musste. Der Arbeitgeber sei auch dann nicht
schutzbedürftig, wenn die Schwerbehinderung des Arbeitnehmers offenkundig ist und er
deshalb auch ohne Kenntnis von Anerkennung oder Antragstellung Anlass hatte, vorsorglich die Zustimmung zur Kündigung zu beantragen.

e) Anhörung des Betriebsrats nach § 102 Abs. 1 BetrVG

Vor jeder Kündigung (ordentlicher wie außerordentlicher) eines Arbeitnehmers hat – soweit
in einem Betrieb ein Betriebsrat besteht – nach § 102 Abs. 1 S. 1 BetrVG eine ordnungsgemäße Anhörung des Betriebsrats zu erfolgen. Das Beteiligungsrecht des Betriebsrats ist blo-
ßes Mitwirkungsrecht – Wirksamkeitsvoraussetzung einer Kündigung ist also allein eine
Anhörung des Betriebsrats, nicht jedoch dessen Zustimmung zur Kündigung. Die Anhörung

bedarf keiner besonderen Form. Der Arbeitgeber hat dem Betriebsrat jedoch den Namen des für eine Kündigung in Aussicht genommenen Arbeitnehmers, dessen wesentliche Sozialdaten, die Art der beabsichtigten Kündigung (ordentliche oder außerordentliche Kündigung), den Kündigungstermin sowie die maßgeblichen Gründe für die Kündigung mitzuteilen. Die Mitteilungspflicht erstreckt sich im Zusammenhang mit den Kündigungsgründen auf alle Tatsachen und Umstände, die den Arbeitgeber zur Kündigung veranlassen. Die Mitteilung muss so umfänglich sein, dass der Betriebsrat ohne eigene Recherche allein aufgrund der Begründung des Arbeitgebers seine Entscheidung treffen kann. Die Beratung über die Kündigung erfolgt durch den Betriebsrat als Gremium. Treten dabei Fehler in der Willensbildung des Gremiums auf, obgleich der Arbeitgeber selbst seiner Verpflichtung zur Anhörung ordnungsgemäß nachgekommen ist, fallen diese allein in die Sphäre des Betriebsrats und sind demzufolge dem Arbeitgeber auch nicht zuzurechnen – letztlich bleiben sie also unbeachtlich. Eine ohne ordnungsgemäße (weil unzureichende oder gänzlich fehlende) Anhörung des Betriebsrats ausgesprochene Kündigung ist bereits nach § 102 Abs. 1 S. 3 BetrVG unheilbar unwirksam, ohne dass es noch auf das Vorliegen eines Kündigungsgrundes ankommt.

aa) Anforderungen an die Mitteilungspflicht des Arbeitgebers

Der Arbeitgeber genügt der Mitteilungspflicht nach § 102 Abs. 1 S. 2 BetrVG dadurch, dass er den Betriebsratsvorsitzenden (bzw. im Verhinderungsfalle dessen Stellvertreter) unterrichtet (§ 26 Abs. 3 S. 2 BetrVG). Gibt der Arbeitgeber die Information lediglich an ein einfaches Betriebsratsmitglied weiter, wird dieses nur als sein Erklärungsbote tätig mit der Folge, dass der Betriebsrat erst zu dem Zeitpunkt Kenntnis von der Mitteilung des Arbeitgebers erlangt, zu dem das Mitglied den Betriebsratsvorsitzenden unterrichtet.

bb) Die Anhörung des Betriebsrats vor der Kündigung leitender Angestellter

Eine Beteiligung des Betriebsrats ist bei leitenden Angestellten (§ 5 Abs. 3 BetrVG) entbehrlich, da auf diese das BetrVG grundsätzlich keine Anwendung findet, sondern das SprAuG. Bei der Kündigung eines leitenden Angestellten ist der Betriebsrat nach § 105 BetrVG lediglich rechtzeitig zu informieren. Im Falle des Bestehens eines Sprecherausschusses ist dieser zu hören (§ 31 Abs. 2 SprAuG), da auch jede ohne Anhörung des Sprecherausschusses ausgesprochene Kündigung unwirksam ist.

Wichtige Judikatur (bitte lesen):

Unterlassene Anhörung des Betriebsrats vor Kündigungsausspruch (BAG, Urteil v. 9.6.2011):
Wird ein Arbeitnehmer eines öffentlichen Arbeitgebers von diesem einer in der Rechtsform einer GmbH gebildeten Arbeitsgemeinschaft zur Dienstleistung zugewiesen, sei grundsätzlich vor der Kündigung des Arbeitnehmers nicht der bei der Arbeitsgemeinschaft gebildete Betriebsrat gemäß § 102 Abs. 1 S. 1 BetrVG anzuhören, sondern der beim Arbeitgeber errichtete Personalrat zu beteiligen.

Formell ordnungsgemäße Betriebsratsanhörung bei Verhinderung des Vorsitzenden (BAG, Urteil v. 7.7.2011 = ZIP 2011, 1786):

Hat der Betriebsrat bzw. sein Vorsitzender die vom Arbeitgeber angekündigte Übergabe eines Anhörungsschreibens zur Kündigung außerhalb des Betriebs nicht abgelehnt, sei sein Stellvertreter nach § 26 Abs. 2 S. 2 BetrVG zur Entgegennahme berechtigt, wenn das Anhörungsschreiben dem Betriebsratsvorsitzenden mangels Anwesenheit nicht ausgehändigt werden kann.

cc) Das Widerspruchsrecht des Betriebsrats

Hat der Betriebsrat gegen eine ordentliche Kündigung Bedenken, so muss er diese nach § 102 Abs. 2 S. 1 BetrVG unter Angabe der Gründe dem Arbeitgeber spätestens innerhalb einer Woche (**Anhörungsfrist**) schriftlich mitteilen. Er soll, soweit dies erforderlich erscheint, vor seiner Stellungnahme auch den betroffenen Arbeitnehmer hören (§ 102 Abs. 2 S. 4 BetrVG). Innerhalb der genannten Frist kann der Betriebsrat gemäß § 102 Abs. 3 Nr. 1 bis 5 BetrVG aufgrund der dort enumerativ genannten Gründe einer ordentlichen Kündigung widersprechen (**förmlicher Widerspruch**). Ein ordnungsgemäßer Widerspruch durch den Betriebsrat setzt voraus, dass dieser schriftlich fixiert und unter Angabe von Tatsachen erfolgt.

Die Möglichkeiten des Betriebsrats, auf eine Kündigung zu reagieren, zeitigen jedoch unterschiedliche rechtliche Konsequenzen, je nachdem, ob er

- (bloß) formlos Bedenken erhoben hat (§ 102 Abs. 2 S. 1 BetrVG – diese haben auf die Kündigung grundsätzlich keinen weitergehenden Einfluss, wenn der Arbeitgeber auf der Kündigung besteht – § 102 Abs. 5 BetrVG, § 1 Abs. 2 S. 2 Nr. 1 2. HS KSchG); oder aber
- frist- und formgerecht Widerspruch eingelegt hat (§§ 102 Abs. 3 Nr. 1 bis 5, Abs. 5 BetrVG – was im Kündigungsschutzprozess für die Frage der Sozialwidrigkeit einer Kündigung [§ 1 Abs. 2 S. 2 Nr. 1 2. HS KSchG] Bedeutung erlangt).

Äußert sich der Betriebsrat nicht innerhalb der Anhörungsfrist von einer Woche, so gilt seine Zustimmung als erteilt (§ 102 Abs. 2 S. 2 BetrVG [**gesetzliche Fiktion**]).

dd) Kündigung des Arbeitgebers trotz Widerspruchs des Betriebsrats

Kündigt ein Arbeitgeber, obwohl der Betriebsrat der beabsichtigten Kündigung aus einem der in § 102 Abs. 3 Nr. 1 bis 5 BetrVG genannten Gründe widersprochen hat, so muss er dem zu kündigenden Arbeitnehmer mit der Kündigung eine Abschrift der schriftlich abzufassenden Stellungnahme des Betriebsrats zuleiten (§ 102 Abs. 4 BetrVG). Die Kündigung ist in diesem Falle nach § 1 Abs. 2 S. 2 Nr. 1 KSchG sozial ungerechtfertigt, wenn der Betriebsrat ihr innerhalb der Frist des § 102 Abs. 2 S. 1 BetrVG schriftlich widersprochen hat, weil sie

- gegen eine Auswahlrichtlinie nach § 95 BetrVG verstößt (§ 102 Abs. 3 Nr. 2 BtrVG, § 1 Abs. 2 S. 2 Nr. 1 a KSchG) oder weil
- der Arbeitnehmer an einem anderen Arbeitsplatz in demselben Betrieb oder in einem anderen Betrieb des Unternehmens weiterbeschäftigt werden kann (§ 102 Abs. 3 Nr. 3 BetrVG, § 1 Abs. 2 S. 2 Nr. 1 b KSchG).

In den genannten Fällen besteht ein **absoluter Sozialwidrigkeitsgrund**. Hat der Betriebsrat einer ordentlichen Kündigung frist- und ordnungsgemäß widersprochen und hat der Arbeitnehmer nach dem Kündigungsschutzgesetz Klage auf Feststellung erhoben, dass sein Arbeitsverhältnis durch die Kündigung nicht aufgelöst ist (Kündigungsschutzklage – § 4 S. 1 KSchG), so muss der Arbeitgeber nach § 102 Abs. 5 BetrVG auf Verlangen des Arbeitnehmers diesen nach Ablauf der Kündigungsfrist bis zum rechtskräftigen Abschluss des Rechtsstreits bei unveränderten Arbeitsbedingungen weiterbeschäftigen (kündigungsschutzrechtlicher Weiterbeschäftigungsanspruch des Arbeitnehmers).

f) Soziale Rechtfertigung der Kündigung nach dem Kündigungsschutzgesetz (allgemeiner Kündigungsschutz nach den §§ 1, 2 KSchG)

Nach § 1 Abs. 1 KSchG ist eine „sozial ungerechtfertigte Kündigung" unwirksam. Die fehlende soziale Rechtfertigung einer Kündigung kann der Arbeitnehmer gemäß §§ 4, 7 KSchG im Klagewege geltend machen. Diese Regelungen kommen dann zum Tragen, wenn das KSchG überhaupt zur Anwendung gelangt.

aa) Anwendbarkeit des Kündigungsschutzgesetzes (§§ 1 Abs. 1, 14, 23 KSchG)

Das KSchG erfasst nur die ordentliche Kündigung des Arbeitnehmers. Nach § 13 Abs. 1 KSchG untersteht die außerordentliche Kündigung allein in verfahrensrechtlicher Hinsicht dem KSchG. Das KSchG ist auf alle Arbeitnehmer – selbst auf die leitenden Angestellten (so § 14 Abs. 2 KSchG) – anwendbar. Auf leitende Angestellte findet lediglich der Kündigungseinspruch beim Betriebsrat nach § 3 KSchG keine Anwendung und § 9 Abs. 1 S. 2 KSchG gilt mit der Maßgabe, dass der Antrag des Arbeitgebers auf Auflösung des Arbeitsverhältnisses keiner Begründung bedarf. Kündigungen als Arbeitskampfmaßnahmen fallen gem. § 25 KSchG nicht unter das KSchG.

(1) Der persönliche Anwendungsbereich

Nach § 1 Abs. 1 KSchG muss das Arbeitsverhältnis des in Rede stehenden Arbeitnehmers in demselben Betrieb oder Unternehmen ohne Unterbrechung länger als sechs Monate (maßgeblich ist der rechtlich vereinbarte Beginn des Arbeitsverhältnisses) bestanden haben (**Warte- oder gesetzliche Probezeit**). Während dieser Zeitspanne kann der Arbeitgeber kündigen, ohne dass die Kündigung einer sozialen Rechtfertigung bedürfte. Für die Berechnung der Sechs-Monats-Frist kommt es auf den Zeitpunkt des Zugangs der Kündigung an. Das BAG rechnet Beschäftigungszeiten aus einem früheren Arbeitsverhältnis auf diese Wartezeit an, wenn die Unterbrechung verhältnismäßig kurz war und zwischen dem früheren und dem jetzigen Arbeitsverhältnis ein sachlicher Zusammenhang besteht.

(2) Der sachliche Anwendungsbereich

§ 23 Abs. 1 S. 1 KSchG erklärt die Vorschriften des Ersten (Allgemeiner Kündigungsschutz) und des Zweiten Abschnitts (Kündigungsschutz im Rahmen der Betriebsverfassung und der Personalvertretung) grundsätzlich auf alle Betriebe und Verwaltungen des privaten und des öffentlichen Rechts für anwendbar. Gemäß § 23 Abs. 1 S. 3 KSchG werden im Hinblick auf den allgemeinen Kündigungsschutz jedoch solche Betriebe und Verwaltungen ausgenommen, in denen regelmäßig mehr als 10 oder weniger Arbeitnehmer (ausschließlich der zu ihrer Berufsausbildung Beschäftigten) beschäftigt sind (**Kleinbetriebe**).

Wichtige Judikatur (bitte lesen):

Geltungsbereich des KSchG – Kleinbetrieb (BAG, Urteil v. 28.10.2010 = BB 2011, 1339):
Die Anwendung der Kleinbetriebsklausel setze nicht voraus, dass die als „Betrieb" im kündigungsschutzrechtlichen Sinne zu verstehende Einheit sämtliche vom BVerfG als charakteristisch benannten Merkmale eines Kleinbetriebs erfüllt. Dieses habe lediglich beispielhaft Gesichtspunkte angeführt, die für einen Kleinbetrieb bezeichnend sind, ohne dass diese wie die tatbestandlichen Voraussetzungen einer Norm zu behandeln wären. Maßgeblich sei vielmehr eine alle Umstände des Einzelfalls einbeziehende, wertende Gesamtbetrachtung dahingehend, ob die Anwendung der Kleinbetriebsklausel nach Maßgabe des allgemeinen Betriebsbegriffs unter Berücksichtigung der tatsächlichen Verhältnisse dem mit ihr verbundenen Sinn und Zweck *(noch)* hinreichend gerecht wird. Ein „Berechnungsdurchgriff" auf andere betriebliche Einheiten komme nur in Betracht, wenn angesichts der vom Arbeitgeber geschaffenen konkreten Organisation die gesetzgeberischen Erwägungen für die Privilegierung des Kleinbetriebs bei verständiger Betrachtung ins Leere gehen und die Bestimmung des Betriebsbegriffs nach herkömmlicher Definition unweigerlich zu einer sachwidrigen Ungleichbehandlung betroffener Arbeitnehmer führen würde.

bb) Die soziale Rechtfertigung der Kündigung (§ 1 Abs. 2 KSchG)

Die Kündigung eines Arbeitsverhältnisses gegenüber einem Arbeitnehmer ist nach § 1 Abs. 1 KSchG rechtsunwirksam, wenn sie „sozial ungerechtfertigt" (sozialwidrig) ist.

(1) Allgemeine Sozialwidrigkeit

Eine Kündigung ist nach § 1 Abs. 2 S. 1 KSchG dann sozial ungerechtfertigt, wenn sie nicht durch Gründe, die in

- der Person (**personenbedingte Kündigung**) oder
- dem Verhalten des Arbeitnehmers (**verhaltensbedingte Kündigung**) liegen, oder durch
- dringende betriebliche Erfordernisse (**betriebsbedingte Kündigung**), die einer Weiterbeschäftigung des Arbeitnehmers in diesem Betrieb entgegenstehen,

bedingt ist. Die Zulässigkeit einer ordentlichen Kündigung muss „an sich" entweder durch personenbedingte oder verhaltensbedingte bzw. betriebsbedingte Gründe gerechtfertigt sein. Diesen Gründen muss in ihrer Tragweite eine so große Bedeutung zukommen, dass dem Arbeitgeber eine Weiterbeschäftigung des Arbeitnehmers nach Ablauf der Kündigungsfrist nicht zuzumuten ist (**Unzumutbarkeit einer Weiterbeschäftigung**). Letzteres ist im Rahmen einer umfassenden **Interessenabwägung** festzustellen – ist die Kündigung im Einzelfall aus der verobjektivierten Sicht eines verständigen Arbeitgebers angemessen und billigenswert. Dabei ist zu berücksichtigen, dass eine Kündigung nur **ultima ratio** sein kann, weshalb der Arbeitgeber vor dem Ausspruch einer Kündigung immer zu prüfen hat, ob keine ihm zumutbaren milderen Mittel die Probleme des gestörten Arbeitsverhältnisses zu lösen vermögen. Insoweit muss der Arbeitgeber etwa prüfen, ob er den Arbeitnehmer, von dem er sich eigentlich trennen wollte, nicht an anderer Stelle seines Unternehmens auf einem freien Arbeitsplatz ggf. selbst zu verschlechterten Konditionen weiterbeschäftigen kann. Dies lässt sich allein im Wege einer Änderungskündigung (§ 2 KSchG) bewerkstelligen.

(2) Besondere Sozialwidrigkeit

Neben den Gründen einer sozial ungerechtfertigten Kündigung (**allgemeine Sozialwidrigkeit**) bestehen nach § 1 Abs. 2 S. 2 Nr. 1 und 2 sowie Abs. 2 S. 3 KSchG eine Reihe weiterer Gründe, die eine Kündigung ausschließen. „Sozial ungerechtfertigt" ist eine Kündigung auch, wenn in Betrieben des privaten Rechts

- die Kündigung gegen eine Richtlinie nach § 95 BetrVG (Auswahlrichtlinie) verstößt bzw.
- der Arbeitnehmer an einem anderen Arbeitsplatz in demselben Betrieb oder in einem anderen Betrieb desselben Unternehmens weiterbeschäftigt werden kann

und (d.h. kumulativ) der Betriebsrat aus einem dieser Gründe der Kündigung innerhalb der Frist des § 102 Abs. 2 S. 1 BetrVG schriftlich widersprochen hat (§ 1 Abs. 2 S. 2 Nr. 1 KSchG). Darüber hinaus ist eine Kündigung nach § 1 Abs. 2 S. 3 KSchG „sozial ungerechtfertigt", wenn die Weiterbeschäftigung des Arbeitnehmers nach zumutbaren Umschulungs- oder Fortbildungsmaßnahmen bzw. unter geänderten Arbeitsbedingungen möglich ist und der Arbeitnehmer sein Einverständnis hiermit erklärt hat.

cc) Personenbedingte Kündigung

Eine Kündigung ist sozial ungerechtfertigt, wenn sie nicht durch Gründe, die in der Person des Arbeitnehmers (etwa persönliche Fähigkeiten und Eigenschaften) liegen, bedingt ist. Personenbedingt sind Gründe, auf Grund derer der Arbeitnehmer auf Dauer nicht mehr in der Lage ist, die von ihm geschuldete Arbeitsleistung zu erbringen, womit der Austauschcharakter des Arbeitsverhältnisses nachteilig gestört wird. Eine personenbedingte Kündigung kommt somit bspw. vor allem in folgenden Fällen in Betracht: Krankheit (einschließlich suchtbedingter Erkrankungen), mangelnde geistige oder körperliche Eignung, Straf- oder Untersuchungshaft des Arbeitnehmers, fehlende persönliche Voraussetzungen des Arbeitnehmers für eine bestimmte Tätigkeit (bspw. Führerscheinentzug eines Kraftfahrers) oder altersbedingter Leistungsabfall. Das Erlangen eines Anspruchs auf Altersrente nach § 41 Abs. 4 S. 1 SGB VI stellt hingegen keinen entsprechenden Kündigungsgrund dar.

Eine personenbedingte Kündigung wegen Krankheit kommt bei häufigen Kurzerkrankungen, bei lang andauernder Erkrankung (Langzeiterkrankungen) sowie bei dauernder Leistungsunfähigkeit oder in Fällen erheblicher krankheitsbedingter Leistungsminderung in Betracht. Bei Prüfung der Frage, ob eine entsprechende krankheitsbedingte Kündigung „sozial (un)gerechtfertigt" ist, muss Folgendes berücksichtigt werden:

- **Negativprognose:** Aufgrund objektiver Tatsachen steht zu erwarten, dass der bereits seit langem erkrankte Arbeitnehmer in absehbarer Zeit nicht wieder genesen bzw. auch künftig weiter häufig erkranken wird (negative Zukunftsprognose). Dem Arbeitgeber ist es jedoch grundsätzlich verwehrt, aus einer Erkrankung, die aus einem Betriebsunfall resultiert, mithin singulär blieb, bzw. die bereits ausgeheilt ist, eine Negativprognose zu stellen.
- Werden **erhebliche betriebliche Interessen** (Störungen des Betriebsablaufs) durch (bereits entstandene oder künftig zu erwartende) Fehlzeiten des Arbeitnehmers erheblich **beeinträchtigt**? Eine entsprechende erhebliche betriebliche Beeinträchtigung kann sowohl in einer ausfallbedingten Ablaufstörung bestehen als auch in einer außergewöhnlich hohen wirtschaftlichen Beeinträchtigung, die ihren konkreten Niederschlag in der Entgeltfortzahlung im Krankheitsfall, mithin in den auftretenden Kosten des individuell in Rede stehenden Arbeitsverhältnisses, findet. Dies ist etwa dann der Fall, wenn der

Arbeitnehmer in den vergangenen drei Jahren im Durchschnitt mehr als sechs Wochen im Jahr gefehlt hat, währenddessen der Arbeitgeber zur Entgeltfortzahlung verpflichtet war (**wirtschaftliche Belastungen**).

- Führt die erhebliche Beeinträchtigung der betrieblichen und wirtschaftlichen Interessen zu einer unzumutbaren weil erheblichen und billigerweise nicht mehr hinnehmbaren Beeinträchtigung des Betriebs des Arbeitgebers (**Interessenabwägung** [Kündigungsinteresse des Arbeitgebers einerseits, Bestandsschutzinteresse des Arbeitnehmers am Erhalt seines Arbeitsplatzes andererseits] unter Berücksichtigung des Verhältnismäßigkeitsgrundsatzes)?

In Bezug auf die Interessenabwägung muss der Arbeitgeber auch eine anderweitige Beschäftigungsmöglichkeit für den erkrankten Arbeitnehmer (ggf. selbst zu schlechteren Konditionen im Zusammenhang mit einer Änderungskündigung nach § 2 KSchG) in seinem Betrieb suchen. Allerdings ist der Arbeitgeber weder zur Schaffung eines gänzlich neuen Arbeitsplatzes noch zu einem Arbeitsplatztausch verpflichtet.

Wichtige Judikatur (bitte lesen):

Personenbedingte Kündigung bei mehrjähriger Freiheitsstrafe (BAG, Urteil v. 24.3.2011 = NJW 2011, 2825):

Als personenbedingter Kündigungsgrund kommen solche Umstände in Betracht, die auf einer in den persönlichen Verhältnissen oder Eigenschaften des Arbeitnehmers liegenden „Störquelle" beruhen, wozu auch eine Arbeitsverhinderung des Arbeitnehmers, die auf einer Straf- oder Untersuchungshaft beruht, zu zählen sei. Diese Betrachtung lasse es zu, auf eine mögliche Resozialisierung des straffällig gewordenen Arbeitnehmers Bedacht zu nehmen. Nicht jede Freiheitsstrafe könne ohne Rücksicht auf ihre Dauer und ihre Auswirkungen zum Verlust des Arbeitsplatzes führen. Eine Würdigung des Geschehens unter verhaltensbedingten Gesichtspunkten sei nur veranlasst, wenn die der Verurteilung zugrunde liegenden Taten einen Bezug zum Arbeitsverhältnis haben oder der Arbeitnehmer auf andere Weise arbeitsvertragliche Pflichten, insbesondere seine Pflicht zur Rücksichtnahme (§ 241 Abs. 2 BGB) verletzt hat.

Voraussetzung einer – ordentlichen wie außerordentlichen – Kündigung wegen haftbedingter Arbeitsverhinderung sei, dass der Arbeitnehmer für eine verhältnismäßig erhebliche Zeit nicht in der Lage sein wird, seine arbeitsvertraglichen Verpflichtungen zu erfüllen. Die Nichterfüllung der Arbeitspflicht müsse sich außerdem nachteilig auf das Arbeitsverhältnis auswirken. Da der Arbeitgeber im Fall der haftbedingten Arbeitsunfähigkeit des Arbeitnehmers typischerweise von der Lohnzahlungspflicht befreit ist (§ 616 Abs. 1 i.V.m. § 275 Abs. 1 und § 326 Abs. 1 BGB), hänge es von der Dauer sowie Art und Ausmaß der betrieblichen Auswirkungen ab, ob die Inhaftierung geeignet ist, einen Grund zur Kündigung abzugeben. Liege eine beachtliche Störung vor, bedürfe es der abschließenden, alle Umstände des Einzelfalls einbeziehenden Abwägung, ob es dem Arbeitgeber unter Berücksichtigung der Interessen beider Vertragsteile unzumutbar war, das Arbeitsverhältnis bis zum Wegfall des Hinderungsgrundes fortzusetzen. Sowohl bei der Frage, ob von einer erheblichen Störung des Austauschverhältnisses auszugehen sei, als auch bei der Interessenabwägung sei im Fall einer Kündigung wegen Verbüßung einer Freiheitsstrafe zu berücksichtigen, dass der Arbeitnehmer die Arbeitsverhinderung in aller Regel zu vertreten hat. Deshalb seien dem Arbeitgeber zur Überbrückung des Arbeitsausfalls regelmäßig nicht die gleichen Anstrengungen und Belastungen zuzumuten wie etwa bei einer Krankheit.

Maßgebliche Beurteilungsgrundlage für die Rechtmäßigkeit einer Kündigung seien die objektiven Verhältnisse im Zeitpunkt des Zugangs der Kündigungserklärung. Die tatsächliche Entwicklung nach Kündigungsausspruch könne nur in eng begrenzten Ausnahmefällen Berücksichtigung finden.

Personenbedingte Kündigung wegen eines Glaubenskonfliktes (BAG, Urteil v. 24.2.2011 = NJW 2011, 3319):

Beruft sich der Arbeitnehmer gegenüber einer Arbeitsanweisung des Arbeitgebers auf einen ihr entgegenstehenden, ernsthaften inneren Glaubenskonflikt, kann das Beharren des Arbeitgebers auf Vertragserfüllung ermessensfehlerhaft i.S.v. § 106 S. 1 GewO i.V.m. Art. 4 Abs. 1 GG sein mit der Folge, dass die Weigerung des Arbeitnehmers, der Weisung nachzukommen, dann zwar keine vorwerfbare Pflichtverletzung darstellt, aber geeignet sein kann, eine Kündigung des Arbeitsverhältnisses aus Gründen in der Person des Arbeitnehmers zu rechtfertigen, wenn es dem Arbeitgeber nicht ohne größere Schwierigkeiten möglich ist, den Arbeitnehmer anderweitig sinnvoll einzusetzen:

Die beharrliche Weigerung des Arbeitnehmers, eine vertraglich geschuldete, rechtmäßig und damit wirksam zugewiesene Arbeit zu leisten, stelle eine erhebliche Pflichtverletzung dar und sei in der Regel geeignet, jedenfalls die ordentliche Kündigung des Arbeitsverhältnisses sozial zu rechtfertigen.

Der Arbeitgeber habe dem Kläger die Arbeiten im Getränkebereich, weil und soweit sie ihn in Glaubenskonflikte brachten, nicht wirksam nach § 106 S. 1 GewO zugewiesen. Der Kläger habe deshalb mit seiner Weigerung, sie durchzuführen, seine Vertragspflichten nicht verletzt. Aufgrund seines Weisungsrechts kann der Arbeitgeber eine im Arbeitsvertrag nur abstrakt umschriebene Leistungspflicht des Arbeitsnehmers nach Zeit, Ort und Art der Leistung einseitig näher bestimmen, soweit diese nicht durch Gesetz oder Vertrag festgelegt ist. Der Regelung des § 106 S. 1 GewO komme insoweit klarstellende Bedeutung zu. Das Weisungsrecht dürfe dabei nur nach billigem Ermessen ausgeübt werden. Das verlange, dass der Arbeitgeber bei seiner Entscheidung die wesentlichen Umstände des Einzelfalls abgewogen und die beiderseitigen Interessen angemessen berücksichtigt hat. Maßgeblich sei der Zeitpunkt, in dem der Arbeitgeber seine Entscheidung trifft. Ob die Entscheidung billigem Ermessen entspricht, unterliege nach § 106 S. 1 GewO i.V.m. § 315 Abs. 3 BGB der gerichtlichen Kontrolle.

Danach war die Weisung des Arbeitgebers nicht schon deshalb unbeachtlich, weil sie nach § 99 BetrVG der Zustimmung des Betriebsrats bedurft hätte. Eine Versetzung i.S.v. § 99 Abs. 1 und § 95 Abs. 3 S. 1 BetrVG liege nicht vor, da dem Kläger mit der Übertragung von Aufgaben im Getränkebereich kein anderer „Arbeitsbereich" i.S. dieser Regelung zugewiesen worden sei. Der Gegenstand und das Gesamtbild der Tätigkeit einer mit einfachen Ein- und Ausräumarbeiten in der Frischwarenabteilung beschäftigten Ladenhilfe werde nicht dadurch verändert, dass die Arbeiten nunmehr in der Getränkeabteilung zu verrichten seien.

Der Arbeitgeber habe aber bei der Ausübung seines Weisungsrechts auf die Glaubensüberzeugungen des Klägers nicht hinreichend Bedacht genommen. Seine Weisung, im Getränkebereich zu arbeiten, entsprach damit nicht billigem Ermessen. Der Arbeitgeber muss einen ihm offenbarten und beachtlichen Glaubens- oder Gewissenskonflikt des Arbeitnehmers bei der Ausübung seines Weisungsrechts berücksichtigen. Dies setzt voraus, dass der Arbeitnehmer darlegt, ihm sei wegen einer aus einer spezifischen Sachlage folgenden Gewissensnot heraus nicht zuzumuten, die an sich vertraglich geschuldete Leistung zu erbringen. Lässt sich aus den festgestellten Tatsachen im konkreten Fall ein die verweigerte Arbeit betreffender Glaubens- oder Gewissenskonflikt ableiten, so unterliegt die Relevanz und Gewichtigkeit der Gewissensbildung keiner gerichtlichen Kontrolle. Das gebiete die verfassungskonforme Auslegung und Anwendung von § 106 S. 1 GewO. Das bei der Ausübung des Leistungsbestimmungsrechts zu wahrende billige Ermessen werde inhaltlich durch die Grundrechte des Arbeitnehmers mitbestimmt. Kollidieren diese mit dem Recht des Arbeitgebers, dem Arbeitnehmer im Rahmen der gleichfalls grundrechtlich geschützten unternehmerischen Betätigungsfreiheit (Art. 12 Abs. 1 S. 2 GG) eine von der vertraglichen Vereinbarung gedeckte Tätigkeit zuzuweisen, seien die gegensätzlichen Rechtspositionen grundrechtskonform auszugleichen. Dabei seien die kollidierenden Grundrechte in ihrer Wechselwirkung zu sehen und so zu begrenzen, dass sie im Sinne einer praktischen Konkordanz für alle Beteiligten möglichst weitgehend wirksam werden. Auf das unverzichtbare Schutzminimum der Glaubens- und Bekenntnisfreiheit nach Art. 4 Abs. 1 GG sei Bedacht zu nehmen. Es sei die Intensität des umstrittenen Eingriffs ebenso zu berücksichtigen wie der Umstand, dass die Vertragspartner mit dem Abschluss des Vertrags in eine Begrenzung grundrechtlicher Freiheiten eingewilligt haben. Ob und inwieweit der Arbeitgeber bei der Ausübung seines Weisungsrechts auf die Glaubensüberzeugungen des Arbeitnehmers Rücksicht nehmen muss, sei damit eine Frage des Einzelfalls. Wenn die Weisung mit fundamentalen, unüberwindbaren Glaubensüberzeugungen des Arbeitnehmers kollidiert, werde es häufig nicht billigem Ermessen entsprechen, wenn der Arbeitgeber an ihr festhält und deren Befolgung verlangt. Auch die Glaubensfreiheit sei aber nicht ohne jede Schranke garantiert. Beschränkt werde sie durch kollidierende Grundrechte oder Verfassungsaufträge. Zum einen kommt es auf ein religiös begründetes Leistungsverweigerungsrecht nur an, wenn das Leistungs-/Erfüllungsverlangen des Arbeitgebers billigem Ermessen i.S.v. § 106 S. 1 BGB entspricht. Zum anderen ergeben sich die Voraussetzungen, unter denen ein Glaubens- und Gewissenkonflikt für eine nach dem Arbeitsvertrag geschuldete Leistung Bedeutung gewinnen kann, in jedem Fall aus den Vorgaben höherrangigen Rechts. Gemessen an diesen Abwägungsgesichtspunkten entspreche die Arbeitsanweisung des Arbeitgebers nicht „billigem Ermessen". Der vom Kläger aufgezeigte Glaubenskonflikt falle in den Schutzbereich des Art. 4 GG. Die Glaubensfreiheit gem. Art. 4 Abs. 1 GG gewährleiste dem Einzelnen einen Rechtsraum, in dem er sich die Lebensform zu geben vermag, die seiner Überzeugung entspricht. Zu ihr gehöre nicht nur die innere Freiheit, zu glauben oder nicht zu glauben, sondern auch das Recht des Einzelnen, sein gesamtes Verhalten an den Lehren seines Glaubens auszurichten und seiner inneren Glaubensüberzeugung gemäß zu handeln. Das Grundrecht sei offen für die Entfaltung verschiedener Religionen und Bekenntnisse. Unbeachtlich sei die zahlenmäßige Stärke oder Relevanz einer bestimmten Glaubenshaltung. Unter den Schutzbereich des Art. 4 GG fielen auch Verhaltensweisen, die nicht allgemein von den Gläubigen geteilt werden. Glaubensfreiheit sei mehr als religiöse Toleranz. Für eine zulässige Berufung auf Art. 4 GG komme es nur darauf an, dass das Verhalten wirklich von einer religiösen Überzeugung getragen und nicht anders motiviert ist. Andernfalls würde den Gerichten eine Bewertung von Glaubenshaltungen oder die Prüfung von theologischen Lehren aufgebürdet, die sie weder leisten können noch leisten dürfen. Als Gewissensentscheidung sei jede ernste sittliche, d.h. an den Kategorien „gut" und „böse" orientierte Entscheidung anzusehen, die der Einzelne in einer bestimmten Lage als für sich bindend und unbedingt verpflichtend innerlich erfährt, so dass er gegen sie nicht ohne ernste Gewissensnot handeln könnte. Die Gewissensfreiheit überschneide sich mit der Glaubensfreiheit insoweit, als sie auch das religiös fundierte Gewissen schützt. Beruft sich der Arbeitnehmer gegenüber einer nach dem Arbeitsvertrag geschuldeten Arbeitsleistung darauf, die Erfüllung der Arbeitspflicht bringe ihn aus religiösen Gründen in Gewissensnot, treffe ihn die Darlegungslast für einen konkreten und ernsthaften Glaubenskonflikt. Die Würdigung, es entspreche der ernsthaften religiösen Überzeugung des Klägers, dass er sich als gläubiger Moslem jeglicher Mitwirkung am Alkoholverkauf zu enthalten habe, lasse keinen Rechtsfehler erkennen. Die Arbeitsanweisung des Beklagten habe damit billigem Ermessen widersprochen und sei unverbindlich gewesen. Der Kläger habe mit seiner Weigerung, ihr Folge zu leisten, seine vertraglichen Pflichten nicht verletzt.

Ergibt die Abwägung im Rahmen des § 106 S. 1 GewO, dass eine Arbeitsanweisung des Arbeitgebers nicht der Billigkeit entspricht, braucht der Arbeitnehmer ihr nicht nachzukommen. Allerdings schränke die religiös begründete Begrenzung des Weisungsrechts des Arbeitgebers den auf wirksam ausgeübter Vertragsfreiheit (Art. 12 Abs. 1 GG) beruhenden Inhalt des Arbeitsvertrags als solchen nicht ein. Der vertraglich vereinbarte Tätigkeitsumfang reduziere sich wegen des Glaubenskonflikts nicht etwa von vornherein auf den konfliktfreien Bereich. Vielmehr sei der Arbeitnehmer aus persönlichen Gründen außerstande, einen Teil der vertraglich *(weiterhin)* versprochenen Leistungen zu erbringen. Aufgrund dieses Umstands könne eine Kündigung des Arbeitsverhältnisses durch einen in seiner Person liegenden Grund nach § 1 Abs. 2 KSchG gerechtfertigt sein. Sei der Arbeitnehmer aufgrund eines offenbaren beachtlichen Glaubenskonflikts teilweise außerstande, seine arbeitsvertraglichen Verpflichtungen zu erfüllen, berechtige dies den Arbeitgeber gleichwohl nicht zur Kündigung, wenn er den Arbeitnehmer im Betrieb oder Unternehmen entweder innerhalb des vertraglich vereinbarten Leistungsspektrums oder aber zu geänderten Vertragsbedingungen unter Vermeidung des Konflikts sinnvoll weiterbeschäftigen kann.

Fall 9: Personenbedingte Kündigung

Sachverhalt: Der seit über zehn Jahren bei der Firma X tätige Montageschlosser A ist alkoholabhängig. Er ist wegen des Alkoholgenusses und der damit verbundenen Beeinträchtigung seiner Arbeitsleistung auch bereits schon mehrfach abgemahnt worden. Bei X ist eine Sozialberatung eingerichtet, die auch für Fälle von Alkoholabhängigkeit zuständig ist. A hat die von dieser Stelle angebotenen Hilfen mehrfach strikt abgelehnt. Nachdem A erneut unter starker Alkoholeinwirkung am Arbeitsplatz angetroffen und nach Entscheidung des Werksarztes durch die Betriebsfeuerwehr nach Hause gebracht werden musste, kündigte X das Arbeitsverhältnis fristgemäß. Der Betriebsrat wurde vor Ausspruch der Kündigung angehört, und A bis zum Ende der Kündigungsfrist von der Arbeit freigestellt. Seitdem befindet sich A in ärztlicher Behandlung und hat sich ferner einer Gesprächstherapie unterzogen. Wirksamkeit der Kündigung?

Lösung:
Es müssten die Wirksamkeitsvoraussetzungen einer arbeitgeberseitigen Kündigung vorliegen. Eine ordnungsgemäße Kündigungserklärung durch X ist gegeben. Eine mögliche Unwirksamkeit nach § 102 Abs. 1 S. 3 BetrVG wegen fehlender bzw. fehlerhafter Anhörung des Betriebsrates kommt nicht in Betracht, da dieser ordnungsgemäß angehört wurde.

Die Kündigung könnte jedoch sozialwidrig und damit nach § 1 Abs. 1 KSchG unwirksam sein. Denkbar wäre hier eine soziale Rechtfertigung nach § 1 Abs. 2 KSchG infolge eines personenbedingten Kündigungsgrundes.

Personenbedingt und damit sozial gerechtfertigt ist eine ordentliche Kündigung dann, wenn der Arbeitnehmer auf Dauer nicht mehr in der Lage ist, die von ihm geschuldete Arbeitsleistung zu erbringen und damit der Austauschcharakter des Arbeitsverhältnisses nachhaltig gestört ist (BAG BB 1990, 207).

Problematisch ist die Zulässigkeit krankheitsbedingter Kündigungen. Unstreitig führt nicht jede Krankheit zu einem personenbedingtem Kündigungsgrund. Der Arbeitgeber hat vielmehr in bestimmtem Umfang krankheitsbedingte Arbeitsausfälle hinzunehmen, ohne dass ihn diese zur Kündigung berechtigen. Zum Anlass einer Kündigung kann die Erkrankung daher nur genommen werden, wenn Ausmaß, Dauer und Auswirkung der in Folge der Krankheit eintretenden Leistungsverhinderung und -minderung des Arbeitnehmers so groß sind, dass das Interesse des Arbeitgebers an der Wiedererlangung der Dispositionsfreiheit über den Arbeitsplatz durchschlägt. Bei einer krankheitsbedingten Kündigung kommen insbesondere vier Arten vor:

- häufige Kurzerkrankungen (BAG BB 1994, 719)
- lang andauernde Erkrankung (BAG BB 1985, 800)
- dauerhafte Leistungsunfähigkeit (BAG NZA 1987, 555)
- erhebliche krankheitsbedingte Leistungsminderung (BAG BB 1992, 2196).

Zu den Erkrankungen, die eine personenbedingte Kündigung rechtfertigen können, gehören auch Alkohol- und Drogenabhängigkeit, die die Leistungsfähigkeit des Arbeitnehmers beeinträchtigen.

Entscheidend ist die Prognose. Besteht in absehbarer Zeit Aussicht auf Heilung, so kommt eine Kündigung nicht in Betracht. Die Aussicht auf Heilung steht wiederum im Zusammenhang mit der Bereitschaft des Arbeitnehmers, sich einer Therapie zu unterziehen und diese abzuschließen. Entscheidend ist der Zeitpunkt der Kündigungserklärung.

Diese Bereitschaft hat im Augenblick des Ausspruchs der Kündigung bei A gefehlt, so dass die Kündigung aus personenbedingten Gründen im Sinne des § 1 Abs. 2 KSchG sozial gerechtfertigt war. Dass A sich später doch noch einer Therapie unterzogen hat, führt zu keiner anderen Betrachtung (BAG NZA 1987, 811).

Die von X erklärte Kündigung ist daher wirksam.

dd) Verhaltensbedingte Kündigung

Eine Kündigung ist auch dann sozial ungerechtfertigt, wenn sie nicht durch Gründe, die im Verhalten des Arbeitnehmers liegen, bedingt ist. Umgekehrt ist eine verhaltensbedingte Kündigung durch den Arbeitgeber dann statthaft, wenn bei objektiver Beurteilung der Sachlage und der Abwägung der beidseitigen Interessen von Arbeitgeber und Arbeitnehmer ein bestimmtes in Rede stehendes schuldhaftes Fehlverhalten des Arbeitnehmers den Kündigungsausspruch als angemessen und billig erscheinen lässt. Eine verhaltensbedingte Kündigung kommt vorrangig in Fällen eines vertragswidrigen Verhaltens des Arbeitnehmers (d.h. bei schuldhafter Verletzung seiner arbeitsvertraglichen Pflichten oder Nebenpflichten, etwa durch Schlechtleistung oder durch Verstöße gegen die betriebliche Ordnung) in Betracht, deren Gewicht noch nicht die Bedeutung eines „wichtigen Grundes" im Sinne des § 626 Abs. 1 BGB erlangt haben: Bspw. wiederholtes unentschuldigtes Fehlen, Beleidigung von Kollegen und des Arbeitgebers (sofern damit nicht bereits schon ein Grund zur außerordentlichen Kündigung nach § 626 BGB gegeben ist), sexuelle Belästigung und Trunkenheit am Arbeitsplatz, Verstöße gegen die Betriebsordnung bzw. eine Arbeitsverweigerung. Ein außerbetriebliches Verhalten vermag eine verhaltensbedingte Kündigung nur dann zu rechtfertigen, wenn das Arbeitsverhältnis dadurch konkret tangiert wird.

Das **Verhältnismäßigkeitsprinzip** gebietet es im Hinblick auf eine beabsichtigte verhaltensbedingte Kündigung, dass der Arbeitgeber zunächst zum milderen Mittel einer einschlägigen Abmahnung (als Vorstufe der Kündigung) greift. Erst im Wiederholungsfall kann dann gekündigt werden. Der Abmahnung als Ausübung eines vertraglichen Rügerechts kommt sowohl eine Hinweis- und Beanstandungs-, als auch eine Warn- und Dokumentationsfunktion zu. Zugleich bewirkt sie (zunächst) einen Kündigungsverbrauch – d.h., der Arbeitgeber kann aktuell auf den konkret abgemahnten Sachverhalt nicht sofort eine einschlägige Kündigung stützen. Dem Arbeitnehmer muss aus der formlos erklärbaren, aber zugangsbedürftigen Abmahnung klar erkennbar werden, wie er sich künftig zu verhalten hat, und dass ein weiteres Fehlverhalten gravierende Konsequenzen nach sich ziehen wird. Auch einer früheren (unwirksamen) Kündigung kann eine Abmahnfunktion zukommen. Zur Abmahnung sind neben den zur Kündigung selbst berechtigten Personen auch all jene befugt, die in Bezug auf die vom Arbeitnehmer zu erbringende Arbeit Weisungen erteilen dürfen. Eine Beteiligung des Betriebsrats ist vor Ausspruch der Abmahnung selbst dann nicht erforderlich, wenn diese der Vorbereitung einer Kündigung dienen soll. Eine Abmahnung ist bei einer verhaltensbedingten Kündigung unter dem ultima-ratio-Grundsatz allein dann entbehrlich, wenn

- gegenüber demselben Arbeitnehmer bei vergleichbarem Sachverhalt bereits eine (unwirksame) Kündigung ausgesprochen worden war;
- der Arbeitnehmer einen gravierenden Verstoß im Vertrauensbereich des Arbeitgebers sich zu Schulden hat kommen lassen (eine Wiederherstellung der Vertrauensbeziehung mithin nicht erfolgversprechend wäre);
- der Arbeitnehmer bei einer besonders schweren Pflichtverletzung unter keinen Umständen mit einer Duldung des Arbeitgebers rechnen durfte, vielmehr auf einen Arbeitsplatzverlust bei Aufdeckung gefasst sein musste.

Eine **Abmahnung** ist in die Personalakte aufzunehmen. Dem Arbeitnehmer verbleibt jedoch die Möglichkeit, von seinem Gegendarstellungsrecht (§ 83 Abs. 2 BetrVG) Gebrauch zu machen. Eine wirksam erklärte Abmahnung kann durch bloßen Zeitablauf aber dann wirkungslos werden, wenn der Arbeitnehmer sein Fehlverhalten endgültig einstellt. Ist die Abmahnung in die Personalakte des Arbeitnehmers eingegangen, kann dieser nach Ablauf einer gewissen Zeit aufgrund der konkreten Umstände des Einzelfalls Bereinigung seiner Personalakte verlangen. Diese vollzieht sich dadurch, dass die Abmahnung aus der Personalakte entfernt wird. Dies gilt gleichermaßen für eine zu Unrecht erklärte Abmahnung.

Verhaltensbedingte Kündigung eines angestellten Pressefotografen wegen seines Auftretens in der Öffentlichkeit (BAG, Urteil v. 23.6.2009):
Der streitigen Kündigung lag als Sachverhalt zugrunde, dass der Kläger nach dem Entgleisen einer Lokomotive die Unfallstelle aufgesucht hatte, um Fotos zu machen. An dem Unglücksort anwesende Polizisten forderten ihn auf sich auszuweisen. Er gab sich als Fotojournalist zu erkennen, zeigte seinen Presseausweis jedoch nicht vor. Die Polizisten forderten ihn auf, den Gleisbereich zu verlassen, was der Kläger auch tat. Seine Aufnahmen hatte er zu diesem Zeitpunkt schon gemacht. Sie wurden auch veröffentlicht. Die Pressestelle des zuständigen Bundespolizeiamtes teilte der Beklagten den Sachverhalt mit: Da der Kläger den Ort zunächst nicht freiwillig verlassen habe, sei ein Platzverweis ausgesprochen worden, dem er nachgekommen sei. Nach Anhörung des Betriebsrats wegen des Vorfalls „Eisenbahnunglück" sprach die Beklagte die Kündigung aus.
Die Kündigung sei sozial ungerechtfertigt im Sinne des § 1 KSchG, weil sie nicht durch Gründe im Sinne des § 1 Abs. 2 S. 1 KSchG bedingt sei. Die von der Beklagten vorgetragenen Tatsachen rechtfertigten nicht den Schluss, es lägen „verhaltensbedingte Kündigungsgründe" vor. Eine Kündigung aus Gründen im Verhalten des Arbeitnehmers i.S.v. § 1 Abs. 2 KSchG sei sozial gerechtfertigt, wenn der Arbeitnehmer mit dem ihm vorgeworfenen Verhalten eine Vertragspflicht – in der Regel schuldhaft – erheblich verletzt, das Arbeitsverhältnis konkret beeinträchtigt wird, eine zumutbare Möglichkeit anderer Beschäftigung nicht besteht und die Lösung des Arbeitsverhältnisses in Abwägung der Interessen beider Vertragsteile billigenswert und angemessen erscheint. Auch die schwerwiegende Verletzung von vertraglichen Nebenpflichten, wie im konkreten Fall, könne einen verhaltensbedingten Kündigungsgrund darstellen und den Arbeitgeber im Einzelfall sogar zur außerordentlichen Kündigung berechtigen. Für eine verhaltensbedingte Kündigung gelte das Prognoseprinzip. Der Zweck der Kündigung sei nicht eine Sanktion für eine begangene Vertragspflichtverletzung, sondern die Vermeidung des Risikos weiterer erheblicher Pflichtverletzungen. Die vergangene Pflichtverletzung müsse sich deshalb noch für die Zukunft belastend auswirken. Eine negative Prognose liege vor, wenn aus der konkreten Vertragspflichtverletzung und der daraus resultierenden Vertragsstörung geschlossen werden kann, der Arbeitnehmer werde auch zukünftig den Arbeitsvertrag nach einer Kündigungsandrohung erneut in gleicher oder ähnlicher Weise verletzen. Deshalb setze eine Kündigung wegen einer Vertragspflichtverletzung regelmäßig eine vorausgegangene **einschlägige Abmahnung** voraus. Diese diene der Objektivierung der negativen Prognose. Liege eine ordnungsgemäße Abmahnung vor und verletze der Arbeitnehmer erneut seine vertraglichen Pflichten, könne regelmäßig davon ausgegangen werden, es werde auch zukünftig zu weiteren Vertragsstörungen kommen. Außerdem sei die Abmahnung als milderes Mittel in Anwendung des Verhältnismäßigkeitsgrundsatzes einer Kündigung vorzuziehen, wenn durch ihren Ausspruch das Ziel – ordnungsgemäße Vertragserfüllung – erreicht werden kann. Allerdings könne eine Abmahnung bei schweren Pflichtverletzungen entbehrlich sein. Bei einer schweren Pflichtverletzung sei nämlich regelmäßig dem Arbeitnehmer die Rechtswidrigkeit seines Handelns ohne Weiteres genauso erkennbar, wie der Umstand, dass eine Hinnahme des Verhaltens durch den Arbeitgeber offensichtlich ausgeschlossen ist. Ein solcher Fall lag jedoch nicht vor. Zum einen handelte es sich um eine vertragliche Nebenpflicht. Das Arbeitsverhältnis als Austauschverhältnis war nicht beeinträchtigt.

Fall 10: Verhaltensbedingte Kündigung

Sachverhalt: A – in dessen Betrieb 50 Arbeitnehmer tätig sind – rügt zum wiederholten Male die Arbeitsleistung seines seit drei Jahren beschäftigten Arbeitnehmers N mit folgenden Worten: „Wenn sich in absehbarer Zeit Ihre Arbeitsleistungen nicht deutlich verbessern, werden wir uns von Ihnen trennen müssen!" Nach Auffassung von A kam es in der Folgezeit zu einer wiederholten Schlechtleistung durch N, woraufhin A – nach Anhörung des Betriebsrats – dem N ordentlich kündigte.

Hat die von N erhobene Kündigungsschutzklage Aussicht auf Erfolg?

Lösung:
Fraglich ist, ob die arbeitgeberseitige Kündigung wirksam ist.

Eine ordnungsgemäße Kündigungserklärung durch A liegt vor.

Da der Betriebsrat ordnungsgemäß angehört worden ist, scheidet eine Unwirksamkeit der Kündigung nach § 102 Abs. 2 S. 3 BetrVG wegen fehlender bzw. fehlerhafter Anhörung aus.

Da auf das Arbeitsverhältnis des N das Kündigungsschutzgesetz gem. §§ 1, 23 Abs. 1 S. 2 KSchG in persönlicher als auch betrieblicher Hinsicht Anwendung findet, ist die ordentliche Kündigung unwirksam, wenn sie nicht gemäß § 1 Abs. 1 KSchG sozial gerechtfertigt ist. Da A die Kündigung auf Schlechtleistung stützt, kann die Kündigung nur durch verhaltensbedingte Gründe im Sinne des § 1 Abs. 2 KSchG sozial gerechtfertigt sein.

Die verhaltensbedingte Kündigung im Sinne des § 1 Abs. 2 KSchG setzt zunächst ein vertragswidriges Verhalten des Arbeitnehmers voraus. Es müssen vertragliche oder zumindest Nebenpflichten verletzt worden sein, wobei hier ein schuldhaftes Verhalten des Arbeitnehmers erforderlich ist.

Schlechtleistung durch den Arbeitnehmer stellt grundsätzlich eine schuldhafte Vertragspflichtverletzung dar (Störung des Arbeitsverhältnisses im Leistungsbereich) und ist daher an sich geeignet, eine verhaltensbedingte Kündigung im Sinne des § 1 Abs. 2 KSchG zu rechtfertigen (BAG DB 1983, 180).

Beruht die Schlechtleistung beispielsweise auf zunehmendem Alter, so kommt eine Kündigung grundsätzlich nicht in Betracht. Auch wird die Kündigung nicht schon bei geringfügigen Abweichungen von einer betrieblichen „Normalleistung" in Betracht kommen, da das Leistungsniveau individuell verschieden ist (so BAG a. a. O.).

Danach kann die Schlechtleistung des N grundsätzlich einen verhaltensbedingten Kündigungsgrund abgeben. Im Einzelfall ist die ausgesprochene verhaltensbedingte Kündigung gleichwohl nur dann wirksam, wenn sie einer Interessenabwägung unter Berücksichtigung des Verhältnismäßigkeitsgrundsatzes stand hält (sog. **ultima-ratio-Prinzip im Kündigungsschutzrecht**).

Gerade im Bereich der Schlechtleistung erlangt die Abmahnung ihre Bedeutung. Ohne eine vorab erfolgte Abmahnung kann eine Kündigung wegen unzureichender Arbeitsleistung grundsätzlich nicht ausgesprochen werden (LAG Hamm, DB 1983, 1930).

Gerade bei Störungen im Leistungsbereich ist die Kündigung grundsätzlich aufgrund des Verhältnismäßigkeitsprinzips nur dann wirksam, wenn diese Störung nach einer einschlägigen Abmahnung aufgetreten ist.

Die Abmahnung ist in diesem Zusammenhang als Vorstufe zu einer Kündigung entwickelt worden. Die Erforderlichkeit der Abmahnung wird mit dem Rechtsgedanken des § 314 Abs. 2 i.V.m. § 323 Abs. 2 BGB bzw. dem Verhältnismäßigkeitsgrundsatz begründet (BAG NZA 1985, 124).

Die Abmahnung hat zum einen den Sinn, dem Arbeitnehmer N seinen Vertragsverstoß deutlich vor Augen zu führen (**Beanstandungsfunktion**) und ihm darüber hinaus aufzuzeigen, dass er im Wiederholungsfalle mit arbeitsrechtlichen Konsequenzen, insbesondere mit einer Kündigung des Arbeitsverhältnisses rechnen muss (**Warnfunktion**).

Da A vor der Kündigung keine Abmahnung ausgesprochen hat, hält die Kündigung einer Interessenabwägung unter Berücksichtigung des Verhältnismäßigkeitsprinzips nicht stand.

Als **Ergebnis** ist daher festzuhalten, dass die Kündigung nicht durch verhaltensbedingte Gründe im Sinne des § 1 Abs. 2 KSchG gerechtfertigt und damit gemäß § 1 Abs. 1 KSchG unwirksam ist. Um die Unwirksamkeit geltend machen (vergleiche § 7 KSchG), muss N innerhalb von drei Wochen nach Zugang der Kündigung Klage beim Arbeitsgericht erheben.

ee) Betriebsbedingte Kündigung

Eine Kündigung ist auch sozial gerechtfertigt, wenn sie durch „dringende inner- wie außerbetriebliche Gründe" bedingt ist, die einer Weiterbeschäftigung des Arbeitnehmers im Betrieb entgegenstehen. Als Gründe für eine betriebsbedingte Kündigung kommen beispielhaft in Betracht: Betriebsschließungen, Betriebseinschränkungen oder Betriebsumstellungen, Rationalisierungsmaßnahmen, Auftragsmangel oder Umsatzrückgang. Diese betrieblich bedingten Gründe müssen „dringend" sein. Dies ist nur dann der Fall, wenn die Kündigung des Arbeitnehmers im Interesse des Unternehmens tatsächlich erforderlich ist. Eine solche Konstellation ist allein dann gegeben, wenn die Gründe „einer Weiterbeschäftigung des Arbeitnehmers in diesem Betrieb entgegenstehen" (so § 1 Abs. 2 S. 1 KSchG), mithin wenn für den speziell in Rede stehenden Arbeitnehmer kein anderer zumutbarer und vakanter Arbeitsplatz (im Unternehmensbereich) zur Verfügung steht, die Entlassung also nicht durch anders geartete technische, organisatorische oder wirtschaftliche Maßnahmen abgewendet werden kann. Auch hier ist der ultima-ratio-Grundsatz zu beachten: Der Arbeitgeber muss, soweit zumutbar, versuchen, die Kündigung durch andere Maßnahmen (technischer, organisatorischer oder wirtschaftlicher Art) zu vermeiden (etwa durch Umsetzung auf einen anderen Arbeitsplatz mit ggf. auch schlechteren Arbeitskonditionen [Vorrang der Änderungskündigung nach § 2 KSchG], Überstundenabbau, Einführung von Kurzarbeit usw.).

Betriebsbedingte Gründe basieren zumeist auf einer freien unternehmerischen Entscheidung, die einer gerichtlichen Überprüfung nur beschränkt (nämlich bei reiner Willkür, Rechtsmissbrauch, offensichtlich unsachlichen oder unvernünftigen Erwägungen des Arbeitgebers, nicht hingegen bei Unzweckmäßigkeit oder fehlender Notwendigkeit) zugänglich sind. Gleichwohl bedarf es im Falle betriebsbedingter Kündigungen bei der Auswahl des zu kündigenden einzelnen Arbeitnehmers einer besonderen Prüfung anhand der Regelung des § 1 Abs. 3 KSchG (Sozialauswahl): Eine aus dringenden betrieblichen Erfordernissen ausgesprochene Kündigung kann nämlich gleichwohl sozial ungerechtfertigt sein, wenn der Arbeitgeber bei der Auswahl des zu kündigenden Arbeitnehmers soziale Gründe – wie die Dauer der Betriebszugehörigkeit, das Lebensalter (kritisch wegen ggf. bestehendem Verstoß gegen die EG-AntidiskriminierungsRL, umgesetzt im AGG) und die Unterhaltspflichten – nicht oder nicht ausreichend berücksichtigt hat. Der Arbeitgeber hat nach § 1 Abs. 3 S. 1 HS. 1 KSchG bei mehreren vergleichbaren Arbeitnehmern anhand der genannten Kriterien im Rahmen einer Sozialauswahl zu entscheiden, wem von ihnen gekündigt werden soll. Die Entscheidung hat sich daran zu orientieren, wen unter den funktional austauschbar Beschäftigten eines Betriebs die auszusprechende Kündigung (relativ betrachtet) am wenigsten stark belastet. Die Entscheidung des Arbeitgebers hat sich im Rahmen der Sozialauswahl dabei an folgenden Punkten zu orientieren:

- Welche Arbeitnehmer sind – weil ihre Tätigkeit horizontal vergleichbar ist – (überhaupt) in die Sozialauswahl mit einzubeziehen?
- Welche Kriterien lassen jeden Einzelnen von ihnen als sozial schutzwürdig erscheinen?
- Liegen bei einigen dieser Arbeitnehmer ggf. Gründe i.S.d. § 1 Abs. 3 S. 2 KSchG vor, die mit zu berücksichtigen sind? In die soziale Auswahl sind nämlich solche Arbeitnehmer nicht mit einzubeziehen, deren Weiterbeschäftigung insbesondere wegen ihrer Kenntnisse, Fähigkeiten und Leistungen oder zur Sicherung einer ausgewogenen Personalstruktur des Betriebs im berechtigten betrieblichen Interesse liegt, mithin bei Nichtberücksichtigung dieses Aspekts eine betriebliche Zwangslage eintreten würde.

Dabei ist eine Auswahlentscheidung zu treffen, die dem Arbeitgeber einen Beurteilungsspielraum einräumt. Die Sozialauswahl darf der Arbeitgeber nicht schematisch, sondern nur anhand einer individuellen Einzelfallprüfung vornehmen. Sie kann vom Arbeitsgericht weitestgehend überprüft werden und ist an arbeitsplatzbezogenen Merkmalen zu orientieren. Die Gesichtspunkte des zu kündigenden Arbeitnehmers müssen in Vergleich gesetzt werden mit denen anderer Arbeitnehmer desselben Betriebs. Auf Verlangen des Arbeitnehmers hat der Arbeitgeber nach § 1 Abs. 3 S. 1 HS. 2 KSchG ersterem die Gründe anzugeben, die zu der von ihm getroffenen Sozialauswahl geführt haben.

Wichtige Judikatur (bitte lesen):

Betriebsbedingte Kündigung eines Orchestermusikers wegen Verkleinerung des Orchesters (BAG, Urteil v. 27.1.2011):
Kündigt der Arbeitgeber einem Orchestermusiker wegen Verkleinerung des Orchesters (aufgrund der Kürzung der staatlichen Zuwendungen), so sei diese Entscheidung nicht auf ihre künstlerische Zweckmäßigkeit hin überprüfbar: Die Verkleinerung des Orchesters erfolge aus nachvollziehbaren wirtschaftlichen Erwägungen. Ob sie – an musikalischen Maßstäben gemessen – richtig seien, könne vom Arbeitsgericht nicht beurteilt werden. Jedenfalls sei sie nicht missbräuchlich und zielte auch nicht darauf, einzelne, etwa unliebsame, Musiker aus dem Arbeitsverhältnis zu drängen. Ein Unterbleiben der Beteiligung des Orchestervorstands führe nach dem Tarifvertrag nicht zur Unwirksamkeit der Kündigung.

Fall 11: Betriebsbedingte Kündigung

Sachverhalt: Der 42jährige, verheiratete und gegenüber drei Kindern unterhaltspflichtige A ist seit 20 Jahren als Schweißer im Betrieb des B beschäftigt. Aufgrund eines erheblichen Auftragsrückgangs als auch der Einführung neuer Verarbeitungstechnologien kündigt B nach ordnungsgemäßer Anhörung des Betriebsrates am 20.11. unter anderem auch dem A ordentlich. Zur Begründung macht B ferner geltend, dass eine anderweitige Beschäftigungsmöglichkeit für A nicht bestehe. A erhob fristgerecht Kündigungsschutzklage. In der mündlichen Verhandlung erklärt A, die Kündigung sei rechtswidrig, weil die neuen Verarbeitungstechnologien die behauptete Kostenersparnis nicht erbracht haben. Darüber hinaus ist er der Ansicht, dass die Kündigung zunächst dem ebenfalls von der Rationalisierung betroffenen 30jährigen und ledigen Schweißer S gegenüber hätte ausgesprochen werden müssen. B erwidert daraufhin, er habe sich vor dem Hintergrund einer Verkürzung der Lebensarbeitszeit für eine Kündigung des A entschieden.

Ist die Kündigungsschutzklage des A begründet?

Lösung:

Die Kündigungsschutzklage des A ist begründet, wenn die von B ausgesprochene Kündigung unwirksam ist. Der Ausspruch der Kündigung am 20.11. stellt eine ordnungsgemäße Kündigungserklärung dar.

Da eine ordnungsgemäße Betriebsratsanhörung durchgeführt wurde, kommt eine Unwirksamkeit der Kündigung nach § 102 Abs. 1 S. 3 BetrVG nicht in Betracht.

Da A seit mehr als sechs Monate im Betrieb des B, in dem regelmäßig mehr als zehn Arbeitnehmer tätig sind, beschäftigt ist, findet das Kündigungsschutzgesetz auf die ausgesprochene Kündigung gemäß § 1 Abs. 1, 23 Abs. 1 S. 2 in persönlicher wie sachlicher Hinsicht Anwendung. Nach § 1 Abs. 1 KSchG ist eine sozial ungerechtfertigte Kündigung unwirksam. § 1 Abs. 2 KSchG konkretisiert den Begriff der sozialen Rechtfertigung. Eine soziale Rechtfertigung liegt vor, wenn die Kündigung aus personen-, verhaltens- oder betriebsbedingten Gründen erfolgt.

Hier könnte die Kündigung durch dringende betriebliche Erfordernisse, die einer Weiterbeschäftigung des A entgegenstanden, bedingt sein (§ 1 Abs. 2 KSchG – sog. betriebsbedingte Kündigung).

Voraussetzung für eine betriebsbedingte Kündigung ist zunächst, dass außerbetriebliche (z.B. Auftragsmangel oder Umsatzrückgang) oder innerbetriebliche Umstände (Rationalisierungsmaßnahmen, Umstellungen oder Einschränkungen der Produktion) den Wegfall eines oder mehrerer Arbeitsplätze zur Folge haben und für den Arbeitnehmer keine anderweitige Beschäftigungsmöglichkeit in demselben Betrieb oder einem anderen Betrieb desselben Unternehmens besteht (BAG NZA 1996, 524).

Vorliegend sind dringende betriebliche Erfordernisse gegeben, da durch den Einsatz der neuen Verfahrenstechniken der Arbeitsplatz des A ersatzlos weggefallen ist und auch andere Beschäftigungsmöglichkeiten nicht bestehen. Der Einwand des A, die erhoffte Kostenersparnis sei nicht eingetreten, ist unbeachtlich, weil es sich dabei um eine sog. Unternehmensentscheidung handelt. Dem Kündigungsschutzgesetz kann angesichts der verfassungsrechtlich gewährten Unternehmerfreiheit nicht der Zweck zugemessen werden, die Entscheidungen, die der Unternehmer im Rahmen der Unternehmensführung trifft, einer Nachprüfung durch die Arbeitsgerichte auf ihre Zweckmäßigkeit hin zu unterziehen (dazu Preis, NZA, 1995, 241). Ein dringendes betriebliches Erfordernis für die Kündigung des Arbeitnehmers ist dann abzulehnen, wenn die unternehmerische Entscheidung, insbesondere eine Rationalisierungsmaßnahme durchzuführen, als offenbar unsachlich, unvernünftig oder willkürlich betrachtet werden muss (BAG DB 1987, 2207).

Anhaltspunkte hierfür liegen nicht vor, so dass die Kündigung durch betriebsbedingte Gründe im Sinne des § 1 Abs. 2 KSchG sozial gerechtfertigt ist.

Wird einem Arbeitnehmer aus dringenden betrieblichen Erfordernissen im Sinne von § 1 Abs. 2 KSchG gekündigt, so ist die Kündigung dennoch sozial ungerechtfertigt, wenn der Arbeitgeber bei der Auswahl des Arbeitnehmers soziale Gesichtspunkte nicht oder nicht ausreichend berücksichtigt hat (§ 1 Abs. 3 KSchG). Die nach dieser Vorschrift vorzunehmende soziale Auswahl hat funktional die Aufgabe einer personellen Konkretisierung des dringenden betrieblichen Erfordernisses. Als Kriterien für die soziale Auswahl sind insbesondere zu berücksichtigen: die Dauer der Betriebszugehörigkeit, das Lebensalter (kritisch nach Inkrafttreten des AGG), der Familienstand, gesetzliche Unterhaltspflichten, der Gesundheitszustand des Arbeitnehmers oder eines Familienangehörigen sowie persönliche fachliche Qualifikationen (BAG NJW 1984, 78).

Hier sind A und S miteinander vergleichbar, weil beide die gleiche Tätigkeit verrichtet haben. S ist wesentlich jünger als A und hat darüber hinaus keinerlei Unterhaltsverpflichtungen. Unter Berücksichtigung dieser Kriterien durfte B die Kündigung nicht dem A gegenüber aussprechen, weil dieser aufgrund seiner wesentlich längeren Betriebszugehörigkeit und der bestehenden Unterhaltsverpflichtungen schutzwürdiger war. Die Kündigung des A war daher wegen fehlerhafter sozialer Auswahl gem. § 1 Abs. 3 KSchG sozial ungerechtfertigt und damit nach § 1 Abs. 1 KSchG unwirksam.

Die Kündigungsschutzklage des A ist folglich begründet.

ff) Abfindungsanspruch bei betriebsbedingter Kündigung nach § 1a KSchG

Kündigt der Arbeitgeber wegen dringender betrieblicher Erfordernisse nach § 1 Abs. 2 S. 1 KSchG und erhebt der Arbeitnehmer bis zum Ablauf der Frist des § 4 S. 1 KSchG keine Kündigungsschutzklage (in Gestalt einer Feststellungsklage, dass das Arbeitsverhältnis durch die Kündigung nicht beendet worden ist), hat der Arbeitnehmer mit dem Ablauf der Kündigungsfrist einen Abfindungsanspruch, wenn der Arbeitgeber in der Kündigungserklärung darauf hingewiesen hat, dass die Kündigung auf dringende betriebliche Erfordernisse gestützt ist und der Arbeitnehmer bei Verstreichenlassen der Klagefrist die Abfindung beanspruchen kann (so § 1a KSchG).

g) Die Notwendigkeit, Kündigungsschutzklage zu erheben

Die vor den Arbeitsgerichten zu erhebende Kündigungsschutzklage – deren Zuständigkeit aus § 2 Abs. 1 Nr. 3b ArbGG folgt – ist Feststellungsklage (§ 256 ZPO) mit dem Antrag, festzustellen, dass das Arbeitsverhältnis durch eine ordentliche Kündigung nicht aufgelöst worden ist, sondern über den Beendigungstermin hinaus fortbesteht. Das dafür notwendige Feststellungsinteresse (§§ 46 Abs. 2 ArbGG, 256 ZPO) ist stets wegen der ansonsten drohenden Präklusion nach § 7 KSchG anzunehmen.

Der Arbeitnehmer kann die Wirksamkeit einer vom Arbeitgeber ausgesprochenen Kündigung im Urteilsverfahren vom Arbeitsgericht überprüfen lassen (§ 2 Abs. 2 Nr. 3 b ArbGG). Will der Arbeitnehmer bei einer ordentlichen Kündigung geltend machen, dass die Kündigung sozial ungerechtfertigt i.S.d. § 1 Abs. 2 KSchG ist, so muss er gemäß § 4 S. 1 KSchG innerhalb von drei Wochen nach Zugang der Kündigung Klage beim Arbeitsgericht auf Feststellung erheben, dass das Arbeitsverhältnis durch die Kündigung nicht aufgelöst worden ist. Wird die Rechtsunwirksamkeit einer sozial ungerechtfertigten Kündigung nicht rechtzeitig geltend gemacht, so gilt nach § 7 KSchG die Kündigung (wenn sie nicht aus anderen Gründen bereits rechtsunwirksam ist – § 13 Abs. 3 KSchG) als von Anfang an wirksam (gesetzliche Fiktion). Die Unwirksamkeit einer Kündigung kann dann nicht mehr mit ihrer Sozialwidrigkeit i.S. von § 1 Abs. 2 KSchG begründet werden. Ist die Kündigung hingegen aus anderen als den in § 1 Abs. 2 und 3 KSchG genannten Gründen unwirksam – etwa wegen fehlender Beteiligung des Betriebsrats nach § 102 BetrVG –, muss der Arbeitnehmer die Drei-Wochen-Frist des § 4 S. 1 KSchG nach § 13 Abs. 3 KSchG nicht einhalten. Im Fall einer Fristversäumung durch den Arbeitnehmer (etwa wegen krankheits- bzw. urlaubsbedingter Abwesenheit) besteht nach § 5 Abs. 1 KSchG die Möglichkeit der Zulassung einer verspäteten Klage. Gibt das Arbeitsgericht der Kündigungsschutzklage des Arbeitnehmers statt, stellt es fest, dass das Arbeitsverhältnis durch die Kündigung nicht beendet worden ist. Für diesen Fall befand sich der Arbeitgeber, wenn er den gekündigten Arbeitnehmer nicht weiter beschäftigt hatte, im Annahmeverzug (§§ 293 ff. BGB) – er sieht sich einem Lohnfortzahlungsanspruch des Arbeitnehmers nach § 615 S. 1 BGB ausgesetzt. Bei seiner Entscheidung hat das Arbeitsgericht die Tatsachen- und Rechtslage im Hinblick auf die soziale Rechtfertigung im Zeitpunkt des Zugangs der Kündigungserklärung zugrunde zu legen. Dies bedeutet, dass der Arbeitgeber beispielsweise nicht unbeschränkt Kündigungsgründe nachschieben kann. Ein Nachschieben von Kündigungsgründen ist nur statthaft, sofern diese bereits bei Ausspruch der Kündigung vorlagen und weder verfristet (etwa nach § 626 Abs. 2 BGB) noch im Nachgang zum Kündigungsausspruch überhaupt erst bekannt geworden sind. Im Übrigen sind – bei bestehendem Betriebsrat – dessen Beteiligungsrechte zu berücksichtigen: Hat der Arbeitgeber ihm selbst bekannte Kündigungsgründe bei der Anhörung des Betriebsrats nach § 102 BetrVG diesem nicht mitgeteilt, können sie auch im Kündigungsschutzprozess nicht nachgeschoben werden, selbst wenn der Betriebsrat der Kündigung (nachträglich) zugestimmt hat (Mangel der Beratungsgrundlage des Betriebsrats). Eine nachträgliche Anhörung des Betriebsrats wegen dieser Gründe scheidet aus. War dem Arbeitgeber hingegen ein – jetzt nachgeschobener – Kündigungsgrund im Zeitpunkt des Ausspruchs der Kündigung (noch) nicht bekannt, so schließt dies ein Nachschieben nicht grundsätzlich aus.

h) Besonderheit: Auflösungsurteil nach § 9 KSchG (Abfindung)

Stellt das Arbeitsgericht im Zuge der Kündigungsschutzklage fest, dass das Arbeitsverhältnis durch die ordentliche Kündigung nicht aufgelöst worden ist (allein weil die Kündigung nicht im Sinne des § 1 Abs. 2 KSchG sozial gerechtfertigt war [nicht aber aus sonstigen Gründen – etwa wegen einer unterlassenen Betriebsratsanhörung nach § 102 BetrVG]), so kann das Arbeitsgericht nach § 9 Abs. 1 KSchG auf Antrag des Arbeitnehmers oder des Arbeitgebers das Arbeitsverhältnis durch Gestaltungsurteil auflösen und den Arbeitgeber zur Zahlung einer angemessenen Abfindung verurteilen. Auflösungsgrund für den Arbeitnehmer ist, dass ihm die Fortsetzung des Arbeitsverhältnisses (mithin die weitere Zusammenarbeit mit dem Arbeitgeber auf unbestimmte Zeit) nicht zuzumuten ist (§ 9 Abs. 1 S. 1 KSchG), für den

Arbeitgeber, dass Gründe vorliegen, die eine weitere betriebsdienliche Zusammenarbeit mit dem Arbeitnehmer nicht erwarten lassen (§ 9 Abs. 1 S. 2 KSchG). Im Hinblick auf die Höhe der Abfindung gilt § 10 KSchG. Danach ist als Abfindung ein Betrag von bis zu zwölf Monatsverdiensten festzusetzen. Als Monatsverdienst gilt, was der Arbeitnehmer bei der für ihn maßgebenden regelmäßigen Arbeitszeit in dem Monat, in dem das Arbeitsverhältnis im Sinne des § 9 Abs. 2 KSchG endet, an Geld und Sachbezügen zusteht. In der Praxis wird etwa ein halber Bruttomonatsverdienst je Beschäftigungsjahr festgesetzt.

i)   Insbesondere: Verzicht auf den Kündigungsschutz und Ausgleichsquittung

Die Kündigungsschutzvorschriften haben im Arbeitnehmerschutzinteresse zwingenden Charakter. Der Arbeitnehmer kann also auf sie nicht im Voraus verzichten. Etwas anderes gilt nach Ausspruch der Kündigung, da es dem Arbeitnehmer freisteht, ob er die Kündigung akzeptiert oder Kündigungsschutzklage erhebt. Insoweit besteht auch die Möglichkeit, durch eine entsprechende, aber ausdrückliche Erklärung in einer sog. Ausgleichsquittung – die regelmäßig eine Erklärung des Arbeitnehmers beinhaltet, dass keine Ansprüche aus dem Arbeitsverhältnis sowie solche im Zusammenhang mit seiner Beendigung gegen den Arbeitgeber mehr bestehen – den Verzicht auf die Erhebung einer Kündigungsschutzklage zu erklären.

Prüfungsschema (ordentliche Kündigung)

1. Zulässigkeit der Kündigungsschutzklage:

    a) Zuständigkeit des Arbeitsgerichts nach § 2 Abs. 1 S. 3b ArbGG (bürgerliche Rechtsstreitigkeit zwischen Arbeitnehmer und Arbeitgeber über das Bestehen oder Nichtbestehen eines Arbeitsverhältnisses).

    b) Feststellungsinteresse gemäß § 4 S. 1 KSchG: Will der Arbeitnehmer geltend machen, dass eine Kündigung „sozial ungerechtfertigt" oder aus anderen Gründen rechtsunwirksam ist, muss er innerhalb von drei Wochen nach Zugang der schriftlichen Kündigung Klage beim Arbeitsgericht auf Feststellung erheben, dass das Arbeitsverhältnis durch die Kündigung nicht aufgelöst ist (Feststellungsklage i.S.v. § 256 ZPO).

2. Begründetheit der Kündigungsschutzklage: Die Kündigungsschutzklage ist begründet, wenn die vom Arbeitgeber ausgesprochene Kündigung unwirksam ist.

    a) Wirksam begründeter Arbeitsvertrag.

    b) Ordnungsgemäßheit der Kündigungserklärung des Arbeitgebers (wirksam abgegeben und dem Arbeitnehmer zugegangen) – beachte: Schriftformerfordernis der Kündigung (§ 623 i.V.m. § 126 BGB).

    c) Kündigungserklärung ist nicht selbst nichtig, weil unwirksam (bspw. nach § 134, § 138 oder § 612a BGB – Maßregelungsverbot).

    d) Einhaltung der Kündigungsfrist (§ 622 BGB).

    e) Angabe des Kündigungsgrundes durch den Arbeitgeber ist keine Wirksamkeitsvoraussetzung.

    f) **Besonderer Kündigungsschutz** für bestimmte Personengruppen:

        i.   Schwangere und Personen im Erziehungsurlaub (§ 9 MuSchG, § 18 BEEG).

ii. Schwerbehinderte (§§ 85 bis 90 SGB IX).

iii. Angehörige der Personalvertretung (§ 15 KSchG).

g) **Allgemeiner Kündigungsschutz** nach dem KSchG:

  i. Anwendbarkeit des KSchG (§§ 1 Abs. 1, 14, 23 Abs. 1 S. 2 KSchG).

    1. Geltungsbereich des KSchG (maßgeblicher Zeitpunkt: Zugang der Kündigung)

      a) Sachlicher Geltungsbereich: Differenzierung zwischen Arbeitnehmern, die nach dem 31.12.2003 eingestellt wurden (mehr als 10 Arbeitnehmer) und „Alt-Arbeitnehmern" (vorher: mehr als 5 Arbeitnehmer) – § 23 Abs. 1 KSchG.

      b) Persönlicher Geltungsbereich: Arbeitnehmer ist länger als sechs Monate in diesem Betrieb beschäftigt (§ 1 Abs. 1 KSchG) und kein leitender Angestellter i.S.v. § 14 KSchG (Wartefrist).

  ii. Fristgerechte Erhebung der Kündigungsschutzklage (§§ 4 S. 1 KSchG = drei Wochen-Frist) bzw. deren nachträgliche Zulassung (§ 5 KSchG) – sonst: materielle Präklusion = wird die Rechtsunwirksamkeit einer Kündigung nicht rechtzeitig geltend gemacht, so gilt (gesetzliche Fiktion) die Kündigung als von Anfang an als wirksam (= Heilung einer eventuellen Sozialwidrigkeit).

  iii. Soziale Rechtfertigung der Kündigung (§ 1 Abs. 1 und 2 KSchG):

    1. **Verhaltensbedingte Kündigung** (= Arbeitnehmer verstößt gegen arbeitsvertragliche Haupt- oder Nebenpflichten [§ 241 Abs. 2 BGB]).

      a) Schuldhaftes Verhalten des Arbeitnehmers (ggf. Abgrenzungsnotwendigkeit zur personenbedingten Kündigung).

      b) Negative Zukunftsprognose.

      c) Weiterbeschäftigungsmöglichkeit an einem anderen Arbeitsplatz?

      d) Notwendigkeit einer vorausgegangenen Abmahnung (arg.: Kündigung als ultima ratio) bzw. Entbehrlichkeit einer Abmahnung (wenn der Arbeitnehmer mit einer Billigung seines Verhaltens durch den Arbeitgeber nicht rechnen durfte und eine der Kündigung vorausgehende Abmahnung für den Arbeitgeber unzumutbar ist).

      e) Abwägung von Arbeitgeber- und Arbeitnehmerinteresse: Ist das Arbeitnehmerverhalten geeignet, einen verständigen Arbeitgeber zur Kündigung zu veranlassen?

      f) Beachte: ggf. kann – wegen der Schwere des schuldhaften Arbeitnehmerverhaltens – auch eine (verhaltensbedingte) außerordentliche Kündigung nach § 626 Abs. 1 BGB in Betracht kommen.

    2. **Personenbedingte Kündigung** (bspw. fehlende körperliche, geistige oder charakterliche Eignung des Arbeitnehmers) – Bsp.: **krankheitsbedingte Kündigung:**

      a) Negative Gesundheitsprognose (wegen erheblicher Fehlzeiten, wobei auch prognostisch für die Zukunft mit entsprechenden Erkrankungen –

langandauernde Krankheit, häufige Kurzerkrankungen, krankeitsbe-
dingte Minderung der Leistungsfähigkeit – zu rechnen ist).

b) Erhebliche Beeinträchtigung der Interessen des Betriebs (= Störungen des Betriebsablaufs oder erhebliche wirtschaftliche Belastungen
des Unternehmens).

c) Abwägung der betrieblichen mit den Arbeitnehmerinteressen am
Maßstab eines sozial denkenden und verständigen Arbeitgebers (Unzumutbarkeit einer Weiterbeschäftigung).

3. **Betriebsbedingte Kündigung** (mit Sozialauswahl nach § 1 Abs. 3
KSchG) mit dem Ziel des Arbeitsplatzabbaus.

a) Interne bzw. externe Effekte machen einen Arbeitsplatzabbau notwendig.

b) Kündigung als ultima ratio – daher: steht ein milderes Mittel zur
Verfügung?

  i.   Weiterbeschäftigung auf einem anderen Arbeitsplatz im Unter-
       nehmen.

  ii. Ggf. auch zu schlechteren Konditionen – dann: Änderungskün-
       digung nach § 2 KSchG.

c) Soziale Härtefälle?

d) Sozialauswahl:

  i.   Gruppenbildung („funktional austauschbarer Arbeitnehmer").

  ii. Welcher Arbeitnehmer in dieser Gruppe wird von einer Kündi-
       gung (relativ) am wenigsten hart betroffen? Auswahlkriterien:

       1. Dauer der Betriebszugehörigkeit.

       2. Lebensalter (Problem: § 7 i.V.m. § 1 AGG – Privilegierung
          älterer Arbeitnehmer ist ggf. zugleich eine Benachteiligung
          jüngerer Arbeitnehmer).

       3. Unterhaltspflichten.

  iii. In die Sozialauswahl werden solche Arbeitnehmer nicht mit ein-
       bezogen, deren Weiterbeschäftigung im berechtigten betrieblichen
       Interesse liegt – bspw. wegen ihrer Kenntnisse, Fähigkeiten, Leis-
       tungen bzw. zur Sicherung einer ausgewogenen Personalstruktur.

3. Beteiligung des Betriebsrats (§ 102 BetrVG).

Rechtsprechungsbeispiele:

• Nach BAG (NJW 2003, 1685) rechtfertigt das **Tragen eines (islamischen) Kopftuchs**
allein regelmäßig noch nicht die ordentliche Kündigung einer Verkäuferin in einem
Kaufhaus aus personen- oder verhaltensbedingten Gründen nach § 1 Abs. 2 KSchG.

• Bei einer Kündigung wegen **Alkoholmissbrauchs** ist zu klären, ob eine verhaltens- oder
eine personenbedingte (Alkoholabhängigkeit als Krankheit im medizinischen Sinne)

Kündigung vorliegt – wobei für letztere der strengere Maßstab einer krankheitsbedingten Kündigung zur Anwendung gelangt (BAG AP KSchG 1969 § 1 – verhaltensbedingte Kündigung Nr. 34).

- Eine **beharrliche Arbeitsverweigerung** im Hinblick auf eine rechtmäßige und vertraglich geschuldete Arbeit berechtigt den Arbeitgeber zu einer außerordentlichen verhaltensbedingten Kündigung i.S. von § 626 Abs. 1 BGB (unter 3.2.6 – so BAG DB 2001, 2094).

- Der eigenmächtige Urlaubsantritt bzw. eine entsprechende Urlaubsverlängerung (sog. **Selbstbeurlaubung**) kann grundsätzlich – auch ohne vorherige Abmahnung – eine verhaltensbedingte Kündigung bzw. im gegebenen Fall sogar eine außerordentliche Kündigung nach § 626 Abs. 1 BGB (unter 3.2.6) rechtfertigen (BAG AP BGB § 626 Nr. 115).

- Bei **Arbeitsunfähigkeit** kann eine personenbedingte Kündigung aus krankheitsbedingten Gründen in Betracht kommen.

- **Ausländerfeindliches Verhalten** begründet (auch ohne vorherige Abmahnung) eine verhaltensbedingte Kündigung (BAG v. 5.11.1992) – ggf. kommt auch eine außerordentliche Kündigung nach § 626 Abs. 1 BGB (unter 3.2.6) in Betracht.

- Ein **außerdienstliches Verhalten** kann eine verhaltensbedingte Kündigung rechtfertigen, wenn damit eine konkrete Gefährdung des Arbeitsverhältnisses einhergeht (BAG NZA-RR 2009, 362).

- Die **Beleidigung** des Arbeitgebers kann eine verhaltensbedingte außerordentliche Kündigung des Arbeitgebers nach § 626 Abs. 1 BGB (unter 3.2.6) rechtfertigen (BAG NZA 2010, 698).

- **Straf- oder Untersuchungshaft** des Arbeitnehmers können eine personenbedingte Kündigung rechtfertigen (BAG NJW 2011, 686).

- Eine private **Internetnutzung bzw. umfängliches Telefonieren während der Arbeitszeit** können – nach entsprechender Abmahnung – eine verhaltensbedingte Kündigung des Arbeitnehmers rechtfertigen (LAG Niedersachsen, BB 1998, 1112).

- Die **Teilnahme an einem rechtmäßigen Streik** rechtfertigt keine verhaltensbedingte Kündigung (BAG AP GG Art. 9 – Arbeitskampf Nr. 1) – wohingegen die **Teilnahme** eines Arbeitnehmers **an einem rechtswidrigen Streik** sogar eine außerordentliche Kündigung nach § 626 Abs. 1 BGB (unter 3.2.6) rechtfertigen kann (BAG AP BGB § 626 Nr. 78).

- Eine **tätliche Bedrohung** des Arbeitgebers, von Arbeitskollegen oder Kunden kann grundsätzlich (auch ohne vorhergehende Abmahnung) eine außerordentliche Kündigung nach § 626 Abs. 1 BGB (unter 3.2.6) rechtfertigen (BAG DB 2009, 964).

- Eine bloße **HIV-Infektion** rechtfertigt – anders als nach Ausbruch der Krankheit AIDS (dann müssen die Grundsätze einer krankheitsbedingten Kündigung erfüllt sein) – grundsätzlich keine personenbedingte Kündigung (offen gelassen von BAG AP BGB § 138 Nr. 46).

- Das bloße **Alter** des Arbeitnehmers rechtfertigt – ohne Leistungsstörungen im Arbeitsverhältnis – keine personenbedingte Kündigung des Arbeitnehmers (BAG AP BetrVG 1952 § 57 Nr. 5).

3.2.6   Die außerordentliche (fristlose) Kündigung

Im Unterschied zur ordentlichen Kündigung setzt eine außerordentliche (fristlose, da auf die sofortige Beendigung des Arbeitsvertrags gerichtete) Kündigung nach § 626 Abs. 1 BGB das Vorliegen eines „wichtigen Grundes" voraus. Hiernach kann sowohl ein unbefristetes als auch ein befristetes Arbeitsverhältnis von jedem Vertragteil ohne Einhaltung einer Kündigungsfrist gekündigt werden. Es müssen Tatsachen vorliegen, aufgrund derer dem Kündigenden unter Berücksichtigung aller Umstände des Einzelfalles und unter Abwägung der Interessen beider Vertragteile die Fortsetzung des Arbeitsverhältnisses bis zum Ablauf der Kündigungsfrist (§ 622 BGB) bzw. im Falle einer Befristung bis zur vereinbarten Beendigung des Arbeitsverhältnisses nicht zugemutet werden kann. Liegen die genannten Voraussetzungen vor, muss die außerordentliche Kündigung innerhalb der Kündigungserklärungsfrist des § 626 Abs. 2 BGB ausgesprochen werden. Es gibt aber auch die Möglichkeit einer befristeten außerordentlichen Kündigung, d.h. einer solchen mit „sozialer Auslauffrist". Der Kündigende muss dann allerdings klar zum Ausdruck bringen, dass er keine ordentliche, sondern eine (befristete) außerordentliche Kündigung aussprechen möchte.

Auch im Rahmen einer außerordentlichen Kündigung nach § 626 Abs. 1 BGB gibt es eine Reihe von Zustimmungserfordernissen zu beachten: bei Betriebsratsmitgliedern (§ 15 KSchG i.V.m. § 103 BetrVG), Schwangeren und Frauen im Erziehungsurlaub (§ 9 MuSchG, § 18 BErzGG) oder schwer behinderten Arbeitnehmern (§ 91 SGB IX).

Wie bei der ordentlichen Kündigung ist auch bei der außerordentlichen Kündigung eine vorherige Beteiligung des Betriebsrats nach § 102 Abs. 1 BetrVG erforderlich. Besonderheiten ergeben sich nur insoweit, als die Anhörungsfrist nach § 102 Abs. 2 S. 3 BetrVG lediglich drei Tage beträgt und ein Schweigen des Betriebsrats nach h.A. nicht als Zustimmung qualifiziert werden kann: Anders als bei der ordentlichen Kündigung (§ 102 Abs. 3 BetrVG) hat der Betriebsrat bei der außerordentlichen Kündigung nämlich kein förmliches Widerspruchsrecht. Hat der Betriebsrat gegen eine außerordentliche Kündigung Bedenken, so hat er diese unter Angabe der Gründe dem Arbeitgeber unverzüglich, spätestens jedoch innerhalb von drei Tagen, schriftlich mitzuteilen. Ein betriebsverfassungsrechtlicher Weiterbeschäftigungsanspruch besteht nach § 102 Abs. 5 BetrVG bei außerordentlichen Kündigungen nicht. Die außerordentliche Kündigung leitender Angestellter (§ 5 Abs. 3 BetrVG) vollzieht sich ohne eine Beteiligung des Betriebsrats – bei Bestehen eines Sprecherausschusses ist dieser jedoch zu hören (§ 31 Abs. 2 S. 1 SprAuG). Der Sprecherausschuss kann nach § 31 Abs. 2 S. 4 und 5 SprAuG in gleicher Weise wie der Betriebsrat seine Bedenken geltend machen. Eine ohne Anhörung des Sprecherausschusses ausgesprochene Kündigung ist unwirksam (§ 31 Abs. 2 S. 3 SprAuG).

Die außerordentliche Kündigung von Mitgliedern des Betriebsrats (der Jugend- und Auszubildendenvertretung, der Bordvertretung und des Seebetriebsrats, des Wahlvorstands sowie von Wahlbewerbern) bedarf nicht nur einer Anhörung, sondern nach § 103 Abs. 1 BetrVG der Zustimmung des Betriebsrats. Das Zustimmungsverfahren wird durch einen Antrag des Arbeitgebers beim Betriebsrat eingeleitet, welcher analog § 102 Abs. 2 S. 3 BetrVG dem Arbeitgeber unverzüglich – spätestens jedoch innerhalb von drei Tagen – seine Entscheidung mitteilen muss. Der Betriebsrat hat im Rahmen des Zustimmungsverfahrens nach § 103 BetrVG keinen Ermessensspielraum. Er muss die beantragte Zustimmung erteilen, wenn ein „wichtiger Grund" i.S. von § 626 Abs. 1 BGB vorliegt. Äußert sich der Betriebsrat nicht innerhalb der genannten Frist, so wird im Unterschied zu § 102 Abs. 2 S. 2 BetrVG sein

Schweigen nicht als Zustimmung fingiert. Vielmehr gilt dann sein Schweigen als Zustimmungsverweigerung. Im Unterschied zum Anhörungsverfahren nach § 102 BetrVG führen Fehler im Zustimmungsverfahren nach § 103 BetrVG (unabhängig davon, wessen Sphäre sie zuzurechnen sind) grundsätzlich zur Nichtigkeit der außerordentlichen Kündigung des Mitglieds der Betriebsvertretung. Die Zustimmung ist Wirksamkeitsvoraussetzung für die auszusprechende Kündigung. Eine ohne Zustimmung des Betriebsrats (bzw. deren rechtskräftiger Ersetzung durch das Arbeitsgericht) erfolgte außerordentliche Kündigung eines Mitglieds der Betriebsvertretung ist im Interesse eines Schutzes der betriebsverfassungsrechtlichen Funktionsträger unheilbar nichtig. Verweigert der Betriebsrat seine Zustimmung, so kann das Arbeitsgericht sie auf Antrag des Arbeitgebers (der den Ersetzungsantrag noch innerhalb der Kündigungserklärungsfrist des § 626 Abs. 2 BGB beim Arbeitsgericht zu stellen hat) gemäß § 103 Abs. 2 S. 1 BetrVG im Beschlussverfahren nach § 2 a Abs. 1 Nr. 1 und Abs. 2 ArbGG ersetzen, wenn die außerordentliche Kündigung unter Berücksichtigung aller Umstände gerechtfertigt ist. Das Arbeitsgericht hat die vom Betriebsrat verweigerte Zustimmung zu ersetzen, wenn für die geplante Kündigung ein „wichtiger Grund" vorliegt. Ersetzt das Gericht die Zustimmung rechtskräftig, steht damit zugleich fest, dass ein wichtiger Grund für die außerordentliche Kündigung durch den Arbeitgeber im Entscheidungszeitpunkt vorlag. Nach Rechtskraft der ersetzten Zustimmung kann der Arbeitgeber dem Betriebsratsmitglied alsdann außerordentlich kündigen – dies muss, falls zwischenzeitlich die Frist des § 626 Abs. 2 BGB verstrichen ist, unverzüglich erfolgen.

Ein **„wichtiger Grund"** nach § 626 Abs. 1 BGB ist gegeben, wenn Tatsachen vorliegen, aufgrund derer dem Kündigenden die Fortsetzung des Arbeitsverhältnisses unter Berücksichtigung aller Umstände des Einzelfalls und unter Abwägung der beiderseitigen Interessen der Arbeitsvertragsparteien bis zum Ablauf der ordentlichen Kündigungsfrist (§ 622 BGB) bzw. bis zur vereinbarten Beendigung des „befristeten" Arbeitsverhältnisses nicht zugemutet werden kann. Im Rahmen einer **zweistufigen Prüfung** ist zunächst zu prüfen, ob ein bestimmter Sachverhalt „an sich" (generell) geeignet ist, einen wichtigen Grund darzustellen. Dies ist dann anzunehmen, wenn im maßgeblichen Zeitpunkt (d.h. bei Zugang der Kündigungserklärung) objektiv eine besonders schwere Vertragsverletzung vorliegt (unabhängig davon, ob diese dem Kündigenden bekannt ist), die dem Kündigenden die Fortsetzung des Arbeitsverhältnisses unzumutbar macht.

Als „an sich geeignete" Gründe können etwa die folgenden Gründe (personen-, verhaltens- oder betriebsbedingter Natur) in Betracht kommen: Verschulden bei Vertragsschluss (etwa Täuschung, bspw. Anstellungsbetrug); Verletzung von Hauptpflichten (arbeitsvertragliche Leistungspflichten – etwa beharrliche Arbeitsverweigerung, rechtswidriger Streik, eigenmächtiger Urlaubsantritt, vorgetäuschte Krankheit, wiederholte Unpünktlichkeiten); Verletzung von Neben- und Treuepflichten des Arbeitnehmers (arbeitsvertragliche Verhaltenspflichten – etwa Annahme von Schmiergeldern, Nebentätigkeit während einer ärztlich attestierten Arbeitsunfähigkeit) oder beharrliche Verstöße gegen betriebliche Alkohol- und Rauchverbote; strafbare Handlungen (etwa Diebstahl [auch geringwertiger Sachen und auch außerhalb der Arbeitszeit], Spesenbetrug, Schlägereien, private Trunkenheitsfahrt eines Berufskraftfahrers); Gefährdung von Mitarbeitern; Ehrverletzungen mit korrespondierender Störung des Betriebsfriedens; (ausnahmsweise) Krankheit (wenn dadurch der Vertragszweck gefährdet wird [in jedem Fall aber Drohung mit Krankheit, um dadurch eine Urlaubsverlängerung zu erlangen]); (ausnahmsweise) Betriebseinstellung oder -einschränkung (obgleich es sich dabei um betriebsbedingte Gründe handelt, die den Arbeitgeber in der Regel nur zur ordentlichen Kündigung berechtigen), wenn eine ordentliche Kündigung (mit Auslauffrist) vertraglich ausgeschlossen ist, etwa bei einer Anstellung auf Lebenszeit (dann kommt jedoch ggf. eine außerordentliche Änderungskündigung nach § 2 KSchG in Betracht); bzw. den Betriebsfrieden störende Betätigungen des Arbeitnehmers (etwa in einer politischen Partei).

In einem zweiten Schritt muss nach Maßgabe des ultima-ratio-Prinzips festgestellt werden, ob bei einer Abwägung aller Umstände des Einzelfalls (Interessenabwägung – zu berücksichtigen sind die Art und die Schwere des Fehlverhaltens, insbesondere auch der Grad des Verschuldens und die Auswirkungen auf das Arbeitsverhältnis, ggf. auch bereits vorangegangene einschlägige Abmahnungen) die außerordentliche Kündigung als gerechtfertigt anzusehen ist – ob und inwieweit also dem Kündigenden eine Fortsetzung des Arbeitsverhältnisses bis zum Ablauf der ordentlichen Kündigungsfrist (bzw. bis zum Ende des befristeten Arbeitsverhältnisses) zugemutet werden kann. Dabei müssen im Hinblick auf die Zumutbarkeit einer Fortsetzung eines Arbeitsverhältnisses auch für die Zukunft konkrete Störungen zu befürchten sein, die eine Störung des Betriebsfriedens erwarten lassen.

Alle zumutbaren milderen Mittel müssen vor Ausspruch der Kündigung ausgeschöpft worden sein (**ultima-ratio-Prinzip**). Die außerordentliche Kündigung ist nur das letzte Mittel, Störungen im Arbeitsverhältnis abzustellen. Daher ist es regelmäßig vor Ausspruch der außerordentlichen Kündigung erforderlich, dass der Arbeitgeber den Arbeitnehmer abmahnt. Eine Abmahnung ist nur dann entbehrlich, wenn feststeht, dass sie keinen Erfolg zeitigen wird, weil der Arbeitnehmer angekündigt hat, sein Fehlverhalten gleichwohl fortzusetzen, bzw. wenn der Vertrauensbereich zwischen Arbeitgeber und Arbeitnehmer durch das Fehlverhalten erschüttert wurde.

Gemäß der **Kündigungserklärungsfrist** des § 626 Abs. 2 BGB kann die Kündigung nur innerhalb von zwei Wochen erfolgen (S. 1 – vgl. auch § 22 Abs. 4 BBiG). Die Frist beginnt in dem Zeitpunkt, in dem der Kündigungsberechtigte von den für die Kündigung maßgebenden Tatsachen positive Kenntnis erlangt (S. 2). Wartet der Kündigungsberechtigte eine weitere Zeit zu, gibt er konkludent zu erkennen, dass ihm eine Fortsetzung des Arbeitsverhältnisses (bis zum Ablauf der Kündigungsfrist nach § 622 BGB bzw. bis zur vereinbarten Beendigung des Arbeitsverhältnisses) doch zugemutet werden kann.

Bedarf die Kündigung der Zustimmung von dritter Seite – etwa der Hauptfürsorgestelle bei Schwerbehinderten (§§ 91, 87 SGB IX) oder des Betriebsrats bei der Kündigung eines Betriebsratsmitglieds (§ 15 KSchG, § 103 BetrVG) – muss der Antrag auf Erteilung der Zustimmung bzw. deren Ersetzung durch arbeitsgerichtliche Entscheidung innerhalb der Zwei-Wochen-Frist des § 626 Abs. 2 S. 1 BGB gestellt werden (§ 91 Abs. 3 SGB IX analog). Lediglich die Einleitung der entsprechenden Zustimmungsverfahren muss innerhalb der Zwei-Wochen-Frist des § 626 Abs. 2 S. 1 BGB erfolgen. Nach Zugang der behördlichen Zulässigkeitserklärung hat der Arbeitgeber die außerordentliche Kündigung dann unverzüglich auszusprechen. Die Frist wird nicht durch das grundsätzliche Erfordernis einer Betriebsratsanhörung nach § 102 Abs. 1 BetrVG gehemmt. Vielmehr muss der Arbeitgeber den Betriebsrat so rechtzeitig informieren, dass dessen Drei-Tage-Frist zur Stellungnahme (Überlegungsfrist) nach § 102 Abs. 2 S. 3 BetrVG innerhalb der Zwei-Wochen-Frist des § 626 Abs. 2 S. 1 BGB abläuft, damit er auch innerhalb dieses Fristablaufs die außerordentliche Kündigung noch erklären kann. Bei bestehendem Betriebsrat reduziert sich somit die Kündigungserklärungsfrist von zwei Wochen tatsächlich um diese drei Tage.

Auf Verlangen ist der Kündigende nach § 626 Abs. 2 S. 3 BGB verpflichtet, dem anderen Teil den Kündigungsgrund unverzüglich schriftlich mitzuteilen, um letzterem die Möglichkeit zu verschaffen, die Berechtigung der außerordentlichen Kündigung zu prüfen. Eine Verletzung dieser Mitwirkungspflicht kann zu einem Schadensersatzanspruch des Gekündigten gegen den Kündigenden nach § 280 Abs. 1, Abs. 2 i.V.m. § 282 BGB führen. Nach Ablauf der Kündigungserklärungsfrist als (unabdingbare und zwingende materiell-rechtliche) Ausschlussfrist wird unwiderruflich vermutet, dass ein an sich gegebener „wichtiger Grund" nicht mehr geeignet ist, die Unzumutbarkeit der Vertragsfortsetzung bis zum Ablauf der Kündigungsfrist zu begründen.

a) Außerordentliche Kündigung und Kündigungsschutzgesetz (§ 13 Abs. 1 S. 2 i.V.m. § 4 S. 1 KSchG)

Durch das KSchG werden nach dessen § 13 Abs. 1 S. 1 die Vorschriften über das Recht zur außerordentlichen Kündigung eines Arbeitsverhältnisses grundsätzlich nicht berührt. Gemäß § 13 Abs. 1 S. 2 KSchG kann der Arbeitnehmer die Unwirksamkeit einer außerordentlichen Kündigung jedoch nur nach Maßgabe des § 4 S. 1 und der §§ 5 bis 7 KSchG geltend machen. Dies bedeutet, dass der Arbeitnehmer, sofern das KSchG auf ihn in persönlicher wie sachlicher Hinsicht anwendbar ist (wenn eine ordentliche Kündigung in Rede stünde), innerhalb der Drei-Wochen-Frist des § 4 S. 1 KSchG Kündigungsschutzklage erheben muss. Nach Ablauf der Klagefrist des § 4 S. 1 KSchG ist er präkludiert, d.h., er wird weder mit dem Einwand gehört, es habe überhaupt kein „wichtiger Grund" i.S. des § 626 Abs. 1 BGB vorgelegen, noch vermag er die Nichteinhaltung der Kündigungserklärungsfrist nach § 626 Abs. 2 S. 1 BGB durch den Arbeitgeber zu rügen. Es wird vielmehr das Vorliegen eines eine außerordentliche Kündigung rechtfertigenden Grundes unterstellt (§ 13 Abs. 1 S. 2 i.V.m. §§ 7, 4 KSchG).

Die Drei-Wochen-Frist (des § 4 S. 1 KSchG) braucht nach § 13 Abs. 3 KSchG allein dann nicht eingehalten zu werden, wenn der Arbeitnehmer geltend macht, dass die außerordentliche Kündigung bereits aus anderen Gründen als dem Fehlen eines „wichtigen Grundes" i.S. des § 626 Abs. 1 BGB (etwa wegen fehlender Betriebsratsbeteiligung nach § 102 BetrVG) unwirksam ist.

b) Die Umdeutung einer unwirksamen außerordentlichen Kündigung

Ist eine außerordentliche Kündigung unwirksam, kann diese nach § 140 BGB in eine ordentliche Kündigung zum nächst möglichen Kündigungstermin umgedeutet werden, sofern im Zeitpunkt des Zugangs der Kündigung auch eine ordentliche Kündigung vom hypothetischen Willen des Kündigenden mit umfasst war und der Gekündigte dies erkennen konnte, etwa weil der Kündigende sich auf jeden Fall vom zu Kündigenden trennen wollte und die Voraussetzungen für eine ordentliche Kündigung vorliegen. Eine Umdeutung ist dann nicht möglich, wenn der Arbeitgeber z.B. den Betriebsrat nur wegen einer außerordentlichen Kündigung beteiligt hat – nicht jedoch (und sei es auch nur hilfsweise) auch wegen einer ordentlichen Kündigung. Eine Betriebsratsbeteiligung zur außerordentlichen Kündigung beinhaltet nämlich nach allerdings umstrittener Auffassung (die Rechtsprechung nimmt teilweise an, dass eine Zustimmung zur außerordentlichen ebenso auch die ordentliche Kündigung mit umfasst) nicht inzident zugleich eine solche zu einer ordentlichen Kündigung. Etwas anderes soll nur für den Fall gelten, dass der Betriebsrat einer unwirksamen außerordentlichen Kündigung vorbehaltlos zugestimmt hat. Wiederum etwas anderes gilt für den Fall, dass neben einer außerordentlichen Kündigung hilfsweise (vorsorglich) eine ordentliche Kündigung erklärt worden ist: Dann liegen zwei voneinander zu unterscheidende Kündigungen vor, die jeweils auf ihre rechtliche Wirksamkeit hin zu überprüfen sind.

Wichtige Judikatur (bitte lesen):

Fristlose Kündigung – Fall Emmely (BAG, Urteil v. 10.6.2010 = NJW 2011, 167):
Gemäß § 626 Abs. 1 BGB kann das Arbeitsverhältnis aus wichtigem Grund ohne Einhaltung einer Kündigungsfrist gekündigt werden, wenn Tatsachen vorliegen, aufgrund derer dem Kündigenden unter Berücksichtigung aller Umstände des Einzelfalls und unter Abwägung der Interessen beider Vertragsteile die Fortsetzung des Arbeitsverhältnisses bis zum Ablauf der Kündigungsfrist nicht zugemutet werden kann. Das Gesetz kenne – so das BAG – folglich keine „absoluten" Kündigungsgründe. Vielmehr sei jeder Einzelfall gesondert zu beurteilen. Dafür sei zunächst zu prüfen, ob der Sachverhalt ohne seine besonderen Umstände „an sich", d.h. typischerweise als wichtiger Grund geeignet ist. Alsdann bedürfe es der weiteren Prüfung, ob dem Kündigenden die Fortsetzung des Arbeitsverhältnisses unter Berücksichtigung der konkreten Umstände des Falles und unter Abwägung der Interessen beider Vertragsteile – jedenfalls bis zum Ablauf der Kündigungsfrist – zumutbar ist oder nicht. Die Prüfung der Voraussetzungen des wichtigen Grundes sei in erster Linie Sache der Tatsacheninstanzen. Dennoch gehe es um Rechtsanwendung, nicht um Tatsachenfeststellung.

Im konkreten Fall liege zwar „an sich" ein wichtiger Grund zur Kündigung vor. Das LAG habe jedoch bei der vorzunehmenden Einzelfallprüfung und Interessenabwägung nicht alle wesentlichen Gesichtspunkte einbezogen und zutreffend abgewogen: Es war vom Fund zweier Leergutbons und deren Aushändigung an die Klägerin durch den Marktleiter ausgegangen. Es hat es zudem für wahr erachtet, dass die Klägerin die beiden zunächst im Kassenbüro abgelegten Bons im Wert von 0,48 Euro und 0,82 Euro zu einem unbestimmten Zeitpunkt an sich nahm und bei einem Einkauf zu ihren Gunsten einlöste; dadurch ermäßigte sich die Kaufsumme für sie um 1,30 Euro. Darin hat das LAG ein vorsätzliches, pflichtwidriges Verhalten der Klägerin erblickt.

Dieser Sachverhalt sei „an sich" als wichtiger Grund i.S.v. § 626 Abs. 1 BGB geeignet. Zum Nachteil des Arbeitgebers begangene Eigentums- oder Vermögensdelikte, aber auch nicht strafbare, ähnlich schwerwiegende Handlungen unmittelbar gegen das Vermögen des Arbeitgebers kämen typischerweise – unabhängig vom Wert des Tatobjekts und der Höhe eines eingetretenen Schadens – als Grund für eine außerordentliche Kündigung in Betracht. Begehe der Arbeitnehmer bei oder im Zusammenhang mit seiner Arbeit rechtswidrige und vorsätzliche – ggf. strafbare – Handlungen unmittelbar gegen das Vermögen seines Arbeitgebers, verletze er zugleich in schwerwiegender Weise seine schuldrechtliche Pflicht zur Rücksichtnahme (§ 241 Abs. 2 BGB) und missbrauche das in ihn gesetzte Vertrauen. Ein solches Verhalten könne auch dann einen wichtigen Grund i.S.d. § 626 Abs. 1 BGB darstellen, wenn die rechtswidrige Handlung Sachen von nur geringem Wert betrifft oder zu einem nur geringfügigen, möglicherweise zu gar keinem Schaden geführt hat. Die entgegenstehende Ansicht, die Pflichtverletzungen im Vermögensbereich bei Geringfügigkeit bereits aus dem Anwendungsbereich des § 626 Abs. 1 BGB herausnehmen will (vgl. etwa LAG Köln, NZA-RR 2001, 83; LAG Hamburg, NZA-RR 1999, 469), überzeuge nicht. Ein Arbeitnehmer, der die Integrität von Eigentum und Vermögen seines Arbeitgebers vorsätzlich und rechtswidrig verletzt, zeige ein Verhalten, das geeignet ist, die Zumutbarkeit seiner Weiterbeschäftigung in Frage zu stellen. Die durch ein solches Verhalten ausgelöste „Erschütterung" der für die Vertragsbeziehung notwendigen Vertrauensgrundlage trete unabhängig davon ein, welche konkreten wirtschaftlichen Schäden mit ihm verbunden sind. Aus diesem Grund sei die Festlegung einer nach dem Wert bestimmten Relevanzschwelle mit dem offen gestalteten Tatbestand des § 626 Abs. 1 BGB nicht zu vereinbaren. Sie würfe im Übrigen mannigfache Folgeprobleme auf – etwa das einer exakten Wertberechnung, das der Folgen mehrfacher, für sich betrachtet „irrelevanter" Verstöße sowie das der Behandlung nur marginaler Grenzüberschreitungen – und vermöchte schon deshalb einem angemessenen Interessenausgleich schwerlich zu dienen.

Danach liege eine erhebliche, die Schwelle zum wichtigen Grund überschreitende Pflichtverletzung vor. Die Klägerin habe sich mit dem Einlösen der Leergutbons gegenüber der Beklagten einen Vermögensvorteil verschafft, der ihr nicht zustand. Ihr Verhalten wiege umso schwerer, als sie eine konkrete Anordnung des Marktleiters zum Umgang mit den Bons missachtet hat. Es komme nicht darauf an, ob sie damit schon gegen ihre Hauptleistungspflichten als Kassiererin oder gegen ihre Pflicht zur Rücksichtnahme aus § 241 Abs. 2 BGB verstoßen hat. In jedem Fall gehöre die Pflicht zur einschränkungslosen Wahrung der Vermögensinteressen der Beklagten zum Kernbereich ihrer Arbeitsaufgaben.

Die fristlose Kündigung sei bei Beachtung aller Umstände des vorliegenden Falls und nach Abwägung der widerstreitenden Interessen gleichwohl nicht gerechtfertigt. Als Reaktion der Beklagten auf das Fehlverhalten der Klägerin hätte eine Abmahnung ausgereicht: Bei der Prüfung, ob dem Arbeitgeber eine Weiterbeschäftigung des Arbeitnehmers trotz Vorliegens einer erheblichen Pflichtverletzung jedenfalls bis zum Ablauf der Kündigungsfrist zumutbar ist, sei in einer Gesamtwürdigung das Interesse des Arbeitgebers an der sofortigen Beendigung des Arbeitsverhältnisses gegen das Interesse des Arbeitnehmers an dessen Fortbestand abzuwägen. Es habe eine Bewertung des Einzelfalls unter Beachtung des Verhältnismäßigkeitsgrundsatzes zu erfolgen. Die Umstände, anhand derer zu beurteilen ist, ob dem Arbeitgeber die Weiterbeschäftigung zumutbar sei oder nicht, ließen sich nicht abschließend festlegen. Zu berücksichtigen seien aber regelmäßig das Gewicht und die Auswirkungen einer Vertragspflichtverletzung – etwa im Hinblick auf das Maß eines durch sie bewirkten Vertrauensverlusts und ihre wirtschaftlichen Folgen –, der Grad des Verschuldens des Arbeitnehmers, eine mögliche Wiederholungsgefahr sowie die Dauer des Arbeitsverhältnisses und dessen störungsfreier Verlauf. Eine außerordentliche Kündigung komme nur in Betracht, wenn es keinen angemessenen Weg gibt, das Arbeitsverhältnis fortzusetzen, weil dem Arbeitgeber sämtliche milderen Reaktionsmöglichkeiten unzumutbar sind. Als mildere Reaktionen seien insbesondere Abmahnung und ordentliche Kündigung anzusehen. Sie seien dann alternative Gestaltungsmittel, wenn schon sie geeignet sind, den mit der außerordentlichen Kündigung verfolgten Zweck – die Vermeidung des Risikos künftiger Störungen – zu erreichen.

Die Notwendigkeit der Prüfung, ob eine fristgerechte Kündigung als Reaktion ausgereicht hätte, folge schon aus dem Wortlaut des § 626 Abs. 1 BGB. Das Erfordernis weitergehend zu prüfen, ob nicht schon eine Abmahnung ausreichend gewesen wäre, folge aus dem Verhältnismäßigkeitsgrundsatz (die Kündigung als „ultima ratio") und trage zugleich dem Prognoseprinzip bei der verhaltensbedingten Kündigung Rechnung. Das Erfordernis gelte auch bei Störungen im Vertrauensbereich. Es sei nicht stets und von vornherein ausgeschlossen, verlorenes Vertrauen durch künftige Vertragstreue zurückzugewinnen.

Beruhe die Vertragspflichtverletzung auf steuerbarem Verhalten des Arbeitnehmers, sei grundsätzlich davon auszugehen, dass sein künftiges Verhalten schon durch die Androhung von Folgen für den Bestand des Arbeitsverhältnisses positiv beeinflusst werden könne. Die ordentliche wie die außerordentliche Kündigung wegen einer Vertragspflichtverletzung setzten deshalb regelmäßig eine Abmahnung voraus. Sie diene der Objektivierung der negativen Prognose. Sei der Arbeitnehmer ordnungsgemäß abgemahnt worden und verletzt er dennoch seine arbeitsvertraglichen Pflichten erneut, könne regelmäßig davon ausgegangen werden, es werde auch zukünftig zu weiteren Vertragsstörungen kommen. Nach dem Verhältnismäßigkeitsgrundsatz sei eine Kündigung nicht gerechtfertigt, wenn es mildere Mittel gibt, eine Vertragsstörung zukünftig zu beseitigen. Dieser Aspekt habe durch die Regelung des § 314 Abs. 2 i.V.m. § 323 Abs. 2 BGB eine gesetzgeberische Bestätigung erfahren. Einer Abmahnung bedürfe es in Ansehung des Verhältnismäßigkeitsgrundsatzes deshalb nur dann nicht, wenn eine Verhaltensänderung in Zukunft selbst nach Abmahnung nicht zu erwarten ist oder es sich um eine so schwere Pflichtverletzung handelt, dass eine Hinnahme durch den Arbeitgeber offensichtlich – auch für den Arbeitnehmer erkennbar – ausgeschlossen ist. Diese Grundsätze würden uneingeschränkt selbst bei Störungen des Vertrauensbereichs durch Straftaten gegen Vermögen oder Eigentum des Arbeitgebers gelten. Auch in diesem Bereich gebe es keine „absoluten" Kündigungsgründe. Stets sei konkret zu prüfen, ob nicht objektiv die Prognose berechtigt ist, der Arbeitnehmer werde sich jedenfalls nach einer Abmahnung künftig wieder vertragstreu verhalten. Danach sei eine Abmahnung hier nicht entbehrlich gewesen.

**Außerordentliche Kündigung und Interessenabwägung
(BAG, Urteil v. 24.3.2011 = NZA 2011, 1029):**
Ein „wichtiger Grund" zur Kündigung könne sowohl in einer erheblichen Verletzung von vertraglichen Hauptleistungspflichten als auch in der von Nebenpflichten liegen. Als Vertragspflichtverletzung, die eine außerordentliche Kündigung zu rechtfertigen vermag, sei ein nachhaltiger Verstoß des Arbeitnehmers gegen berechtigte Weisungen des Arbeitgebers anzusehen. Ebenso könne die erhebliche Verletzung der Pflicht zur Rücksichtnahme auf die Interessen des Arbeitgebers gemäß § 241 Abs. 2 BGB einen wichtigen Grund i.S.v. § 626 Abs. 1 BGB bilden. Der konkrete Inhalt dieser Pflicht ergebe sich aus dem jeweiligen Arbeitsverhältnis und seinen spezifischen Anforderungen. Einer besonderen Vereinbarung bedürfe es insoweit nicht. Bei der Prüfung, ob dem Arbeitgeber eine Weiterbeschäftigung des Arbeitnehmers trotz Vorliegens einer erheblichen Pflichtverletzung jedenfalls bis zum Ablauf der Kündigungsfrist zumutbar ist, sei in einer Gesamtwürdigung das Interesse des Arbeitgebers an der sofortigen Beendigung des Arbeitsverhältnisses gegen das Interesse des Arbeitnehmers an dessen Fortbestand abzuwägen. Es habe eine Bewertung des Einzelfalls unter Beachtung des Verhältnismäßigkeitsgrundsatzes zu erfolgen.
Eine außerordentliche Kündigung komme nur in Betracht, wenn es keinen angemessenen Weg gibt, das Arbeitsverhältnis fortzusetzen, weil dem Arbeitgeber sämtliche milderen Reaktionsmöglichkeiten unzumutbar sind. Als mildere Reaktionen seien insbesondere Abmahnung und ordentliche Kündigung anzusehen. Sie seien dann alternative Gestaltungsmittel, wenn schon sie geeignet sind, den mit der außerordentlichen Kündigung verfolgten Zweck – die Vermeidung des Risikos künftiger Störungen – zu erreichen. Beruhe die Vertragspflichtverletzung auf steuerbarem Verhalten des Arbeitnehmers, sei grundsätz-

lich davon auszugehen, dass sein künftiges Verhalten schon durch die Androhung von Folgen für den Bestand des Arbeitsverhältnisses positiv beeinflusst werden kann. Ordentliche und außerordentliche Kündigung wegen einer Vertragspflichtverletzung setzten deshalb regelmäßig eine Abmahnung voraus. Sie diene zugleich der Objektivierung der negativen Prognose.

Nach dem Verhältnismäßigkeitsgrundsatz sei eine Kündigung nicht gerechtfertigt, wenn es mildere Mittel gibt, eine Vertragsstörung zukünftig zu beseitigen. Dieser Aspekt habe durch die Regelung des § 314 Abs. 2 i.V.m. § 323 Abs. 2 BGB eine gesetzgeberische Bestätigung erfahren. Einer Abmahnung bedürfe es in Ansehung des Verhältnismäßigkeitsgrundsatzes deshalb nur dann nicht, wenn eine Verhaltensänderung in Zukunft selbst nach Abmahnung nicht zu erwarten ist oder es sich um eine so schwere Pflichtverletzung handelt, dass eine Hinnahme durch den Arbeitgeber offensichtlich – auch für den Arbeitnehmer erkennbar – ausgeschlossen ist.

Im konkreten Fall hatte das LAG angenommen, die Beklagte habe die Pflichtverletzung des Klägers, unter Verstoß gegen die „Regeln für die Anwendung von Computerprogrammen und die Behandlung von Dateien" private Dateien auf dem Firmenlaptop gespeichert zu haben, zunächst abmahnen müssen. Dies ist revisionsrechtlich nicht zu beanstanden. Das Fehlverhalten des Klägers wiegt nicht so schwer, dass es ohne Weiteres eine fristlose Beendigung des Arbeitsverhältnisses rechtfertigen könnte.

Außerordentliche Verdachtskündigung (BAG, Urteil v. 27.1.2011 = NJW 2011, 798):
Die Frist des § 626 Abs. 2 BGB beginne erneut zu laufen, wenn der Arbeitgeber eine neue, den Verdacht der Tatbegehung verstärkende Tatsache zum Anlass für eine Kündigung nimmt. Eine den Verdacht verstärkende Tatsache könne die Anklageerhebung im Strafverfahren darstellen, selbst wenn sie nicht auf neuen Erkenntnissen beruht. Der Umstand, dass eine unbeteiligte Stelle mit weiterreichenden Ermittlungsmöglichkeiten, als sie dem Arbeitgeber zur Verfügung stehen, einen hinreichenden Tatverdacht bejaht, sei geeignet, den gegen den Arbeitnehmer gehegten Verdacht zu verstärken. Der Arbeitgeber könne ihn auch dann zum Anlass für den Ausspruch einer Verdachtskündigung nehmen, wenn er eine solche schon zuvor erklärt hatte. Da die neuerliche Kündigung auf einem neuen, nämlich um die Tatsache der Anklageerhebung ergänzten Sachverhalt beruht, handele es sich nicht etwa um eine unzulässige Wiederholungskündigung. Ebenso wenig sei das Recht, eine weitere Verdachtskündigung auszusprechen, mit dem Ausspruch einer ersten Verdachtskündigung verbraucht. Der Arbeitgeber habe sich dadurch, dass er eine Verdachtskündigung bereits vor Anklageerhebung ausgesprochen hat, auch nicht dahin gebunden, vor Ausspruch einer weiteren Kündigung den Ausgang des Ermittlungs- oder Strafverfahrens abzuwarten. Für die Annahme eines solchen Verzichts auf ein – noch nicht absehbares späteres – Kündigungsrecht gebe es keine Grundlage. Zwar beziehe sich der Verdacht jeweils auf dieselbe Tat, der zur Kündigung führende Sachverhalt, sei aber gerade nicht identisch. Die zweite Kündigung stütze sich auf eine erweiterte, die Frist des § 626 Abs. 2 BGB neu in Gang setzende Tatsachengrundlage.

Im konkreten Fall habe die Frist des § 626 Abs. 2 BGB erneut in dem Zeitpunkt zu laufen begonnen, zu dem die Beklagte vollständige Kenntnis davon erhielt, dass gegen den Kläger Anklage wegen des sexuellen Missbrauchs von Kindern eines Kollegen erhoben worden war und neue entlastende Gesichtspunkte nicht zu ermitteln waren. Der Verdacht beziehe sich zwar auf dieselbe Tat wie der, welcher der früheren Kündigung zugrunde lag. Der Sachverhalt sei aber deshalb nicht identisch, weil sich die Beklagte zusätzlich auf die Anklageerhebung durch die Staatsanwaltschaft beruft.

Die Kündigung beruhe auf einem wichtigen Grund i.S.d. § 626 Abs. 1 BGB: Gemäß § 626 Abs. 1 BGB kann das Arbeitsverhältnis aus wichtigem Grund ohne Einhaltung einer Kündigungsfrist gekündigt werden, wenn Tatsachen vorliegen, aufgrund derer dem Kündigenden unter Berücksichtigung aller Umstände des Einzelfalls und unter Abwägung der Interessen beider Vertragsteile die Fortsetzung des Arbeitsverhältnisses bis zum Ablauf der Kündigungsfrist oder bis zu der vereinbarten Beendigung des Arbeitsverhältnisses nicht zugemutet werden kann. Dafür sei zunächst zu prüfen, ob der Sachverhalt ohne seine besonderen Umstände „an sich", d.h. typischerweise als wichtiger Grund geeignet ist. Alsdann bedürfe es der weiteren Prüfung, ob dem Kündigenden die Fortsetzung des Arbeitsverhältnisses unter Berücksichtigung der konkreten Umstände des Falls und unter Abwägung der Interessen beider Vertragsteile – jedenfalls bis zum Ablauf der Kündigungsfrist – zumutbar ist oder nicht.

Der vom LAG festgestellte Sachverhalt des sexuellen Missbrauchs von Kindern eines Kollegen sei „an sich" als wichtiger Grund i.S.v. § 626 Abs. 1 BGB geeignet. Die Beklagte hat sich zur Rechtfertigung der Kündigung zwar nur auf einen entsprechenden Verdacht berufen. Obwohl der Verdacht eines pflichtwidrigen Verhaltens gegenüber dem Tatvorwurf einen eigenständigen Kündigungsgrund darstellt, stünden beide Gründe aber nicht beziehungslos nebeneinander. Werde die Kündigung mit dem Verdacht pflichtwidrigen Verhaltens begründet, stehe indessen zur Überzeugung des Gerichts die Pflichtwidrigkeit tatsächlich fest, lasse dies die materiell-rechtliche Wirksamkeit der Kündigung unberührt. Maßgebend sei allein der objektive Sachverhalt, wie er sich dem Gericht nach Parteivorbringen und ggf. Beweisaufnahme darstellt.

Der Umstand, dass der Betriebsrat vor Ausspruch der Kündigung ausschließlich zu einer beabsichtigten Verdachtskündigung gehört wurde, stehe einer gerichtlichen Berücksichtigung des Geschehens als erwiesene Tat nicht entgegen. Ausreichend sei jedenfalls, wenn dem Betriebsrat – ggf. im Rahmen zulässigen „Nachschiebens" – diejenigen Umstände mitgeteilt worden sind, welche nicht nur den Tatverdacht, sondern zur Überzeugung des Gerichts auch den Tatvorwurf begründen. Bei dieser Sachlage ist dem Normzweck des § 102 Abs. 1 BetrVG auch durch eine Anhörung nur zur Verdachtskündigung Genüge getan. Dem Betriebsrat werde nichts vorenthalten. Die Mitteilung des Arbeitgebers, einem Arbeitnehmer solle schon und allein wegen des Verdachts einer pflichtwidrigen Handlung gekündigt werden, gebe ihm sogar weit stärkeren Anlass für ein umfassendes Tätigwerden als eine Anhörung wegen einer als erwiesen behaupteten Tat. Danach sei der Betriebsrat hier ausreichend unterrichtet worden.

Eine schwere und schuldhafte Vertragspflichtverletzung könne ein „wichtiger Grund" für eine außerordentliche Kündigung sein. Das gelte auch für die Verletzung von vertraglichen Nebenpflichten. Der Kläger habe seine Pflicht aus § 241 Abs. 2 BGB, auf die berechtigten Interessen der Beklagten Rücksicht zu nehmen, durch den sexuellen Missbrauch von Kindern eines Kollegen in erheblichem Maße verletzt. Nach § 241 Abs. 2 BGB sei jede Partei des Arbeitsvertrags zur Rücksichtnahme auf die Rechte, Rechtsgüter und Interessen ihres Vertragspartners verpflichtet. Diese Regelung diene dem Schutz und der Förderung des Vertragszwecks. Der Arbeitnehmer sei auch außerhalb der Arbeitszeit verpflichtet, auf die berechtigten Interessen des Arbeitgebers Rücksicht zu nehmen. Die Pflicht zur Rücksichtnahme könne deshalb auch durch außerdienstliches Verhalten verletzt werden. Allerdings könne ein außerdienstliches Verhalten des Arbeitnehmers die berechtigten Interessen des Arbeitgebers oder anderer Arbeitnehmer grundsätzlich nur beeinträchtigen, wenn es einen Bezug zur dienstlichen Tätigkeit hat. Das sei der Fall, wenn es negative Auswirkungen auf den Betrieb oder einen Bezug zum Arbeitsverhältnis hat. Fehle ein solcher Zusammenhang, scheide eine Pflichtverletzung regelmäßig aus. Die vom Kläger außerdienstlich begangenen Straftaten hätten einen solchen Bezug zum Arbeitsverhältnis.

Prüfungsschema (außerordentliche Kündigung)

1. Ordnungsgemäßheit der Kündigungserklärung.
2. Nichtvorliegen allgemeiner Nichtigkeitsgründe (§ 134, § 138, §§ 104 ff., §§ 164 ff. BGB).
3. Besonderer Kündigungsschutz für bestimmte Personengruppen:
   a) Schwangere und Personen im Erziehungsurlaub (§ 9 MuSchG, § 18 BEEG).
   b) Schwerbehinderte (§§ 85, 91 SGB IX).
   c) Mitglieder der Personalvertretung (§ 15 KSchG i.V.m. § 103 BetrVG).
4. Vorliegen eines „wichtigen Grundes" i.S.v. § 626 BGB (Erfordernis einer zweigliedrigen Prüfung):
   a) Liegt ein an sich für die Annahme eines „wichtigen Grundes" geeigneter Vorfall vor? – weil nur eine sofortige Beendigung des Arbeitsverhältnisses zur Wahrung der berechtigten Arbeitgeberinteressen geeignet ist (bspw. bei beharrlicher Arbeitsverweigerung, Vorliegen einer Straftat oder Verstoß gegen ein Wettbewerbsverbot).
   b) Umfassende Interessenabwägung: Ist dem Arbeitgeber eine Fortsetzung des Arbeitsverhältnisses mit dem beschuldigten Arbeitnehmer bis zum Ende der regulären Kündigungsfrist (ordentliche Kündigung) unter keinerlei Umständen mehr zumutbar? – wobei die Schwere des Arbeitnehmerverschuldens, die Störung des notwendigen Vertrauensverhältnisses sowie das ultima-ratio-Prinzip (ggf. Notwendigkeit einer vorausgehenden Abmahnung) Berücksichtigung finden.
5. Einhaltung der Kündigungserklärungsfrist nach § 626 Abs. 2 BGB.
6. Ggf. Umdeutung (§ 140 BGB) in eine ordentliche Kündigung.
7. Beachtung der Klagefrist gemäß § 13 Abs. 1 S. 2 i.V.m. § 4 S. 1 KSchG – sonst: Heilung des Fehlens eines „wichtigen Grundes" nach § 7 KSchG.
8. Ordnungsgemäße Anhörung des Betriebsrats nach § 102 Abs. 2 S. 3 BetrVG.

Fall 12: Außerordentliche Kündigung

Sachverhalt: Die Firma B Im- und Export stellt ihren Arbeitnehmern die betriebliche Telefonanlage auch zu Privatgesprächen zur Verfügung. Die Privatgespräche werden gesondert erfasst und abgerechnet. Arbeitnehmerin A führt am 15. Juli ein zum Teil dienstliches, zum

Teil privates Telefongespräch mit einem Kollegen in Stuttgart. Geschäftsführer V hört ohne Wissen der A das Telefongespräch mit, wobei diese Möglichkeit allen Arbeitnehmern bekannt ist. Kurz vor dem Telefongespräch hatte sich A sehr über V geärgert. Im Zuge des Telefongesprächs macht sie unter anderem die Bemerkung, V sei ein „fetter und überheblicher Sack", der „ohnehin nichts in seinem Hirn habe". Nach Anhörung des Betriebsrates kündigt V der A daraufhin fristlos. A wendet sich gegen die ausgesprochene Kündigung.

Hat die Kündigung Erfolg, wenn V sich auf die am Telefon geäußerten Bemerkungen beruft?

Lösung:

Nach § 626 Abs. 1 BGB kann das Arbeitsverhältnis von beiden Vertragsteilen nur dann ohne Einhaltung der Kündigungsfrist wirksam gekündigt werden, wenn Tatsachen vorliegen, aufgrund derer dem Kündigenden die Fortsetzung des Arbeitsverhältnisses nach Abwägung aller Einzelfallumstände selbst bis zum Ablauf der Kündigungsfrist (§ 622 BGB) bzw. zu einem früheren Beendigungstermin nicht zugemutet werden kann.

Eine außerordentliche Kündigung liegt begrifflich dann vor, wenn der Kündigende unmissverständlich zum Ausdruck bringt, dass er das Arbeitsverhältnis ohne Einhaltung einer Kündigungsfrist beenden will. V hat hier der A gegenüber ausdrücklich eine „fristlose" Kündigung erklärt.

Vor jeder, also auch vor einer außerordentlichen Kündigung des Arbeitsverhältnisses mit einem Arbeitnehmer, ist gemäß § 102 Abs. 1 S. 1 BetrVG der Betriebsrat ordnungsgemäß anzuhören. Eine ohne ordnungsgemäße Anhörung des Betriebsrates ausgesprochene Kündigung ist schon nach § 102 Abs. 1 S. 3 BetrVG unwirksam, ohne dass es auf das Vorliegen eines Kündigungsgrundes noch ankommt (BAG NZA 1995, 363).

Laut Sachverhalt wurde der Betriebsrat angehört. Problematisch ist jedoch das Vorliegen eines „wichtigen Grundes" im Sinne des § 626 Abs. 1 BGB.

Nach h. M. ist die Konkretisierung des unbestimmten Rechtsbegriffes „wichtiger Grund" durch eine abgestufte Prüfung vorzunehmen, die aus zwei systematisch zu trennenden Prüfungsabschnitten besteht.

Zunächst ist festzustellen, ob ein bestimmter Sachverhalt an sich geeignet ist, einen „wichtigen Grund" im Sinne des § 626 Abs. 1 BGB darzustellen. Ob ein „wichtiger Grund" im Sinne des § 626 Abs. 1 BGB vorliegt, ist anhand einer Interessenabwägung Arbeitnehmer – Arbeitgeber zu ermitteln.

Ist ein „wichtiger Grund" im Sinne des § 626 Abs. 1 BGB an sich gegeben, so ist in einem zweiten Schritt zu prüfen, ob die fristlose Kündigung nach einer Interessenabwägung die unausweichlich letzte Möglichkeit darstellt.

Hier ist insbesondere die Einhaltung des sog. ultima-ratio-Prinzips zu berücksichtigen. Vorrangig kommen insbesondere beispielsweise die Möglichkeit einer Versetzung bzw. der Ausspruch einer ordentlichen Kündigung in Betracht (BAG NZA 1995, 777).

Vorliegend können die von A gemachten Bemerkungen an sich geeignet sein, einen „wichtigen Grund" zur außerordentlichen Kündigung i.S.v. § 626 Abs. 1 BGB darzustellen. Was als grobe Beleidigung anzusehen ist, muss unter Berücksichtigung aller Umstände des konkreten Einzelfalles entschieden werden. Es kommt insbesondere darauf an, ob sich die

Handlungsweise des Arbeitnehmers in nachhaltiger Weise auf das Betriebsklima auswirkt, insbesondere die Vorgesetztenfunktion des Verletzten untergraben wird (LAG Berlin, DB 1981, 1627). Bei der Bewertung dürfte die Erfüllung eines Straftatbestandes (Beleidigung, üble Nachrede – nach Maßgabe der §§ 185 ff. StGB) eher für, die fehlende strafrechtliche Relevanz hingegen gegen die außerordentliche Kündigung sprechen (so LAG Berlin, a. a. O.). Unter dem Begriff „grobe Beleidigung" ist nur eine besonders schwere, den Angesprochenen kränkende Beleidigung zu verstehen. Eine solche kann sowohl im Inhalt der Beleidigung als auch in ihrer Form liegen. Die von A gemachten Äußerungen stellen nach diesen Grundsätzen wohl eine grobe Beleidigung dar.

Problematisch ist jedoch, dass V Kenntnis von den beleidigenden Äußerungen der A durch den Gebrauch einer Abhörvorrichtung erlangte. Der Gebrauch dieser Abhörvorrichtung im Betrieb des V ist unzulässig. Das BVerfG sah in diesem Mithören einen Verstoß gegen Art. 2 Abs. 1 i.V.m. Art. 1 Abs. 1 GG (BVerfG vom 19.12.1981 – EzA § 611 BGB – Persönlichkeitsrecht Nr. 10 [mithin einen Eingriff in die Privatsphäre des Arbeitnehmers]). Die Kenntnis des Arbeitnehmers von der Möglichkeit des Mithörens von Gesprächen am Diensttelefon beseitigt nicht schon den grundrechtlichen Schutz des gesprochenen Wortes. Die Benutzung des Diensttelefons allein rechtfertigt noch nicht den Schluss, der Sprechende sei mit einem Mithören durch den Arbeitgeber einverstanden. Das Recht am eigenen Wort umfasst auch die Befugnis des Sprechenden, den Adressaten seiner Worte selbst zu bestimmen (BVerfG a. a. O.). Kenntnisse, die unter Verstoß gegen das Persönlichkeitsrecht erlangt wurden, sind grundsätzlich nicht gerichtsverwertbar.

Die durch das unerlaubte Mithören und unter Verstoß gegen das Persönlichkeitsrecht der A erlangten Kenntnisse des V sind daher nicht verwertbar. Die Kündigung wird damit keinen Bestand haben.

3.2.7 Exkurs: Verdachts- und Druckkündigung

In besonders gelagerten Ausnahmefällen kann auch schon der bloße arbeitgeberseitig gehegte Verdacht einer besonders schweren Pflichtverletzung des Arbeitnehmers (meist einer Straftat) den Ausspruch einer (ordentlichen oder gar außerordentlichen) Kündigung rechtfertigen (**Verdachtskündigung**). Dies setzt einen schweren – tatsachenindizierten – Verdacht gegen den Arbeitnehmer voraus. Der Arbeitgeber darf in einem solchen Falle jedoch erst dann zur Kündigung schreiten, wenn er zur Wahrung rechtsstaatlicher Standards zuvor alle Möglichkeiten zur Sachaufklärung in die Wege geleitet und dem betroffenen Arbeitnehmer zudem rechtliches Gehör gewährt hat. Stellt sich im Nachgang zum Kündigungsausspruch die Unschuld des Arbeitnehmers heraus, hat dieser ggf. einen Wiedereinstellungsanspruch.

Neben dem gesetzlich geregelten Fall einer Druckkündigung in § 104 BetrVG (Entfernung betriebsstörender Arbeitnehmer auf Antrag des Betriebsrats wegen gesetzwidrigen Verhaltens oder wegen grober Verletzung der in § 75 Abs. 1 BetrVG enthaltenen Grundsätze für die Behandlung von Betriebsangehörigen) kann der Arbeitgeber in besonders gelagerten Ausnahmefällen auch eine **Druckkündigung** aussprechen, wenn Dritte (bspw. Kollegen oder Kunden) die Kündigung eines ihnen missliebig gewordenen Arbeitnehmers verlangen. Allerdings verlangt die Fürsorgepflicht zunächst einmal, dass der Arbeitgeber sich schützend vor seinen angegriffenen Arbeitnehmer stellt. Dabei ist im Falle einer Benachteiligung wegen eines in § 1 AGG genannten Grundes zudem zu beachten, dass der Arbeitgeber nach § 12 Abs. 1 S. 1 AGG verpflichtet ist, die „erforderlichen Maßnahmen" zum Schutz seines in Rede stehenden Mitarbeiters vor Benachteiligungen zu treffen hat. Verstoßen Mitarbeiter (also Kollegen) gegen das Benachteiligungsverbot des § 7 Abs. 1 AGG, so muss der Arbeitgeber nach § 12 Abs. 3 AGG die im Einzelfall geeigneten, erforderlichen und angemessenen Maßnahmen zur Unterbindung der Benachteiligung (wie Abmahnung, Umsetzung, Versetzung oder Kündigung) ergreifen. Ansonsten gilt für die Druckkündigung Folgendes: Hält der Druck nachhaltig an, obwohl der Arbeitgeber sich schützend vor seinen Mitarbeiter gestellt hat und zeitigen auch die von ihm gegen die Dritten ergriffenen Gegenmaßnahmen keinen Erfolg, kann der Arbeitgeber ggf. – unter Abwägung seiner legitimen wirtschaftlichen und betrieblichen Interessen, die schwere Schäden befürchten lassen, mit den berechtigten Arbeitnehmerinteressen an einem Forbestand des Arbeitsverhältnisses – eine Kündigung aussprechen.

3.2.8   Die Änderungskündigung

Ein Sonderfall der ordentlichen bzw. außerordentlichen Kündigung ist die Änderungskündigung: Kündigt der Arbeitgeber das Arbeitsverhältnis und bietet er dem Arbeitnehmer im Zusammenhang mit der Kündigung die Fortsetzung des Arbeitsverhältnisses zu geänderten Arbeitsbedingungen an, kann der Arbeitnehmer dieses Angebot nach § 2 KSchG unter dem Vorbehalt annehmen, dass die Änderung der Arbeitsbedingungen nicht i.S. des § 1 Abs. 2 S. 1 bis 3 sowie Abs. 3 S. 1 und 2 KSchG sozial ungerechtfertigt ist. Die Änderungskündigung ist also in erster Linie nicht auf eine endgültige Beendigung des Arbeitsverhältnisses gerichtet, sondern zielt auf eine Änderung der Arbeitsbedingungen. Ihre rechtliche Zulässigkeit bemisst sich nach Maßgabe der Voraussetzungen der zugrunde liegenden Kündigung, da die Änderungskündigung letztlich als **echte Kündigung** zu qualifizieren ist (weshalb vor ihrem Ausspruch auch eine Betriebsratsbeteiligung nach § 102 BetrVG erforderlich ist). Dies bedeutet, dass eine ordentliche Änderungskündigung unter Zugrundelegung des Kündigungsschutzgesetzes nur aus dringenden betrieblichen, personen- oder verhaltensbedingten Gründen ausgesprochen werden kann. Das Arbeitsgericht hat zu prüfen, ob die Änderung der Arbeitsbedingungen nach § 2 KSchG sozial gerechtfertigt ist (§ 4 S. 2 KSchG).

Beachte: Der Arbeitnehmer kann auf eine Änderungskündigung wie folgt reagieren:

- Er akzeptiert das Angebot des Arbeitgebers mit den von diesem vorgegebenen Bedingungen, womit es zum wirksamen Abschluss eines Änderungsvertrags (§ 311 Abs. 1 BGB) kommt.

- Er lehnt das Angebot des Arbeitgebers ab – und kann im Nachgang die soziale Rechtfertigung der Änderungskündigung nach Maßgabe von § 1 KSchG arbeitsgerichtlich überprüfen lassen.

- Er nimmt das Angebot des Arbeitgebers unter dem Vorbehalt an, dass die geänderten Konditionen nicht sozial ungerechtfertigt sind (§ 1 KSchG) und erhebt innerhalb von drei Wochen nach Zugang der Änderungskündigung Klage vor dem Arbeitsgericht (§ 4 S. 1 i.V.m. § 7 KSchG) mit dem Ziel der Überprüfung der Kündigung auf ihre Sozialwidrigkeit.

Änderungskündigung – unbestimmtes Angebot des Arbeitgebers
(BAG, Urteil v. 15.1.2009 = NZA 2009, 957):
Die zur sozialen Rechtfertigung einer ordentlichen Änderungskündigung notwendigen dringenden betrieblichen Erfordernisse i.S.v. § 1 Abs. 2 S. 1 und § 2 KSchG setzen – so das BAG – voraus, dass das Bedürfnis für die Weiterbeschäftigung des Arbeitnehmers im Betrieb zu den bisherigen Bedingungen entfallen ist: Lägen dringende betriebliche Erfordernisse vor, die einer Beschäftigung eines Arbeitnehmers zu den bisherigen, unveränderten Arbeitsbedingungen entgegenstehen, so sei eine Änderungskündigung gleichwohl nur dann sozial gerechtfertigt, wenn sich der Arbeitgeber bei einem an sich anerkennenswerten Anlass darauf beschränkt hat, lediglich solche Änderungen vorzuschlagen, die der Arbeitnehmer billigerweise hinnehmen muss. Im Rahmen der §§ 1, 2 KSchG sei zu prüfen, ob das Beschäftigungsbedürfnis des betreffenden Arbeitnehmers zu den bisherigen Vertragsbedingungen entfallen ist. Dieser Maßstab gelte unabhängig davon, ob der Arbeitnehmer das Änderungsangebot abgelehnt oder unter Vorbehalt angenommen hat. Ob der Arbeitnehmer eine ihm vorgeschlagene Änderung billigerweise hinnehmen muss, sei nach dem Verhältnismäßigkeitsgrundsatz zu beurteilen. Die Änderungen müssten geeignet und erforderlich sein, um den Inhalt des Arbeitsvertrags den geänderten Beschäftigungsmöglichkeiten anzupassen. Diese Voraussetzungen müssten für alle Vertragsänderungen vorliegen. Dabei dürften sich alle angebotenen Änderungen nicht weiter vom Inhalt des bisherigen Arbeitsverhältnisses entfernen, als sie zur Erreichung des angestrebten Ziels erforderlich sind. Aus dem Vorbringen des Arbeitgebers müsse erkennbar werden, dass er auch unter Berücksichtigung der vertraglich eingegangenen besonderen Verpflichtungen alles Zumutbare unternommen hat, die notwendig gewordene Anpassung auf das unbedingt erforderliche Maß zu beschränken. Das mit der Kündigung unterbreitete Änderungsangebot müsse ferner konkret gefasst, d.h. eindeutig bestimmt bzw. zumindest bestimmbar sein. Das Änderungsangebot müsse so konkret gefasst sein, dass es der Arbeitnehmer ohne weiteres annehmen kann. Ihm müsse klar sein, welche Arbeitsbedingungen zukünftig gelten sollen. Nur so könne er seine Entscheidung über die Annahme oder Ablehnung des Angebots treffen. Da der Arbeitnehmer von Gesetzes wegen innerhalb einer kurzen Frist auf das Vertragsangebot eines Arbeitgebers reagieren und sich entscheiden müsse, ob er die geänderten Arbeitsbedingungen ablehnt oder mit oder ohne Vorbehalt annimmt, sei deshalb nach der ständigen Rechtsprechung des BAG schon im Interesse der Rechtssicherheit zu fordern, dass mit dem Änderungsangebot zweifelsfrei klargestellt werde, zu welchen neuen Arbeitsbedingungen das Arbeitsverhältnis nach dem Willen des Arbeitgebers fortbestehen soll. Unklarheiten gingen zu Lasten des Arbeitgebers. Sie führten im Ergebnis zur Unwirksamkeit der Änderungskündigung.

Annahmefrist bei einer Änderungskündigung
(BAG, Urteil v. 1.2.2007 = NZA 2007, 925):
Nach § 148 BGB könne der Antragende eine Frist zur Annahme eines Angebots bestimmen. Eine Annahme kann dann nur innerhalb der bestimmten Frist erfolgen. Die subsidiäre Regel des § 147 Abs. 2 BGB, nach der der einem Abwesenden gemachte Antrag nur bis zu dem Zeitpunkt angenommen werden kann, in welchem der Antragende den Eingang der

Antwort unter regelmäßigen Umständen erwarten darf, gelte danach nur, wenn der Antragende von der ihm nach § 148 BGB eingeräumten Möglichkeit keinen Gebrauch gemacht hat oder die Fristbestimmung unwirksam ist. Die Fristbestimmung i.S.v. § 148 BGB könne dabei nicht nur durch die Festlegung eines konkreten Termins oder durch die Festsetzung eines Zeitraums erfolgen, sondern sich auch aus den Umständen ergeben. Ausreichend sei jede zeitliche Konkretisierung, durch die der Antragende zu erkennen gibt, er wolle von der gesetzlichen Regelung des § 147 BGB nach oben oder unten abweichen. So könne bspw. die Frist dadurch verkürzt werden, dass der Antragende dem Erklärungsempfänger zu einer „sofortigen" bzw. „raschen Annahme" oder zu einem „umgehenden Anruf" auffordert. Die Wendung „umgehende Antwort" verlange im Allgemeinen eine rasche Überlegung und Übermittlung. Auch gebe es für die Dauer der gewillkürten Annahmefrist grundsätzlich keine Grenze. Allerdings müsse im Hinblick auf § 2 S. 2 KSchG die Mindestannahmefrist drei Wochen betragen. Sie dürfe nicht unterschritten werden.

Von der Änderungskündigung ist die sog. **Teilkündigung** zu unterscheiden, die nur eine einzelne Bestimmung des Arbeitsvertrages (nicht jedoch den Vertrag in Gänze) zum Erlöschen bringen soll. Sie ist wegen Umgehung der Kündigungsschutzvorschriften gegenüber dem Arbeitnehmer grundsätzlich unzulässig. Statthaft kann hingegen die Vereinbarung eines Widerrufsvorbehalts wegen einer einzelnen Vertragsbedingung im Arbeitsvertrag sein, wenn und soweit dies nicht zu einer Umgehung des Kündigungsschutzes führt. So akzeptiert die Rechtsprechung einen Widerrufsvorbehalt hinsichtlich des Entgelts – allerdings nur bis zu 25 %.

3.2.9 Befristung und Bedingung im Arbeitsverhältnis

Nach § 620 Abs. 1 BGB endet ein Dienstverhältnis mit dem Ablauf der Zeit, für die es abgeschlossen wurde (Beendigung durch Zeitablauf). Die Befristung eines Arbeitsverhältnisses (§ 163 BGB) ist grundsätzlich statthaft, wenn die Voraussetzungen des TzBfG vorliegen (so § 620 Abs. 3).

Befristet beschäftigt ist nach § 3 Abs. 1 TzBfG ein Arbeitnehmer mit einem auf bestimmte Zeit geschlossenen Arbeitsvertrag. Ein auf bestimmte Zeit geschlossener Arbeitsvertrag (**befristeter Arbeitsvertrag**) liegt vor, wenn seine Dauer kalendermäßig bestimmt ist (**kalendermäßig befristeter Arbeitsvertrag**) oder sich aus Art, Zweck oder Beschaffenheit der Arbeitsleistung ergibt (**zweckbefristeter Arbeitsvertrag**).

§ 14 TzBfG regelt die **Zulässigkeit einer Befristung**: Nach dessen Abs. 1 ist die Befristung eines Arbeitsvertrages dann zulässig, wenn sie durch einen **sachlichen Grund** gerechtfertigt ist. Ein sachlicher Grund liegt insbesondere vor, wenn

- der betriebliche Bedarf an der Arbeitsleistung nur vorübergehend besteht (Nr. 1),
- die Befristung im Anschluss an eine Ausbildung oder ein Studium erfolgt, um den Übergang des Arbeitnehmers in eine Anschlussbeschäftigung zu erleichtern (Nr. 2),
- der Arbeitnehmer zur Vertretung eines anderen Arbeitnehmers beschäftigt wird (Nr. 3),
- die Eigenart der Arbeitsleistung die Befristung rechtfertigt (Nr. 4),
- die Befristung zur Erprobung erfolgt (Nr. 5),
- in der Person des Arbeitnehmers liegende Gründe die Befristung rechtfertigen (Nr. 6),

- der Arbeitnehmer aus Haushaltsmitteln vergütet wird, die haushaltsrechtlich für eine befristete Beschäftigung bestimmt sind, und er entsprechend beschäftigt wird (Nr. 7) oder
- die Befristung auf einem gerichtlichen Vergleich beruht (Nr. 8).

Die kalendermäßige Befristung eines Arbeitsvertrages **ohne Vorliegen eines sachlichen Grundes** ist nach § 14 Abs. 2 TzBfG bis zur Dauer von zwei Jahren zulässig – bis zu dieser Gesamtdauer von zwei Jahren ist auch die höchstens dreimalige Verlängerung eines kalendermäßig befristeten Arbeitsvertrages zulässig. Eine entsprechende Befristung ist jedoch unzulässig, wenn mit demselben Arbeitgeber bereits zuvor ein befristetes oder unbefristetes Arbeitsverhältnis bestanden hat. Durch Tarifvertrag kann die Anzahl der Verlängerungen oder die Höchstdauer der Befristung davon abweichend festgelegt werden.

In den ersten vier Jahren nach der **Gründung eines Unternehmens** ist die kalendermäßige Befristung eines Arbeitsvertrages ohne Vorliegen eines sachlichen Grundes nach § 14 Abs. 2a TzBfG bis zur Dauer von vier Jahren zulässig; bis zu dieser Gesamtdauer von vier Jahren ist auch die mehrfache Verlängerung eines kalendermäßig befristeten Arbeitsvertrages zulässig. Maßgebend für den Zeitpunkt der Gründung des Unternehmens ist die Aufnahme einer Erwerbstätigkeit, die nach § 138 AO der Gemeinde oder dem Finanzamt mitzuteilen ist.

Die kalendermäßige Befristung eines Arbeitsvertrages ohne Vorliegen eines sachlichen Grundes ist gemäß § 14 Abs. 3 TzBfG bis zu einer Dauer von fünf Jahren zulässig, wenn der Arbeitnehmer bei Beginn des befristeten Arbeitsverhältnisses das **52. Lebensjahr** vollendet hat und unmittelbar vor Beginn des befristeten Arbeitsverhältnisses mindestens vier Monate beschäftigungslos i.S. des § 119 Abs. 1 Nr. 1 SGB III gewesen ist, Transferkurzarbeitergeld bezogen oder an einer öffentlich geförderten Beschäftigungsmaßnahme nach SGB II oder III teilgenommen hat. Bis zu der Gesamtdauer von fünf Jahren ist auch die mehrfache Verlängerung des Arbeitsvertrages zulässig.

Die Befristung eines Arbeitsvertrages bedarf zu ihrer Wirksamkeit nach § 14 Abs. 4 TzBfG der **Schriftform** (§ 126 BGB).

§ 15 Abs. 1 TzBfG regelt das **Ende eines befristeten Arbeitsvertrages**: Ein **kalendermäßig befristeter Arbeitsvertrag** endet mit Ablauf der vereinbarten Zeit. Ein **zweckbefristeter Arbeitsvertrag** endet gemäß § 15 Abs. 2 TzBfG mit Erreichen des Zwecks, frühestens jedoch zwei Wochen nach Zugang der schriftlichen Unterrichtung des Arbeitnehmers durch den Arbeitgeber über den Zeitpunkt der Zweckerreichung.

Ein befristetes Arbeitsverhältnis unterliegt nur dann der ordentlichen Kündigung, wenn dies einzelvertraglich oder im anwendbaren Tarifvertrag vereinbart ist (so § 15 Abs. 3 TzBfG) – es ist also grundsätzlich nur außerordentlich (§ 626 BGB) kündbar.

Wird das Arbeitsverhältnis nach Ablauf der Zeit, für die es eingegangen ist, oder nach Zweckerreichung mit Wissen des Arbeitgebers fortgesetzt, so gilt es (gesetzliche Fiktion) nach § 15 Abs. 4 TzBfG als auf unbestimmte Zeit verlängert, wenn der Arbeitgeber nicht unverzüglich (vgl. die Legaldefinition in § 121 Abs. 1 S. 1 BGB – ohne schuldhaftes Zögern) widerspricht oder dem Arbeitnehmer die Zweckerreichung nicht unverzüglich mitteilt.

Ist die Befristung unwirksam, so gilt (gesetzliche Fiktion) der befristete Arbeitsvertrag nach § 16 TzBfG (Folgen unwirksamer Befristung) als auf unbestimmte Zeit geschlossen; er kann vom Arbeitgeber frühestens zum vereinbarten Ende ordentlich gekündigt werden, sofern nicht nach § 15 Abs. 3 TzBfG die ordentliche Kündigung zu einem früheren Zeitpunkt möglich ist. Ist die Befristung nur wegen des Mangels der Schriftform unwirksam, kann der Arbeitsvertrag auch vor dem vereinbarten Ende ordentlich gekündigt werden.

Will der Arbeitnehmer geltend machen, dass die Befristung eines Arbeitsvertrages unwirksam ist, so muss er gemäß § 17 TzBfG innerhalb von drei Wochen nach dem vereinbarten Ende des befristeten Arbeitsvertrages Klage beim Arbeitsgericht auf Feststellung erheben, dass das Arbeitsverhältnis auf Grund der Befristung nicht beendet ist. Die §§ 5 bis 7 KSchG gelten entsprechend mit der Folge, dass der Arbeitnehmer nach Ablauf dieser Frist präkludiert ist und sich nicht mehr auf die Unwirksamkeit der Befristung berufen kann.

Wird der Arbeitsvertrag unter einer auflösenden Bedingung geschlossen (auflösend bedingter Arbeitsvertrag), so gelten gemäß § 21 TzBfG die Regelungen des § 4 Abs. 2, § 5, § 14 Abs. 1 und 4, § 15 Abs. 2, 3 und 5 sowie die §§ 16 bis 20 TzBfG entsprechend.

Ein befristet beschäftigter Arbeitnehmer darf wegen der Befristung des Arbeitsvertrages nach § 4 Abs. 2 TzBfG nicht schlechter behandelt werden, als ein vergleichbarer unbefristet beschäftigter Arbeitnehmer, es sei denn, dass „sachliche Gründe" eine unterschiedliche Behandlung rechtfertigen. Einem befristet beschäftigten Arbeitnehmer ist Arbeitsentgelt oder eine andere teilbare geldwerte Leistung, die für einen bestimmten Bemessungszeitraum gewährt wird, mindestens in dem Umfang zu gewähren, der dem Anteil seiner Beschäftigungsdauer am Bemessungszeitraum entspricht. Sind bestimmte Beschäftigungsbedingungen von der Dauer des Bestehens des Arbeitsverhältnisses in demselben Betrieb oder Unternehmen abhängig, so sind für befristet beschäftigte Arbeitnehmer dieselben Zeiten zu berücksichtigen wie für unbefristet beschäftigte Arbeitnehmer, es sei denn, dass eine unterschiedliche Berücksichtigung aus sachlichen Gründen gerechtfertigt ist.

Wichtige Judikatur (bitte lesen):

**Zur Wirksamkeit einer tariflichen Altersgrenze
(BAG, Urteil v. 8.12.2010 = NZA 2011, 586):**
Nach der Rechtsprechung des BAG kann eine auf das 65. Lebensjahr abstellende Altersgrenzenregelung in Kollektivnormen die Befristung des Arbeitsverhältnisses sachlich rechtfertigen (BAGE 127, 74): Ein Arbeitnehmer verfolge mit seinem Wunsch auf eine dauerhafte Fortsetzung seines Arbeitsverhältnisses über das 65. Lebensjahr hinaus zwar legitime wirtschaftliche und ideelle Anliegen. Das Arbeitsverhältnis sichere seine wirtschaftliche Existenzgrundlage und biete ihm die Möglichkeit beruflicher Selbstverwirklichung. Allerdings handele es sich um ein Fortsetzungsverlangen eines mit Erreichen der Regelaltersgrenze wirtschaftlich abgesicherten Arbeitnehmers, der bereits ein langes Berufsleben hinter sich hat, und dessen Interesse an der Fortführung seiner beruflichen Tätigkeit aller Voraussicht nach nur noch für eine begrenzte Zeit besteht. Hinzu komme, dass der Arbeitnehmer auch typischerweise von der Anwendung der Altersgrenzenregelungen durch seinen Arbeitgeber Vorteile hatte, weil dadurch auch seine Einstellungs- und Aufstiegschancen verbessert worden sind. Demgegenüber stehe das Bedürfnis des Arbeitgebers nach einer sachgerechten und berechenbaren Personal- und Nachwuchsplanung. Dem Interesse des Arbeitgebers, beizeiten geeigneten Nachwuchs einzustellen oder bereits beschäftigte Arbeitnehmer fördern zu können, hatte das BAG bereits früher Vorrang vor dem Bestandsschutzinteresse des Arbeitnehmers gewährt, wenn der Arbeitnehmer durch den Bezug einer gesetzlichen Altersrente wegen Vollendung des 65. Lebensjahres wirtschaftlich

abgesichert ist. Das Erfordernis der wirtschaftlichen Absicherung folge aus der sich aus Art. 12 Abs. 1 GG ergebenden Schutzpflicht, die den Staat bei der privatautonomen Beendigung von Arbeitsverhältnissen trifft. Ende das Arbeitsverhältnis durch die vereinbarte Altersgrenze, verliere der Arbeitnehmer den Anspruch auf die Arbeitsvergütung, die ihm bisher zum Bestreiten seines Lebensunterhalts zur Verfügung gestanden hat. Die Beendigung des Arbeitsverhältnisses aufgrund einer Altersgrenzenregelung sei verfassungsrechtlich nur zu rechtfertigen, wenn an die Stelle der Arbeitsvergütung der dauerhafte Bezug von Leistungen aus einer Altersversorgung trete. Die Anbindung an eine rentenrechtliche Versorgung bei Ausscheiden durch eine Altersgrenze sei damit Bestandteil des Sachgrundes.

Die Wirksamkeit der Befristung sei allerdings nicht von der konkreten wirtschaftlichen Absicherung des Arbeitnehmers bei Erreichen der Altersgrenze abhängig. Ein solcher Prüfungsmaßstab wäre systemwidrig, weil im Befristungsrecht nur maßgeblich ist, ob der Arbeitgeber bei Vertragsschluss einen von der Rechtsordnung anzuerkennenden Grund für einen nicht auf Dauer angelegten Arbeitsvertrag hatte oder nicht. Mit diesem Grundgedanken sei es unvereinbar, die Wirksamkeit der bei Vertragsschluss vereinbarten Befristung nach der konkreten wirtschaftlichen Situation des Arbeitnehmers bei Erreichen der Altersgrenze zu beurteilen. Auch das verfassungsrechtliche Untermaßverbot erfordere für die Wirksamkeit der Altersgrenze keine am individuellen Lebensstandard des Arbeitnehmers und seinen subjektiven Bedürfnissen orientierte Altersversorgung. Der sich aus Art. 12 Abs. 1 GG ergebenden Schutzpflicht sei genügt, wenn der befristet beschäftigte Arbeitnehmer nach dem Vertragsinhalt und der Vertragsdauer eine Altersversorgung in der gesetzlichen Rentenversicherung erwerben kann oder bei Vertragsschluss bereits die für den Bezug einer Altersrente erforderliche rentenrechtliche Wartezeit erfüllt hat. Mit den Vorschriften über die gesetzliche Rentenversicherung und ihre Ausgestaltung habe der Gesetzgeber ein geeignetes Altersversorgungssystem für Arbeitnehmer geschaffen, das nach ihrem Ausscheiden aus dem Erwerbsleben ihren Lebensunterhalt sicherstellt. Durch die von beiden Arbeitsvertragsparteien entrichteten Beiträge würden die Arbeitnehmer eine Altersrente erwerben, die ihre wirtschaftliche Existenzgrundlage nach Wegfall des Arbeitseinkommens bilden soll. Die Höhe der sich im Einzelfall aus der gesetzlichen Rentenversicherung ergebenden Ansprüche sei für die Wirksamkeit einer auf die Regelaltersgrenze bezogenen Befristung grundsätzlich ohne Bedeutung.

Nach diesen Grundsätzen sei die Altersgrenzenregelung in § 33 Abs. 1a TVöD-V nicht zu beanstanden. Die Regelung knüpfe zwar in der bis zum 30.6.2008 geltenden Fassung an die Vollendung des 65. Lebensjahres an und stellt nicht ausdrücklich auf die Vollendung des gesetzlich festgelegten Alters für den Erwerb einer Regelaltersrente ab. Jedoch war dies die Voraussetzung für die tarifliche Altersgrenze. Denn nach § 35 Nr. 1 SGB VI erreichten alle Beschäftigten mit dem 65. Lebensjahr die Regelaltersrente. Die Veränderung der Tarifregelung zum 1.7.2008 durch den Änderungstarifvertrag vom 31.3.2008 erfolgte vor dem Hintergrund des Rentenversicherungs-Altersgrenzenanpassungsgesetzes vom 20.4.2007, das die Regelaltersgrenze für die Geburtsjahrgänge ab 1947 nach §§ 35 S. 2, 235 Abs. 2 SGB VI schrittweise auf die Vollendung des 67. Lebensjahres anhebt.

Das Verbot der Altersdiskriminierung nach §§ 7 Abs. 1, 1 AGG stehe der tariflichen Altersgrenze des § 33 Abs. 1a TVöD-V ebenfalls nicht entgegen. Mit der Altersgrenze sei zwar eine unmittelbare Benachteiligung wegen des Alters verbunden. Das Erreichen des in einer tariflichen Altersgrenze wie § 33 Abs. 1a TVöD-V für den Eintritt in den Ruhestand festgesetzten Alters führe automatisch zur Auflösung des Arbeitsvertrags. Arbeitnehmer, die dieses Alter erreicht haben, erführen somit eine weniger günstige Behandlung als alle anderen Erwerbstätigen. Eine solche Regelung führe daher unmittelbar zu einer auf dem Alter beruhenden Ungleichbehandlung bei den Entlassungsbedingungen. Diese unmittelbar auf dem Merkmal des Alters beruhende Benachteiligung sei nach § 10 S. 1, 2 und 3 Nr. 5 AGG gerechtfertigt. Die gesetzliche Ermächtigungsvorschrift stehe mit dem Unionsrecht im Einklang. Der deutsche Gesetzgeber verfolge mit ihr in zulässiger Weise rechtmäßige Ziele. Dies gelte auch für die Tarifvertragsparteien, die mit § 33 Abs. 1a TVöD-V den ihnen durch das Gesetz eröffneten Spielraum unionsrechtskonform ausgestaltet haben.

Tarifliche Altersgrenze von 60 Jahren für Flugbegleiter unwirksam
(BAG, Urteil v. 23.6.2010 = NZA 2010, 1248):
Die Klägerin wendet sich im Wege einer Befristungskontrollklage im Sinne von § 17 S. 1 TzBfG gegen die Beendigung ihres Arbeitsverhältnisses aufgrund der Altersgrenzenregelung in § 47 MTV Nr. 11 zum 30.11.2009: Der Klageantrag ist begründet. Das Arbeitsverhältnis der Parteien hat nicht nach § 47 MTV Nr. 11 am 30.11.2009 geendet.
Die tarifliche Altersgrenze von 60 Jahren für Mitglieder des Kabinenpersonals sei mangels eines sie rechtfertigenden sachlichen Grundes i.S.v. § 14 Abs. 1 S. 1 TzBfG unwirksam. Beim Einsatz von Kabinenpersonal bestehe kein annähernd vergleichbares Risiko für die Sicherheit des Flugverkehrs wie beim Einsatz von Cockpit-Personal (für das das BAG eine Altersgrenze von 60 Jahren als sachlich gerechtfertigt akzeptiert hatte – a.A. nunmehr der EuGH NJW 2011, 3209 – Verkehrsflugzeugführer). Die in § 47 MTV Nr. 11 normierte Altersgrenze sei nicht durch einen sachlichen Grund i.S.v. § 14 Abs. 1 S. 1 TzBfG gerechtfertigt. Nach der ständigen Rechtsprechung des BAG unterlägen tarifliche Regelungen über die Beendigung von Arbeitsverhältnissen aufgrund von Befristungen der arbeitsgerichtlichen Befristungskontrolle. Dazu gehörten auch tarifliche Altersgrenzen. Nach der bereits vor Inkrafttreten des TzBfG am 1.1.2001 entwickelten ständigen BAG-Judikatur waren Altersgrenzen, die eine Beendigung des Arbeitsverhältnisses zu einem Zeitpunkt vorsehen, in dem der Arbeitnehmer noch nicht die Möglichkeit hat, eine gesetzliche Altersrente zu beziehen, sachlich gerechtfertigt, wenn das Erreichen eines bestimmten Lebensalters wegen der vom Arbeitnehmer ausgeübten Tätigkeit zu einer Gefährdung wichtiger Rechtsgüter führen kann. Altersgrenzen, welche die Beendigung des Arbeitsverhältnisses von Mitgliedern der Besatzung von Luftfahrzeugen vorsehen, hat das BAG für zulässig gehalten, wenn durch die Beschäftigung des Arbeitnehmers über ein bestimmtes Lebensalter hinaus nach einer nachvollziehbaren Einschätzung der Tarifvertragsparteien das Risiko unerwarteter altersbedingter Ausfallerscheinungen zunimmt und dadurch die Gefahr für Leben und Gesundheit der Besatzungsmitglieder, der Passagiere sowie der Personen am Boden ansteigt. Zwar hänge das zur Minderung der Leistungsfähigkeit führende Altern nicht allein vom Lebensalter ab, sondern sei ein schleichender Prozess, der individuell verschieden schnell vor sich geht. Es entspreche jedoch der allgemeinen Lebenserfahrung, dass die Gefahr einer Beeinträchtigung der Leistungsfähigkeit generell mit zunehmendem Alter größer werde. Insbesondere Flugzeugführer seien überdurchschnittlichen physischen und psychischen Belastungen ausgesetzt, in deren Gefolge auch bei guter individueller gesundheitlicher Verfassung mit höherem Lebensalter das Risiko plötzlicher Ausfallerscheinungen und unerwarteter Fehlreaktionen zunehme. Die Vereinbarung einer Altersgrenze, die das Ende des Arbeitsverhältnisses eines Mitglieds des Cockpit-Personals von dem Erreichen eines

bestimmten Lebensalters abhängig macht, trage dieser möglichen Gefahrenlage Rechnung und schützte damit zugleich das Besatzungsmitglied vor einer Überbeanspruchung durch seine berufliche Tätigkeit. Bei der Beurteilung des Sicherheitsrisikos hätten die Tarifvertragsparteien einen Einschätzungsspielraum, der von den Gerichten für Arbeitssachen bei der Würdigung, ob für die tarifliche Regelung ein sachlicher Grund i.S.d. § 14 Abs. 1 TzBfG besteht, zu beachten sei.

An diesen Grundsätzen, die das BVerfG aus verfassungsrechtlicher Sicht nicht beanstandet hat, hat das BAG unter der Geltung des TzBfG festgehalten, weshalb für die in § 47 MTV Nr. 11 enthaltene Altersgrenze von 60 Jahren für Kabinenpersonal kein sachlicher Grund besteht.

In BAGE 102, 65 wurde bereits entschieden, dass eine auf die Vollendung des 55. Lebensjahres bezogene tarifvertragliche Altersgrenze für das Kabinenpersonal, die mit dem möglichen altersbedingten Nachlassen des physischen und psychischen Leistungsvermögens begründet wird, die Beendigung des Arbeitsverhältnisses nicht rechtfertigen kann. Diese Rechtsprechung hat das BAG auch für eine tarifliche Altersgrenze von 60 Jahren für Kabinenpersonal 2008 bestätigt (AP TzBfG § 14 Nr. 55). Für die in § 47 MTV Nr. 11 normierte Altersgrenze von 60 Jahren gelte nichts anderes. Der altersbedingte Leistungsabbau oder das mit zunehmendem Alter erhöhte Risiko plötzlicher, unvorhersehbarer gesundheitlicher Ausfallerscheinungen könnten bei einem Mitglied des Kabinenpersonals nicht zu einer annähernd vergleichbaren Gefährdung für die Sicherheit des Flugverkehrs führen wie bei einem Mitglied des Cockpit-Personals. Fälle, in denen der altersbedingte Ausfall eines Flugbegleiters andere Menschen in ernste Gefahr bringen könnte, seien derart theoretisch und unwahrscheinlich, dass sie nicht geeignet seien, eine generelle Altersgrenze von 60 Jahren zu rechtfertigen.

Sachgrundlose Befristung bei Vorherbeschäftigung – Verbot zeitlich beschränkt (BAG, Urteil v. 6.4.2011 = NZA 2011, 905):
Nach § 14 Abs. 2 S. 1 TzBfG ist die Befristung eines Arbeitsvertrags ohne Vorliegen eines sachlichen Grundes bis zur Dauer von zwei Jahren zulässig. Das gilt nach § 14 Abs. 2 S. 2 TzBfG nicht, wenn mit demselben Arbeitgeber bereits zuvor ein befristetes oder unbefristetes Arbeitsverhältnis bestanden hat. Eine „Vorbeschäftigung" i.S.v. § 14 Abs. 2 S. 2 TzBfG sollte nicht gegeben sein, wenn das frühere Arbeitsverhältnis mehr als drei Jahre zurückliegt, was eine Auslegung der Vorschrift ergebe.

Das BAG hält nunmehr an dem zeitlich völlig uneingeschränkten Verständnis des Verbots der Vorbeschäftigung nach § 14 Abs. 2 S. 2 TzBfG nicht mehr fest: Unter Berücksichtigung aller Auslegungskriterien sei ein Verständnis der Vorschrift in dem Sinne geboten, dass das Zuvorbeschäftigungsverbot zeitlich eingeschränkt ist. Der Wortlaut und die Gesetzessystematik zwängen zu keiner bestimmten Auslegung. Die Gesetzesgeschichte deute eher auf ein zeitlich unbeschränktes Verbot der Zuvorbeschäftigung. Dagegen sprächen der Normzweck, Gründe der Praktikabilität und Rechtssicherheit sowie insbesondere verfassungsrechtliche Erwägungen für eine zeitliche Beschränkung des Verbots. Aus dem Tatbestandsmerkmal „Anschluss" in § 14 Abs. 1 S. 3 Nr. 2 TzBfG ergebe sich, dass es sich um die Befristung des ersten Arbeitsvertrags handeln müsse, den der Arbeitnehmer nach dem Ende der Ausbildung oder des Studiums abschließt. Ein zwischenzeitliches Arbeitsverhältnis schließe daher eine Befristung nach § 14 Abs. 1 S. 2 Nr. 2 TzBfG aus. Bestand nach der

Ausbildung bereits ein Arbeitsverhältnis, erfolge die Befristung nicht, wie es § 14 Abs. 1
S. 2 Nr. 2 TzBfG voraussetzt, im Anschluss an die Ausbildung, sondern im Anschluss an
die zwischenzeitliche Beschäftigung. Diese am Wortlaut der Vorschrift orientierte Auslegung entspreche auch deren Sinn und Zweck. Dieser bestehe darin, Berufsanfängern den
Berufsstart zu erleichtern (BT-Drucks. 14/4374 S. 19), indem es ihnen ermöglicht wird, im
Rahmen eines befristeten Arbeitsverhältnisses Berufserfahrung zu sammeln und dadurch
ihre Einstellungschancen auf dem Arbeitsmarkt zu verbessern. Dieser Zweck sei erreicht,
sobald der Arbeitnehmer das erste – befristete oder unbefristete – Arbeitsverhältnis nach
dem Studium oder der Ausbildung eingeht. Damit sei der Start in das Berufsleben erfolgt
und der Arbeitnehmer könne sich unter Berufung auf die in dem Arbeitsverhältnis erwor-
bene Berufserfahrung um eine Anschlussbeschäftigung bemühen. Eine wiederholte Befristung nach § 14 Abs. 1 S. 2 Nr. 2 TzBfG sei deshalb nach dem Normzweck nicht zulässig.
Bei jedem weiteren – befristeten oder unbefristeten – Arbeitsvertrag handele es sich bereits
um die nach § 14 Abs. 1 S. 2 Nr. 2 TzBfG anzustrebende Anschlussbeschäftigung, für die
die Befristungsmöglichkeit nach § 14 Abs. 1 S. 2 Nr. 2 TzBfG gerade nicht vorgesehen ist.

Schriftformerfordernis bei Befristung eines Arbeitsvertrags beschränkt
(BAG, Urteil v. 16.4.2008 = NJW 2008, 3453):
Wenn der Abschluss eines befristeten Arbeitsvertrags vom Arbeitgeber von der Unterzeichnung einer Vertragsurkunde – mithin der Einhaltung des Schriftformerfordernisses
(§ 14 Abs. 4 TzBfG) – abhängig gemacht wird, ist eine konkludente Annahme des Arbeitgeberangebots durch bloße Arbeitsaufnahme ausgeschlossen. § 154 Abs. 2 BGB ist auf den
Abschluss einer Befristungsabrede nach Maßgabe des TzBfG weder unmittelbar noch entsprechend anwendbar.

Sachlicher Grund für eine Befristung im Anschluss an eine Ausbildung
(BAG, Urteil v. 10.10.2007 = NJW 2008, 538):
Auf § 14 Abs. 1 S. 2 Nr. 2 TzBfG kann nur die Befristung des ersten Arbeitsvertrags ge-
stützt werden, den der Arbeitnehmer im Anschluss an seine Ausbildung oder sein Studium
abschließt – weswegen eine Vertragsverlängerung mit dem in dieser Vorschrift normierten
Sachgrund nicht möglich ist.

3.3   Nachwirkende Pflichten bei der Beendigung
des Arbeitsverhältnisses

Endet das Arbeitsverhältnis, führt dies grundsätzlich zum Erlöschen der beidseitigen arbeitsvertraglichen Verpflichtungen. Doch kann die Beendigung eine Reihe nachwirkender Verpflichtungen mit sich bringen.

3.3.1   Bezahlte Freizeit zur Stellensuche

Der Arbeitgeber hat dem Arbeitnehmer gemäß § 629 BGB nach der Kündigung auf dessen Verlangen eine angemessene Zeit zur Stellensuche zu gewähren. Insoweit hat der Arbeitnehmer auch nach § 616 BGB einen Anspruch auf Entgeltfortzahlung.

3.3.2   Zeugniserteilung

§ 630 BGB statuiert ebenso wie § 109 GewO (der nach § 6 Abs. 2 GewO auf alle Arbeitnehmer Anwendung findet) einen Anspruch des Arbeitnehmers auf Zeugniserteilung: Bei der Beendigung des Arbeitsverhältnisses kann der Arbeitnehmer vom Arbeitgeber ein schriftliches Zeugnis über das Arbeitsverhältnis (Art der ausgeübten Tätigkeit) und dessen Dauer verlangen (**einfaches Zeugnis** – § 630 S. 1 BGB, § 109 Abs. 1 S. 2 GewO, § 73 S. 1 HGB). Das Zeugnis ist auf Verlangen des Arbeitnehmers auf Angaben über dessen Leistungen und dessen Verhalten (Führung) während der Dauer des Arbeitsverhältnisses zu erstrecken (**qualifiziertes Zeugnis** – § 630 S. 2 BGB, § 109 Abs. 1 S. 3 GewO, § 73 S. 2 HGB). Aus dem qualifizierten Zeugnis müssen sich alle wesentlichen Tatsachen und Beurteilungen ergeben, die für eine Gesamtbeurteilung des Arbeitnehmers notwendig sind. Das Zeugnis hat dem Wahrheitsgebot zu entsprechen, widrigenfalls sich aus einer unrichtigen Zeugniserteilung ggf. sogar Schadensersatzansprüche des Arbeitnehmers (bzw. des neuen Arbeitgebers) aus einem vertragsähnlichen Vertrauensverhältnis oder nach § 826 BGB ergeben können. Zwar ist dem Arbeitnehmer grundsätzlich im Zusammenhang mit einem qualifizierten Zeugnis ein Anspruch auf eine wohlwollende Beurteilung durch den Arbeitgeber zuzubilligen. Dies schließt – wenn der Arbeitnehmer ein entsprechendes (und nicht lediglich ein einfaches) Zeugnis verlangt – es aber nicht aus, dass der Arbeitgeber auch kritische Hinweise und Beurteilungen abgibt. Das Zeugnis muss nach § 109 Abs. 2 GewO klar und verständlich formuliert sein. Es darf keine Merkmale oder Formulierungen enthalten, die den Zweck haben, eine andere als aus der äußeren Form oder aus dem Wortlaut ersichtliche Aussage über den Arbeitnehmer zu treffen. Die Erteilung eines Zeugnisses in elektronischer Form ist ausgeschlossen (§ 109 Abs. 3 GewO, § 630 S. 3 BGB).

Wünscht der Arbeitnehmer, dass der alte gegenüber dem neuen Arbeitgeber Auskünfte über seine Person gibt, so kann ein entsprechender Anspruch (als nachwirkende Nebenpflicht) auf den früheren Arbeitsvertrag i.V.m. § 242 BGB gestützt werden.

Wichtige Judikatur (bitte lesen):

Anspruch auf Zeugniserteilung (BAG, Urteil v. 12.8.2008 = DB 2008, 2546):
Der Arbeitgeber erfüllt den Zeugnisanspruch durch Erteilung eines Zeugnisses, das nach Form und Inhalt den gesetzlichen Anforderungen entspricht. Genügt das Zeugnis diesen Anforderungen nicht, kann der Arbeitnehmer dessen Berichtigung oder Ergänzung beanspruchen: Der gesetzlich geschuldete Inhalt des Zeugnisses bestimme sich nach den mit ihm verfolgten Zwecken. Ein Zeugnis sei regelmäßig Bewerbungsunterlage und damit gleichzeitig Entscheidungsgrundlage für die Personalauswahl künftiger Arbeitgeber. Deshalb habe es Auswirkungen auf das berufliche Fortkommen des Arbeitnehmers. Dem Arbeitnehmer gebe es zugleich Aufschluss darüber, wie der Arbeitgeber seine Leistungen beurteilt. Vom Arbeitgeber werde dabei verlangt, dass er den Arbeitnehmer auf der Grund-

lage von Tatsachen beurteilt und, soweit das möglich ist, ein objektives Bild über den Verlauf des Arbeitsverhältnisses vermittelt.

Daraus ergeben sich die Gebote der Zeugniswahrheit und der Zeugnisklarheit: Der Grundsatz der Zeugniswahrheit erstreckt sich auf alle wesentlichen Tatsachen, die für die Gesamtbeurteilung des Arbeitnehmers von Bedeutung sind und an deren Kenntnis ein künftiger Arbeitgeber ein berechtigtes und verständiges Interesse haben kann. Die Tätigkeiten des Arbeitnehmers sind so vollständig und genau zu beschreiben, dass sich ein künftiger Arbeitgeber ein klares Bild machen kann. Das Gebot der Zeugnisklarheit ist nach § 109 Abs. 2 GewO gesetzlich normiert. Danach muss das Zeugnis klar und verständlich formuliert sein. Es darf keine Formulierungen enthalten, die den Zweck haben, eine andere als aus der äußeren Form oder aus dem Wortlaut ersichtliche Aussage über den Arbeitnehmer zu treffen. Abzustellen ist auf den objektiven Empfängerhorizont des Lesers des Zeugnisses. Es kommt nicht darauf an, welche Vorstellungen der Zeugnisverfasser mit seiner Wortwahl verbindet.

In diesem Rahmen sei – so das BAG – der Arbeitgeber grundsätzlich in der Formulierung frei, solange das Zeugnis nichts Falsches enthält. Der Arbeitgeber entscheide deshalb auch darüber, welche positiven oder negativen Leistungen er stärker hervorheben will als andere. Maßstab sei der eines wohlwollenden verständigen Arbeitgebers. Das Recht des Arbeitgebers, selbst darüber zu entscheiden, ob er bestimmte Leistungen oder Eigenschaften des Arbeitnehmers hervorhebt, werde durch die gesetzlichen Gebote der Zeugnisklarheit und Zeugniswahrheit begrenzt. Sei es für Arbeitnehmer einer Branche oder einer Berufsgruppe üblich, bestimmte positive Eigenschaften oder Leistungen hervorzuheben, dann müsse dieser Übung auch im Zeugnis Rechnung getragen werden.

Nach § 109 Abs. 2 S. 2 GewO ist es unzulässig, ein Zeugnis mit geheimen Merkmalen oder unklaren Formulierungen zu versehen, durch die der Arbeitnehmer anders beurteilt werden soll, als dies aus dem Zeugniswortlaut ersichtlich ist. Weder Wortwahl noch Auslassungen dürfen dazu führen, dass bei Lesern des Zeugnisses der Wahrheit nicht entsprechende Vorstellungen entstehen können. Ein Zeugnis darf deshalb dort keine Auslassungen enthalten, wo der verständige Leser eine positive Hervorhebung erwartet. Anspruch auf ausdrückliche Bescheinigung bestimmter Merkmale hat damit der Arbeitnehmer, in dessen Berufskreis dies üblich ist und bei dem das Fehlen einer entsprechenden Aussage im Zeugnis sein berufliches Fortkommen behindern könnte. Das Weglassen bestimmter Prädikate oder berufsspezifischer Merkmale ist bei einer im Übrigen positiven Beurteilung zwar grundsätzlich noch kein Hinweis auf deren Fehlen, wenn das Prädikat zu den Selbstverständlichkeiten des Berufskreises des Arbeitnehmers gehört. Soweit jedoch die Merkmale in besonderem Maße gefragt sind und deshalb der allgemeine Brauch besteht, diese im Zeugnis zu erwähnen, könne die Nichterwähnung (beredtes Schweigen) ein erkennbarer Hinweis für den Zeugnisleser sein.

Fall 13: Der Anspruch auf ein Arbeitszeugnis

Sachverhalt: K war seit fünf Jahren im Betrieb des U beschäftigt. Sie absolvierte dort ihre Ausbildung und war anschließend als kaufmännische Angestellte tätig. K kündigte – weil sie eine besser dotierte Stelle antreten konnte – ohne Einhaltung der vertraglich vereinbarten

Kündigungsfrist am 11. Mai. In dem von K verlangten Arbeitszeugnis erwähnte U unter anderem: „Wir haben Frau K als ehrliche, zuverlässige und pünktliche Mitarbeiterin kennengelernt. Frau K bewies im Umgang mit Kunden Verhandlungsgeschick und gute Umgangsformen". Ferner schrieb U: „Frau K hat jedoch ihren Arbeitsplatz vorzeitig und vertragswidrig am 11. Mai verlassen". Das Arbeitszeugnis wurde ihr in der Folgezeit in einem Briefumschlag in gefaltetem Zustand ausgehändigt.

K verlangt, dass das Wort „pünktlich" sowie der Beendigungsgrund aus dem Zeugnis entfernt werden. Hingegen wünscht K folgende Ergänzung: „Wir wünschen Ihr für die Zukunft alles Gute und viel Erfolg". Da K mittlerweile in ein anderes Bundesland verzogen ist, wünscht sie die Übersendung an ihren neuen Wohnort.

U wendet daraufhin ein, dass er keine Lust habe, die Änderung vorzunehmen. Schon gar nicht sehe er ein, K das Zeugnis zu übersenden, da sie es sich ja auch während der üblichen Bürostunden abholen könne. Wie ist die Rechtslage?

Lösung:
Sämtliche Arbeitnehmer, auch arbeitnehmerähnliche und im Ausbildungsverhältnis stehende Personen, haben einen Rechtsanspruch auf Ausstellung des Zeugnisses (in der Privatwirtschaft allgemein als „Arbeitszeugnis" bzw. „Ausbildungszeugnis" bezeichnet). Rechtsgrundlage ist für die gewerblichen Arbeitnehmer § 113 GewO, für Auszubildende (einschließlich Volontäre und Praktikanten) § 8 BBiG und für alle sonstigen Beschäftigten, zum Beispiel leitende Angestellte die allgemeine Regelung des § 630 BGB.

Der Arbeitnehmer kann ein Zeugnis über die Art und Dauer der Beschäftigung verlangen (§ 630 S. 1 BGB), aus dem auch die Person des Arbeitnehmers mit Namen, Vornamen und Beruf zweifelsfrei hervorgehen muss (sog. einfaches Arbeitszeugnis). Nach § 630 S. 2 BGB ist auf Verlangen des Arbeitnehmers auch ein Zeugnis zu erstellen, das sich weitergehend auf die Führung und Leistung während des Arbeitsverhältnisses erstreckt (sog. qualifiziertes Arbeitszeugnis).

Wird ein solches Verlangen gestellt, muss der Dienstberechtigte ein qualifiziertes Zeugnis erstellen, der Arbeitnehmer kann ein einfaches Zeugnis ablehnen. Das qualifizierte Arbeitszeugnis muss über den Inhalt des einfachen Zeugnisses hinaus eine Gesamtbewertung des Charakterbildes und der Leistung des Arbeitnehmers während der Dauer des Arbeitsverhältnisses enthalten. Da heute selbst bei einfachen Tätigkeiten qualifizierte Zeugnisse verkehrsüblich sind, hat die Praxis das Verhältnis von Regel und Ausnahme im § 630 BGB praktisch umgekehrt. Als allgemeine Grundsätze sind die Einheitlichkeit sowie die Vollständigkeit und Wahrheit des Zeugnisses anerkannt. Unumstritten ist auch, dass die Wortwahl im Ermessen des Ausstellers liegt, bei der Abfassung des Zeugnisses jedoch der wohlwollende Maßstab eines verständigen Arbeitnehmers anzulegen ist. Danach ist der Arbeitgeber aufgrund seiner bestehenden oder nachwirkenden Fürsorgepflicht gehalten, das Zeugnis mit verständigem Wohlwollen abzufassen, um dem Arbeitnehmer das weitere berufliche Fortkommen nicht unnötig zu erschweren (dazu näher Schlesmann, BB 1988, 1320).

K verlangt die Berichtigung eines qualifizierten Zeugnisses, weil in ihrem Zeugnis nicht nur die Art und Dauer der Tätigkeit, sondern zumindest auch eine Leistungsbeurteilung enthalten ist.

Ausgehend von den oben dargelegten Grundsätzen bedeutet dies für den Inhalt des von K begehrten qualifizierten Zeugnisses:

Der Beendigungsgrund (warum gekündigt wurde) wie auch die Frage, wer wie (frist-gemäß oder fristlos) gekündigt hat, gehören nicht in das Arbeitszeugnis (so LAG Hamm, NZA 1986, 99).

K kann daher verlangen, dass die Formulierung „vorzeitig und vertragswidrig am 11. Mai verlassen" gestrichen wird, da dieser Passus ihr das berufliche Fortkommen unnötig er-schwert. Bereits durch die Angabe des für die Beendigung des Arbeitsverhältnisses unge-wöhnlichen Zeitpunktes „11. Mai" wird zum Ausdruck gebracht, dass jedenfalls keine fristgerechte Kündigung (§ 622 BGB) die Beendigung bewirkte, so dass sich ein neuer Arbeitgeber bei U durch eine Auskunftserteilung rückversichern kann (LAG Düsseldorf, NZA 1988, 399).

K hat hingegen keinen Anspruch darauf, dass das Wort „pünktlich" aus dem Zeugnis ent-fernt wird. Das Wort „pünktlich" steht in der Wortkette „ehrliche, zuverlässige und pünkt-liche Mitarbeiterin". Auf einen Außenstehenden wirkt diese Charakterisierung positiv: Ehr-lichkeit, Zuverlässigkeit und Pünktlichkeit sind positive Eigenschaften, die bei einer kaufmännischen Angestellten vorausgesetzt und daher vom Arbeitgeber einer solchen An-gestellten auch erwartet werden (ArbG Bayreuth, NZA 1992, 799). K kann daher nicht verlangen, dass das Wort „pünktlich" aus dem Arbeitszeugnis entfernt wird.

K muss es hingegen nicht hinnehmen, dass ihr ein gefaltetes Zeugnis ausgehändigt wird. Ein Arbeitszeugnis ist auf einem ordentlichen Firmenbogen, auf welchem das Anschrifts-feld nicht ausgefüllt ist, und in ungefaltetem Zustand auszustellen (LAG Hamburg, NZA 1994, 890).

Die Aufnahme der „Wunschformel" in das Arbeitszeugnis kann K hingegen nicht verlan-gen. Gemäß § 630 BGB kann der Arbeitnehmer ein schriftliches Zeugnis über Art und Dauer des Arbeitsverhältnisses verlangen und darüber hinaus fordern, dass es auch noch Auskunft gibt über seine Leistungen und seine Führung. § 630 BGB gibt hingegen keinen Anspruch auf bestimmte Formulierungen. Vielmehr steht der Wortlaut eines Zeugnisses im Ermessen des Arbeitgebers (ArbG Bremen, NZA 1992, 800).

Grundsätzlich muss der Arbeitnehmer seine Arbeitspapiere, zu denen auch das Arbeits-zeugnis gehört, bei seinem (früheren) Arbeitgeber abholen. Ist ein Ort für die Leistung we-der bestimmt noch aus den Umständen, insbesondere der Natur des Schuldverhältnisses zu entnehmen, so hat die Leistung am Wohnsitz des Schuldners zu erfolgen (§ 269 Abs. 1 BGB). Anstelle des Wohnsitzes tritt, wenn der Schuldner seine gewerbliche Niederlassung an einem anderen Ort hat, der Gewerbebetrieb des Schuldners, wenn die Verbindlichkeit in seinem Gewerbebetrieb entstanden ist (§ 269 Abs. 2 BGB). Nach überwiegender Auffas-sung ist die Zeugnisschuld daher eine Holschuld im Sinne von § 269 Abs. 2 BGB.

Nach § 242 BGB kann der Arbeitgeber im Einzelfall jedoch gehalten sein, dem Arbeit-nehmer das Arbeitszeugnis auch nachzuschicken. Aus Gründen der nachwirkenden Für-sorge wird dann aus der Holschuld eine Schickschuld, etwa wenn die Abholung der Arbeitspapiere für den Arbeitnehmer mit unverhältnismäßig hohen Kosten oder besonderer Mühe verbunden ist (BAG NJW 1995, 2373). Da K ihren Wohnsitz zwischenzeitlich in ein anderes Bundesland verlegt hat, ist hier von einer Schickschuld auszugehen. K hat daher einen Anspruch auf Übersendung des Zeugnisses.

Ergebnis: K kann die Entfernung der Vertragswidrigkeit, nicht aber die Streichung des Wortes „pünktlich" aus dem Arbeitszeugnis verlangen. Ferner hat sie einen Anspruch auf die Übersendung eines ungefalteten Zeugnisses. Einen Anspruch auf die Aufnahme der „Wunschformel" in das Arbeitszeugnis besteht hingegen nicht.

3.3.3   Aushändigung von Arbeitspapieren

Der Arbeitgeber ist verpflichtet, dem Arbeitnehmer mit Beendigung des Arbeitsverhältnisses die Arbeitspapiere (insbesondere die Arbeitsbescheinigung nach § 312 SGB III, die Lohnsteuerkarte, die Versicherungskarte und eine Entgeltbescheinigung), aber auch das Arbeitszeugnis bzw. eine Urlaubsbescheinigung (§ 6 Abs. 2 BUrlG) auszuhändigen.

3.3.4   Nachwirkende Pflichten auf Arbeitnehmerseite

Als nachwirkende Pflichten aus dem Arbeitsverhältnis auf Arbeitnehmerseite sind dessen Verpflichtung auf Rückgabe von Arbeitsmitteln sowie ggf. ein (nachwirkendes) vertragliches Wettbewerbsverbot bei korrespondierendem Anspruch auf eine Karenzentschädigung zu nennen.

3.4   Der Betriebsübergang nach § 613 a BGB

§ 613 a BGB regelt in Umsetzung der Richtlinie 2001/23/EG die arbeitsrechtlichen Konsequenzen eines Betriebsübergangs, d.h. die Auswirkungen auf die Arbeitsverhältnisse. Unter einem „Betriebsübergang" ist die Übertragung einer wirtschaftlichen Einheit sächlicher und/oder immaterieller Betriebsmittel zu verstehen, mit denen der Erwerber den bisherigen Betriebszweck fortsetzen will. Erforderlich ist eine tatsächliche Übernahme und Fortführung im eigenen Namen. Der EuGH hat diese Auffassung erweitert: Ausreichend aber auch erforderlich sei, dass eine vom unternehmerischen Betriebszweck unabhängige Dienstleistung (z.B. eine Reinigungsdienstleistung), die bislang von betriebseigenen Arbeitskräften verrichtet wurde, ohne Übertragung eines Betriebsteils bei einem Drittunternehmen in Auftrag gegeben wird (Outsourcing). Ein Übergang der Arbeitsverhältnisse tritt also bereits dann ein, wenn eine Organisationseinheit zur Fortführung des damit verfolgten wirtschaftlichen Zwecks übernommen wird. Der bloße Wegfall von Arbeitsplätzen im Auftrag vergebenden Betrieb ist dafür nicht ausreichend.

Sind die Rechte und Pflichten im Sinne des § 613 a BGB durch Rechtsnormen eines Tarifvertrags (§§ 4 Abs. 1, 3 Abs. 2 TVG) oder durch eine Betriebsvereinbarung (§ 77 Abs. 4 BetrVG) geregelt, werden sie grundsätzlich unmittelbar Inhalt des Arbeitsverhältnisses zwischen dem neuen Inhaber und dem Arbeitnehmer und dürfen nicht vor Ablauf eines Jahres nach dem Zeitpunkt des Übergangs zum Nachteil des Arbeitnehmers geändert werden (§ 613 a Abs. 1 S. 1 und 2 BGB). Dies gilt nicht, wenn die Rechte und Pflichten beim neuen Betriebsinhaber durch Rechtsnormen eines anderen Tarifvertrags oder durch eine andere Betriebsvereinbarung geregelt werden (§ 613 a Abs. 1 S. 3 BGB). Vor Ablauf der Ein-Jahres-Frist des § 613 a Abs. 1 S. 2 BGB können die Rechte und Pflichten aber nach § 613 a Abs. 1 S. 4 BGB dann geändert werden, wenn der Tarifvertrag oder die Betriebsvereinbarung nicht mehr gilt oder bei fehlender beiderseitiger Tarifgebundenheit im Geltungsbereich eines anderen Tarifvertrags dessen Anwendung zwischen dem neuen Inhaber und dem Arbeitnehmer vereinbart wird.

Der bisherige Arbeitgeber haftet gemäß § 613 a Abs. 2 BGB neben dem neuen Inhaber für die Verpflichtungen aus den Arbeitsverhältnissen, soweit diese vor dem Zeitpunkt des Übergangs entstanden sind und vor Ablauf von einem Jahr nach diesem Zeitpunkt fällig werden, als Gesamtschuldner. Die Kündigung des Arbeitsverhältnisses eines Arbeitnehmers durch den bisherigen Arbeitgeber oder durch den neuen Inhaber „wegen des Übergangs" des Betriebs(-teils) ist nach § 613 a Abs. 4 BGB unwirksam (eigenständiges Kündigungsverbot i.S.v. § 13 Abs. 3 KSchG bzw. § 134 BGB). Das Recht zur Kündigung des Arbeitsverhältnisses aus anderen Gründen bleibt hiervon jedoch unberührt.

Voraussetzung eines Betriebsübergangs nach § 613 a BGB ist in jedem Fall eine rechtsgeschäftliche Übertragung des Betriebs(-teils). Der bisherige Arbeitgeber oder der neue Inhaber müssen gemäß § 613 a Abs. 5 BGB die vom Übergang betroffenen Arbeitnehmer vor dem Übergang in Textform (§ 126 b BGB) über den Zeitpunkt oder den geplanten Zeitpunkt des Übergangs, den Grund für den Übergang, die rechtlichen, wirtschaftlichen und sozialen Folgen des Übergangs für die Arbeitnehmer sowie die hinsichtlich der Arbeitnehmer in Aussicht genommenen Maßnahmen unterrichten. Allein ein schriftlich erklärter und rechtzeitiger Widerspruch des betroffenen Arbeitnehmers (Widerspruch innerhalb eines Monats nach Zugang der Unterrichtung nach § 613 a Abs. 5 BGB) gegenüber dem bisherigen Arbeitgeber oder dem neuen Inhaber hindert den Übergang seines Arbeitsverhältnisses (§ 613 a Abs. 6 BGB). Im Falle des Widerspruchs eines Arbeitnehmers besteht das Arbeitsverhältnis mit dem alten Inhaber fort – letzterer kann dem Arbeitnehmer dann ggf. aber aus betriebsbedingten Gründen nach § 1 Abs. 2 S. 1 KSchG kündigen. Einer entsprechenden Kündigung steht § 613 a Abs. 4 S. 1 BGB nicht entgegen.

Den früheren Inhaber trifft eine gesamtschuldnerische Mithaftung (§§ 420 ff. BGB) für vor dem Übergang entstandene und vor Ablauf eines Jahres seit dem Übergang fällig werdende Ansprüche (§§ 614, 271 BGB) des Arbeitnehmers (§ 613 a Abs. 2 S. 1 BGB). Aus § 613 a Abs. 2 S. 2 BGB resultiert eine anteilige Haftung des früheren Inhabers für nach dem Übergang fällig gewordene Ansprüche. Ansprüche, die erst nach dem Übergang entstanden sind, treffen den alten Inhaber jedoch nicht mehr. Die Regelung des § 613 a BGB ist wegen ihres Schutzcharakters zwingendes Recht und somit weder durch den Erwerber noch durch den Veräußerer abdingbar.

Zusammenfassung (Betriebsübergang)

- Betriebsübergang = Übergang einer wirtschaftlichen Einheit i.S. einer organisierten Zusammenfassung von Ressourcen zur Verfolgung einer Haupt- oder Nebentätigkeit unter Wahrung ihrer Identität auf den Erwerber unter Würdigung folgender Umstände (so die ständige Judikatur des BAG, etwa BAG NZA 1998, 31; 2010, 499):
    - Art des betreffenden Unternehmens bzw. Betriebsteils;
    - beim Übergang von materiellen Betriebsmitteln deren Wert und Bedeutung;
    - beim Übergang immaterieller Betriebsmittel deren Wert;
    - Übergang von Kundenbeziehungen;

- – Übernahme der Belegschaft (oder großer Teile) durch den Erwerber;
- – Vergleichbarkeit der vor und nach dem Übergang ausgeübten Unternehmenstätigkeit;
- – Negativkriterium: Dauer einer Unterbrechung der Unternehmenstätigkeit.

• Ein Identitätsverlust tritt nicht schon mit der Eingliederung eines beim Veräußerer bestehenden Betriebs oder Betriebsteils beim Erwerber ein – es kommt nicht auf die Wahrung der organisatorischen Selbstständigkeit der übernommenen wirtschaftlichen Einheit, sondern auf das Bestehenbleiben einer funktionellen Verknüpfung alt und neu an (d.h.: kann der Erwerber die bisherige wirtschaftliche Tätigkeit im Wesentlichen unverändert fortführen?).

• Wird die funktionelle Verknüpfung gekappt (bspw. durch eine wesentliche Änderung der Arbeitsorganisation, der Betriebskonzeption oder der Unternehmensmethoden) scheidet die Annahme eines Betriebsübergangs i.S. von § 613a BGB aus.

Prüfungsschema (Betriebsübergang)

1. Tatbestand:
    a) Übergang eines Betriebs oder Betriebsteils (siehe vorstehend).
    b) auf einen neuen Inhaber
    c) durch Rechtsgeschäft (nicht kraft Gesetzes oder Hoheitsakts bzw. im Rahmen der Erbfolge nach § 1922 BGB).

2. Fehlender Widerspruch des Arbeitnehmers (§ 613a Abs. 5 und 6 BGB).

3. Rechtsfolgen:
    a) Arbeitsverträge gehen gemäß § 613a Abs. 1 S. 1 BGB kraft Gesetzes über.
    b) Eingeschränktes Kündigungsverbot nach § 613a Abs. 4 BGB.
    c) Alteigentümer haftet nach Maßgabe des § 613a Abs. 2 BGB fort.
    d) Geltung der Rechtsnormen eines Tarifvertrags bzw. einer Betriebsvereinbarung (§ 613a Abs. 1 S. 2 bis 4 BGB).

Wichtige Judikatur (bitte lesen):

Kein Betriebsübergang bei Übernahme von Reinigungstätigkeit bei Einstellung von neuem Personal (BAG, Urteil v. 20.1.2011 = NZA 2011, 148):
Art. 1 Abs. 1 Buchst. a und b der RL 2001/23/EG ist in dem Sinne auszulegen, dass diese Richtlinie nicht auf den Fall anwendbar ist, dass eine Gemeinde, die ein privates Unternehmen mit der Reinigung ihrer Räumlichkeiten betraut hatte, beschließt, den zwischen ihr und diesem Unternehmen bestehenden Vertrag aufzulösen und selbst diese Reinigungstätigkeiten durchzuführen sowie dafür neues Personal einzustellen.

Begriff des Betriebsteils (BAG, Urteil v. 17.12.2009 = NJW 2010, 1689):

Ein Betriebsübergang i.S.d. § 613a BGB setze die Wahrung der Identität einer auf gewisse Dauer angelegten, hinreichend strukturierten und selbstständigen wirtschaftlichen Einheit voraus. Die Wahrung der Identität könne sich aus dem Übergang sachlicher und immaterieller Betriebsmittel, aber auch aus dem Übergang von Personal, Führungskräften, der Übernahme von Arbeitsorganisation und Betriebsmethoden herleiten. Dabei komme es auf eine Gesamtwürdigung aller Umstände an. Es müsse eine im Wesentlichen unveränderte Fortführung der bisher in dieser abgrenzbaren Einheit geleisteten Tätigkeit möglich sein. Die bloße Möglichkeit allein, den Betrieb selbst unverändert fortführen zu können, reiche nicht für die Annahme eines Betriebsübergangs, vielmehr muss der Betrieb auch tatsächlich weitergeführt werden. Keine unveränderte Fortführung liege vor, wenn der neue Betreiber eine andere Leistung erbringt, den Betriebszweck ändert oder ein anderes Konzept verfolgt. Ebenso reiche eine bloße Funktionsnachfolge nicht aus, bei der nur die Tätigkeit ausgeübt oder die Funktion am Markt übernommen wird, ohne Übernahme der Betriebsmittel oder der Belegschaft.

Nach der Rechtsprechung des EuGH ist eine Gesamtabwägung vorzunehmen, bei der je nach Einzelfall folgende relevante Umstände in Betracht zu ziehen sind: die Art des Betriebes oder Unternehmens; der Übergang der materiellen Betriebsmittel wie Gebäude, Maschinen und bewegliche Güter sowie deren Wert und Bedeutung; der Wert der übernommenen immateriellen Betriebsmittel und der vorhandenen Organisation; die Weiterbeschäftigung der Hauptbelegschaft durch den neuen Inhaber, also des nach Zahl und Sachkunde wesentlichen Teils des Personals; der etwaige Übergang der Kundschaft und der Lieferantenbeziehungen; der Grad der Ähnlichkeit zwischen den vor und nach dem Übergang verrichteten Tätigkeiten; die Dauer einer eventuellen Unterbrechung dieser Tätigkeit. In seiner Entscheidung vom 12.2.2009 (C-466/07 – Klarenberg) hat der EuGH bestätigt, dass grundsätzlich die Organisation zu den Kriterien für die Bestimmung der Identität einer wirtschaftlichen Einheit gehört: Nach Art. 1 Abs. 1b der RL 2001/23/EG werde die Identität einer wirtschaftlichen Einheit einerseits über das Merkmal der Organisation der übertragenen Einheit, andererseits über das Merkmal der Verfolgung ihrer wirtschaftlichen Tätigkeit definiert. Es sei für einen Betriebsübergang nicht erforderlich, dass der Übernehmer die konkrete Organisation der verschiedenen übertragenen Produktionsfaktoren beibehalte, sondern, dass die funktionelle Verknüpfung der Wechselbeziehung und gegenseitigen Ergänzung der Produktionsfaktoren beibehalten werde. Diese erlaube nämlich bereits dem Erwerber, die Produktionsfaktoren in ihrer Wechselbeziehung und gegenseitigen Ergänzung zu nutzen, selbst wenn sie nach der Übertragung in eine neue, andere Organisationsstruktur eingegliedert werden, um derselben oder einer gleichartigen wirtschaftlichen Tätigkeit nachzugehen.

EuGH, Urteil v. 14.4.1994 – C-392/92 – Christel Schmidt

Art. 1 Abs. 1 der RL 77/187 sei so auszulegen, dass ein Fall, in dem ein Unternehmer durch Vertrag einem anderen Unternehmer die Verantwortung für die Erledigung der früher von ihm selbst wahrgenommenen Reinigungsaufgaben überträgt, auch dann dem Anwendungsbereich der Richtlinie unterliegt, wenn diese Aufgaben vor der Übertragung von einer einzigen Arbeitnehmerin erledigt wurden. Weder die Tatsache, dass eine derartige

Übertragung nur einen Tätigkeitsbereich betrifft, der für das übertragende Unternehmen von untergeordneter Bedeutung ist und nicht in einem notwendigen Zusammenhang mit dem Unternehmenszweck steht, noch die Tatsache, dass mit der Übertragung keine Vermögensgegenstände übergegangen sind, noch die Zahl der betroffenen Arbeitnehmer könnten zum Ausschluss dieses Vorgangs vom Anwendungsbereich der Richtlinie führen, da das entscheidende Kriterium für die Antwort auf die Frage, ob es sich um einen Übergang im Sinne der Richtlinie handelt, die Wahrung der Identität der wirtschaftlichen Einheit sei, die sich u. a. daraus ergibt, dass dieselbe oder eine gleichartige Geschäftstätigkeit vom neuen Inhaber tatsächlich weitergeführt oder wiederaufgenommen wird.

EuGH, Urteil v. 11.3.1997 – C-13/95 (= NJW 1997, 2039) – Ayse Süzen
Die RL 77/187 gelte nach ihrem Art. 1 Abs. 1 nicht für den Fall, dass ein Auftraggeber, der die Reinigung von Räumlichkeiten einem Unternehmer übertragen hat, den Vertrag mit diesem kündigt und zur Durchführung ähnlicher Arbeiten einen neuen Vertrag mit einem anderen Unternehmer schließt, sofern dieser Vorgang weder mit einer Übertragung relevanter materieller oder immaterieller Betriebsmittel von dem einen auf den anderen Unternehmer noch mit der Übernahme eines nach Zahl und Sachkunde wesentlichen Teils des von dem einen Unternehmer zur Durchführung des Vertrages eingesetzten Personals durch den anderen Unternehmer verbunden ist. Mit dem Begriff des Übergangs im Sinne der Richtlinie werde nämlich ein Fall erfasst, in dem eine wirtschaftliche Einheit – d.h. eine organisierte Gesamtheit von Personen und Sachen zur Ausübung einer wirtschaftlichen Tätigkeit mit eigener Zielsetzung – ihre Identität über den betreffenden Vorgang hinaus wahrt. Unter diesen Voraussetzungen stelle der bloße Verlust eines Auftrags an einen Mitbewerber keinen solchen Übergang dar. Darüber hinaus sei es denkbar, dass eine wirtschaftliche Einheit in bestimmten Branchen, in denen es im Wesentlichen auf die menschliche Arbeitskraft ankommt, ohne relevante Betriebsmittel tätig ist und eine Gesamtheit von Arbeitnehmern darstellen kann, die durch eine gemeinsame Tätigkeit dauerhaft verbunden sind, wobei bei einem solchen Fall auf die Annahme eines Übergangs im Sinne der Richtlinie jedoch erforderlich sei, dass diese Gesamtheit durch die Übernahme eines wesentlichen Teils ihres Personals durch den neuen Auftragnehmer fortbesteht.

EuGH, Urteil v. 15.12.2005 – C-232/04 – Güney-Görres und Demir
Art. 1 der RL 2001/23 sei dahin auszulegen, dass bei der Prüfung des Vorliegens eines Unternehmens- oder Betriebsübergangs nach dieser Vorschrift im Fall einer Auftragsneuvergabe im Rahmen der Gesamtbetrachtung die Feststellung einer Überlassung der Betriebsmittel zur eigenwirtschaftlichen Nutzung keine notwendige Voraussetzung für die Feststellung eines Übergangs dieser Mittel vom ursprünglichen Auftragnehmer auf den neuen Auftragnehmer ist. Der Übergang von Betriebsmitteln stelle allerdings nur einen Teilaspekt der Gesamtbetrachtung dar, die der nationale Richter bei der Prüfung des Vorliegens eines Unternehmens- oder Betriebsübergangs im Sinne dieser Bestimmung vorzunehmen hat.

EuGH, Urteil v. 12.2.2009 – C-466/07 – Klarenberg
Art. 1 Abs. 1a und b der revidierten RL 2003/23 sei dahin auszulegen, dass diese Vorschrift auch dann angewandt werden kann, wenn der übertragene Unternehmens- oder Betriebsteil seine organisatorische Selbstständigkeit nicht bewahrt, sofern die funktionelle Verknüpfung zwischen den übertragenen Produktionsfaktoren beibehalten wird und sie es dem Erwerber erlaubt, diese Faktoren zu nutzen, um derselben oder einer gleichartigen wirtschaftlichen Tätigkeit nachzugehen; es sei Sache des vorlegenden Gerichts, das Vorliegen dieser Voraussetzungen zu prüfen. Einer allein auf das Kriterium der organisatorischen Selbstständigkeit abstellenden Auffassung von der Identität der wirtschaftlichen Einheit könne insbesondere angesichts des mit der RL 2001/23 verfolgten Zwecks nicht gefolgt werden, die darauf abzielt, im Fall eines Übergangs einen wirksamen Schutz der Rechte der Arbeitnehmer sicherzustellen. Sie würde nämlich dazu führen, dass die Anwendbarkeit dieser Richtlinie auf diesen Unternehmens- oder Betriebsteil allein deshalb ausgeschlossen wäre, weil sich der Erwerber entschließt, den erworbenen Unternehmens- oder Betriebsteil aufzulösen und in seine eigene Struktur einzugliedern, wodurch den betreffenden Arbeitnehmern der von dieser Richtlinie gewährte Schutz vorenthalten würde.

3.5 Die Haftung des Arbeitnehmers (Leistungsstörungen im Arbeitsverhältnis)

3.5.1 Schadensersatzanspruch des Arbeitgebers bei Nichterfüllung der Arbeitspflicht

Der Arbeitnehmer kann sich im Falle einer „Arbeitsverweigerung" nach

- § 280 Abs. 1 S. 1 i.V.m. § 283 i.V.m. § 619a BGB (vom Arbeitnehmer zu vertretende Unmöglichkeit der Arbeitsleistung wegen des Fixschuldcharakters der Arbeit [§ 275 Abs. 1 BGB] bei bestehendem Arbeitsverhältnis) bzw.
- § 628 Abs. 2 BGB (Auflösungsverschulden bei außerordentlicher Kündigung nach § 626 Abs. 1 BGB)

schadensersatzpflichtig machen. Bei „beharrlicher Arbeitsverweigerung" hat der Arbeitgeber zudem das Recht zur außerordentlichen Kündigung nach § 626 Abs. 1 BGB.

3.5.2 Schadensersatzpflicht des Arbeitnehmers bei Schlechterfüllung der Arbeitsleistung

Der Arbeitnehmer ist zur Erbringung einer „ordentlichen" Arbeitsleistung als solcher verpflichtet, nicht jedoch zur Herbeiführung eines Arbeitserfolges (anders als beim Werkvertrag, vgl.§ 631 BGB).

a)   Ansprüche des Arbeitgebers

Der Arbeitnehmer hat dem Arbeitgeber für jeden Schaden, den er bei Ausführung seiner Arbeit (Schlechtleistung) tatbestandsmäßig infolge Vertragsverletzung nach § 280 Abs. 1 i.V.m. Abs. 2 und § 281 oder § 282 BGB) bzw. durch eine unerlaubte Handlung (§ 823 Abs. 1 BGB) schuldhaft verursacht, (allerdings unter Berücksichtigung der von der Judikatur entwickelten Grundsätze über den innerbetrieblichen Schadensausgleich) einzustehen. Der Arbeitgeber kann diese Schadensersatzansprüche unter Berücksichtigung der Pfändungsfrei-grenzen (§ 850 c ZPO i.V.m. § 394 BGB) mit dem Lohnanspruch des Arbeitnehmers ver-rechnen (§§ 387 ff. BGB).

aa) Verletzung von Pflichten im Rahmen des Arbeitsvertrages

Im Hinblick auf die Arbeitnehmerhaftung statuiert § 619 a BGB eine Umkehr der Umkehr der Beweislast nach § 280 Abs. 1 S. 2 BGB: Abweichend von § 280 Abs. 1 S. 2 BGB hat der Arbeitnehmer dem Arbeitgeber Ersatz für den aus der Verletzung einer Pflicht aus dem Arbeitsverhältnis entstehenden Schaden nur dann zu leisten, wenn er die Pflichtverletzung zu vertreten hat. Nach h.M. ist eine uneingeschränkte Anwendung der zivilrechtlichen Haf-tungsprinzipien (§ 276 BGB) auf die Arbeitnehmerhaftung gegenüber seinem Arbeitgeber inadäquat, weil sie den Arbeitnehmer oftmals übermäßig und unbillig belasten würde. Eine angemessene Verteilung des Betriebsrisikos (analog § 254 BGB) gebietet eine Beschränkung der Arbeitnehmerhaftung, da insbesondere bei längerer Arbeitsleistung und ggf. zudem monotonen Tätigkeiten selbst dem sorgfältigsten Arbeitnehmer bei auch nur leichtesten Sorg-faltsverstößen ein unverhältnismäßig hoher Schaden erwachsen kann, der außer Relation zum Arbeitslohn steht und daher bei einer Geltendmachung des Schadensersatzanspruchs die Existenzgrundlage des Arbeitnehmers in erheblichem Umfang beeinträchtigen kann. Der Arbeitnehmer ist weisungsgebunden und in den organisatorischen Arbeitsablauf des Betriebs eingebunden. Der Arbeitgeber hat demhingegen infolge seiner Organisationsmacht die Mög-lichkeit, Schadensrisiken durch Sicherheitsvorkehrungen sowie ggf. durch den Abschluss entsprechender Versicherungen abzuwehren oder zumindest abzumildern.

bb) Grundsätze des innerbetrieblichen Schadensausgleichs

Voraussetzung einer Beschränkung der Arbeitnehmerhaftung ist das Vorliegen einer „betrieb-lich veranlassten Tätigkeit des Arbeitnehmers": Der Arbeitnehmer haftet grundsätzlich für alle Schäden, die er in Ausübung einer betrieblich veranlassten oder aufgrund des Arbeits-verhältnisses geleisteten Tätigkeit verursacht. Bei betrieblich veranlassten Tätigkeiten des Arbeitnehmers beurteilt sich die Arbeitnehmerhaftung für Schäden, die im Rahmen dieser Tätigkeit von diesem verursacht werden, in Abweichung der gesetzlichen Vorgabe des § 276 BGB (wonach der Arbeitnehmer auch für jeden [mithin auch den leichtesten] Grad von Fahr-lässigkeit haften müsste) nach Maßgabe des folgenden Verschuldensmaßstabes (sog. Grund-sätze des innerbetrieblichen Schadensausgleiches):

- **Vorsatz** des Arbeitnehmers (§ 276 Abs. 1 BGB): Unbeschränkte Arbeitnehmerhaftung.
- **Grobe Fahrlässigkeit:** Grundsätzlich unbeschränkte Haftung des Arbeitnehmers (mit ausnahmsweiser Beschränkung [d.h. Schadensteilung Arbeitnehmer-Arbeitgeber – „Quote-lung"]), wenn eine deutliche Disparität zwischen Lohn und Schadensrisiko der Tätigkeit besteht und im Übrigen das Arbeitnehmerverschulden gegenüber dem Betriebsrisiko des Arbeitgebers nicht sonderlich schwer ins Gewicht fällt).

- **Mittlere (normale) Fahrlässigkeit:** quotale Schadensteilung zwischen Arbeitgeber und Arbeitnehmer unter besonderer Berücksichtigung aller Umstände des konkreten Schadensfalls (d.h. Maßstab des Verschuldens, Höhe des Schadens und der Arbeitnehmervergütung).
- **Leichteste Fahrlässigkeit:** überhaupt keine Haftung des Arbeitnehmers (den Arbeitgeber trifft hier aufgrund des Betriebsrisikos die volle Last des Schadens).

Diese Grundsätze gelten sowohl für Schadensersatzansprüche des Arbeitgebers gegen den Arbeitnehmer nach § 280 Abs. 1 BGB ggf. i.V.m. §§ 280 Abs. 3 und 281 oder 282 BGB als auch für sonstige auf gesetzlicher Grundlage beruhende Ansprüche (§§ 823 ff. BGB). Im konkreten Fall sind die Gesamtumstände (Schadensanlass, Risiken, Schadensgeneigtheit der zu verrichtenden Tätigkeit, Verschuldensgrad, bestehende Unternehmensversicherungen durch den Arbeitgeber, Schadenszufügung, Lohnhöhe des Arbeitnehmers [Gewährung eines besonderen Risikozuschlags], sonstige persönliche Umstände des Arbeitnehmers [Dauer der Betriebszugehörigkeit, bisheriges Verhalten, ggf. weitere bereits verursachte Schäden usw.]) in eine **Gesamtabwägung** einzustellen, in der Billigkeits- und Zumutbarkeitsgesichtspunkte mit Berücksichtigung finden.

b)   Ansprüche der Arbeitskollegen

Für Schäden, die Arbeitskollegen im Zuge einer schuldhaften Ausübung der betrieblichen Tätigkeit durch einen anderen Arbeitnehmer erleiden, hat sowohl der schädigende Arbeitnehmer als auch der Arbeitgeber einzustehen.

aa)   Ansprüche gegen den schädigenden Arbeitnehmer

Ansprüche des geschädigten Arbeitskollegen können sich im Rahmen der Grenzen der Haftungsrestriktion des innerbetrieblichen Schadensausgleichs sowohl im Hinblick auf einen Ersatz von Sach- als auch von Personenschäden (einschließlich Schmerzensgeld [§ 253 Abs. 2 BGB]) ergeben. Da zwischen den einzelnen Arbeitnehmern keine vertraglichen Beziehungen bestehen, kommen allein gesetzliche Schadensersatzansprüche in Betracht.

(1)   Ersatz des Sachschadens

Hat der schädigende Arbeitnehmer schuldhaft das Eigentum seines Arbeitskollegen widerrechtlich verletzt, so ist er diesem nach § 823 Abs. 1 BGB zum Ersatz des Schadens verpflichtet, ggf. auch nach § 823 Abs. 2 BGB. Die §§ 105 f. SGB VII (Beschränkung der Haftung anderer im Betrieb tätiger Personen/anderer Personen) statuieren nur einen Haftungsausschluss für Personenschäden. Doch hat der schädigende Arbeitnehmer ggf. (wenn er weder vorsätzlich noch grob fahrlässig gehandelt hat) gegen seinen Arbeitgeber einen Freistellungsanspruch nach Maßgabe der Grundsätze über den innerbetrieblichen Schadensausgleich.

(2)   Ersatz des Personenschadens

Ein Schadensersatzanspruch wegen Personenschäden kann aus § 823 Abs. 1 BGB resultieren, bzw. nach § 823 Abs. 2 BGB i.V.m. § 229 StGB. Dann kann nach § 253 Abs. 2 BGB auch ein Schmerzensgeldanspruch bestehen. Aufgrund der Grundsätze des innerbetrieblichen Schadensausgleichs hätte der schädigende Arbeitnehmer (soweit er nicht vorsätzlich oder grob fahrlässig gehandelt hat) jedoch einen Freistellungsanspruch gegen seinen Arbeitgeber. Da der Arbeitgeber aber nach § 104 SGB VII (Beschränkung der Haftung der Unternehmer) für Personenschäden grundsätzlich nicht einzustehen hat (Haftungsprivileg des Arbeitgebers), hat der Gesetzgeber die entstehende Problematik durch die Regelung der §§ 105 f. SGB VII gelöst. Nach den §§ 105 f. SGB VII besteht ein Haftungsausschluss – der schädigende Arbeitnehmer ist nicht zum Schadensersatz wegen des Personenschadens (gleiches gilt für den Schmerzensgeldanspruch nach § 253 Abs. 2 BGB) verpflichtet (**Haftungsprivilegierung**): Nach den genannten Regelungen gilt § 104 SGB VII (Haftungsausschluss des Arbeitgebers) bei Arbeitsunfällen entsprechend für die Haftung der Arbeitnehmer und anderer in demselben Betrieb tätiger Personen, wenn diese einen Arbeitsunfall durch eine betriebliche Tätigkeit verursachen. Erfasst werden aber auch (schädigende) betriebsfremde Personen (d.h. Arbeitnehmer anderer Unternehmen), wenn sie bei der Schadensverursachung im Betrieb tätig waren, in dem der Arbeitsunfall geschah. D.h., der Schädiger haftet nur bei Vorsatz oder wenn der Unfall auf einem nach § 8 Abs. 2 Nr. 1 bis 4 SGB VII versicherten Weg (Wegeunfall) erfolgte.

Prüfungsfolge (Haftungsausschluss nach § 104 SGB VII)

1. Arbeitsunfall = plötzlich eintretendes schädigendes Ereignis.

2. Der (geschädigte) Arbeitnehmer ist in der Sozial-(Unfall-)versicherung gegen Arbeitsunfälle versichert.

3. Keine vorsätzliche Herbeiführung des Arbeitsunfalls durch den Arbeitgeber – vgl. auch § 110 SGB VII zum möglichen Regress der Berufsgenossenschaft gegen den Arbeitgeber bei vorsätzlicher Schädigung des Arbeitgebers.

4. Der Unfalleintritt erfolgte nicht auf einem nach § 8 Abs. 2 Nr. 1 bis 4 SGB VII versicherten Weg = es liegt kein „wegebezogener Unfall" (Wegeunfall) vor (d.h. das schadensverursachende Ereignis stand nicht im Zusammenhang mit dem Aufsuchen oder Verlassen des Arbeitsplatzes).

---

bb) Ansprüche gegen den Arbeitgeber

Der geschädigte Arbeitnehmer kann wegen seiner Sach- und Personenschäden auch Schadensersatzansprüche gegen seinen Arbeitgeber geltend machen.

(1) Ersatz der Sachschäden

Ein Anspruch auf Ersatz der Sachschäden kommt zum einen wegen Verletzung des Arbeitsvertrages (§ 280 Abs. 1 und 3 i.V.m. § 281 oder § 282 BGB) in Betracht. Dabei hat der Arbeitgeber nach § 278 S. 1 BGB das Verschulden des schädigenden Arbeitnehmers als Erfüllungsgehilfe in gleichem Umfang zu vertreten wie ein eigenes Verschulden. Darüber hinaus besteht ggf. auch ein Anspruch nach § 831 Abs. 1 S. 1 BGB. Der Haftungsausschluss nach § 104 SGB VII erfasst nicht die Haftung des Arbeitgebers für Sachschäden des Arbeitnehmers.

(2) Ersatz der Personenschäden

Ein Ersatz der dem geschädigten Arbeitnehmer entstandenen Personenschäden ist grundsätzlich gleichermaßen nach § 280 Abs. 1 und 3 i.V.m. § 281 oder § 282 BGB i.V.m. § 278 BGB

sowie § 831 Abs. 1 BGB (mit der Möglichkeit einer Exkulpation nach § 831 Abs. 1 S. 2 BGB)
möglich. Zudem besteht ggf. auch ein Schmerzensgeldanspruch gemäß § 253 Abs. 2 BGB.
Wegen der Personenschäden statuiert § 104 SGB VII zu Gunsten des Arbeitgebers einen Haftungsausschluss, weil dieser allein nach § 150 SGB VII die Beiträge für die Unfallversicherung
trägt. Im Falle eines Arbeitsunfalls gewährt die zuständige Berufsgenossenschaft als Trägerin
der gesetzlichen Unfallversicherung dem Arbeitnehmer (und seiner Familie) einen Schadensausgleich, und zwar unabhängig davon, ob der Unfall unverschuldet, aufgrund eigener oder
aber auch infolge fremder Fahrlässigkeit eingetreten ist. Nach den §§ 26 ff. SGB VII werden
etwa die Heilbehandlungskosten übernommen oder Verletzten- bzw. ggf. auch Hinterblie-
benenrenten gezahlt. Die Unfallversicherung übernimmt jedoch keinen Ersatz für Sachschäden.
Es erfolgt auch keine Zahlung von Schmerzensgeld (§ 253 Abs. 2 BGB). Der Unternehmer
ist den in seinem Unternehmen tätigen Versicherten (sowie deren Angehörigen und Hinter-
bliebenen) zum Ersatz des Personenschadens, der durch einen Arbeitsunfall verursacht
wurde, nur dann verpflichtet, wenn er (d.h. der Arbeitgeber selbst) den Arbeitsunfall vorsätzlich herbeigeführt hat, oder wenn der Arbeitsunfall nicht auf einem nach § 8 Abs. 2 Nr. 1 bis
4 SGB VII versicherten Weg (Wegeunfall) eingetreten ist. In diesen Fällen einer ausschließ-
lichen Arbeitgeberhaftung reduziert sich der Schadensersatzanspruch des versicherten
Arbeitnehmers jedoch um die Leistungen, die er nach Gesetz oder Satzung infolge des Versi-
cherungsfalles erhält (§ 104 Abs. 3 SGB VII). Der Haftungsausschluss des § 104 SGB VII
erfasst alle Personenschäden (einschließlich Schmerzensgeld [§ 253 Abs. 2 BGB] und Be-
erdigungskosten). Bei einem Arbeitsunfall erhält der Arbeitnehmer mithin weder von seinem
Arbeitgeber noch von der gesetzlichen Unfallversicherung einen Ersatz seines immateriellen
Schadens (§ 253 Abs. 1 BGB).

(3) Ansprüche betriebsfremder Dritter (sog. Drittschädigung)

Ein geschädigter betriebsfremder Dritter kann gegen den schädigenden Arbeitnehmer An-
sprüche nach allgemeinen Grundsätzen geltend machen, etwa § 823 BGB (ggf. auch einen
Schmerzensgeldanspruch nach § 253 Abs. 2 BGB). Der Arbeitgeber haftet nach § 831 Abs. 1
BGB (mit Exkulpationsmöglichkeit), ggf., wenn Vertragsbeziehungen des Arbeitgebers zum
Geschädigten bestehen, auch nach § 280 Abs. 1 und 3 i.V.m. § 281 oder § 282 BGB i.V.m.
§ 278 BGB. Der Arbeitnehmer kann sich gegenüber dem Geschädigten nicht auf eine im
Innenverhältnis bestehende Haftungsbeschränkung nach den Grundsätzen des innerbetriebli-
chen Schadensausgleichs berufen. Doch besteht ggf. die Möglichkeit, dass der durch den
Geschädigten in Anspruch genommene Arbeitnehmer (als Schädiger) selbst wieder Ansprüche gegen seinen Arbeitgeber (Freistellungsanspruch) geltend machen kann.

(4) Anspruch des schädigenden Arbeitnehmers gegen seinen Arbeitgeber

War die Tätigkeit des schädigenden Arbeitnehmers betrieblich veranlasst, hat er bei einer
Inanspruchnahme durch seinen geschädigten Arbeitskollegen bzw. durch einen betriebsfrem-
den Dritten (Fall einer Drittschädigung) und einer Inadäquanz des Schadens gegen seinen
Arbeitgeber ggf. einen Anspruch auf Freistellung bzw. Erstattung analog §§ 670, 675 BGB
bzw. auf der Grundlage des Arbeitsvertrags (§ 611 i.V.m. § 242 BGB): Der Arbeitgeber hat
den Arbeitnehmer von dessen Außenhaftung insoweit freizustellen (**Freistellungsanspruch**),
als der Arbeitnehmer dem Arbeitgeber gegenüber nicht zu haften bräuchte, wäre der Arbeitgeber geschädigt worden. Dieser Freistellungsanspruch kann an den Geschädigten abgetreten
(§§ 398 ff. BGB) und von diesem auch gepfändet werden (§§ 829, 835 ZPO).

Haftungsbegrenzung bei grober Fahrlässigkeit
(BAG, Urteil v. 28.10.2010 = NJW 2011, 1096):
Die besondere persönliche Bindung der Vertragspartner im Arbeitsverhältnis bewirke für beide Parteien des arbeitsvertraglichen Schuldverhältnisses, dass ihre Verpflichtung zur Rücksicht auf die Rechte, Rechtsgüter und Interessen des anderen Teils (§ 241 Abs. 2 BGB) zu einer Vielzahl von Nebenleistungspflichten wie Unterlassungs- und Handlungspflichten führt. Allgemeine Sorgfalts-, Obhuts-, Fürsorge-, Aufklärungs- und Anzeigepflichten dienten dazu, die Erbringung der Hauptleistung vorzubereiten und zu fördern, die Leistungsmöglichkeit zu erhalten und den Leistungserfolg zu sichern. Die Beklagte hatte im konkreten Fall, als sie statt des Schaltknopfes „alarm silence" fehlerhaft den Schaltknopf „magnet stop" drückte, ihre arbeitsvertragliche Nebenpflicht, den Arbeitgeber nicht zu schädigen, verletzt (§ 280 Abs. 1 BGB). Dadurch, dass der bestimmungsgemäße Gebrauch des Diagnosegeräts für die Dauer der Reparatur aufgehoben wurde, wurde die Klägerin auch in ihrem absolut geschützten Rechtsgut des Eigentums verletzt (§ 823 Abs. 1 BGB). Da die Beklagte schuldhaft, nämlich zumindest fahrlässig handelte und die fehlerhafte Bedienung unstreitig kausal für den entstandenen Schaden war, sei die Klägerin grundsätzlich als Mitgläubiger berechtigt, von der Beklagten Schadensersatz zu verlangen (§ 432 Abs. 1 S. 1 BGB).

Das Handeln der Beklagten war durch den Betrieb der Klägerin veranlasst und geschah aufgrund des Arbeitsverhältnisses zwischen den Parteien. Der Begriff der „betrieblich veranlassten Tätigkeit" sei der gesetzlichen Regelung des § 105 Abs. 1 SGB VII entlehnt und werde von der Rechtsprechung in diesem Sinne ausgelegt. Als betrieblich veranlasst gelten solche Tätigkeiten, die arbeitsvertraglich übertragen worden sind oder die der Arbeitnehmer im Interesse des Arbeitgebers für den Betrieb ausführt. Das Handeln brauche dabei nicht zum eigentlichen Aufgabengebiet des Beschäftigten gehören, ausreichend sei, wenn er im wohl verstandenen Interesse des Arbeitgebers tätig wird. Das Handeln sei betrieblich veranlasst, wenn bei objektiver Betrachtungsweise aus der Sicht des Schädigers im Betriebsinteresse zu handeln war, sein Verhalten unter Berücksichtigung der Verkehrsüblichkeit nicht untypisch war und keinen Exzess darstellte. Der betriebliche Charakter der Tätigkeit gehe nicht dadurch verloren, dass der Arbeitnehmer bei der Durchführung der Tätigkeit grob fahrlässig oder vorsätzlich seine Verhaltenspflichten verletzt, auch wenn ein solches Verhalten grundsätzlich nicht im Interesse des Arbeitgebers liegt.

Nach den vom BAG entwickelten Grundsätzen hat ein Arbeitnehmer vorsätzlich verursachte Schäden in vollem Umfang zu tragen, bei leichtester Fahrlässigkeit haftet er dagegen nicht. Bei normaler Fahrlässigkeit ist der Schaden in aller Regel zwischen Arbeitnehmer und Arbeitgeber zu verteilen, bei grober Fahrlässigkeit hat der Arbeitnehmer in aller Regel den gesamten Schaden zu tragen, jedoch können Haftungserleichterungen, die von einer Abwägung im Einzelfall abhängig sind, in Betracht kommen.

Die Beteiligung des Arbeitnehmers an den Schadensfolgen sei durch eine Abwägung der Gesamtumstände zu bestimmen, wobei insbesondere Schadensanlass, Schadensfolgen, Billigkeits- und Zumutbarkeitsgesichtspunkte eine Rolle spielen. Eine möglicherweise vorliegende Gefahrgeneigtheit der Arbeit sei ebenso zu berücksichtigen wie die Schadenshöhe, ein vom Arbeitgeber einkalkuliertes Risiko, eine Risikodeckung durch eine Versicherung, die Stellung des Arbeitnehmers im Betrieb und die Höhe der Vergütung, die möglicherweise eine Risikoprämie enthalten kann. Auch die persönlichen Verhältnisse des Arbeitnehmers und die Umstände des Arbeitsverhältnisses, wie die Dauer der Betriebszugehörigkeit, das Lebensalter, die Familienverhältnisse und sein bisheriges Verhalten können zu berücksichtigen sein.

Die Haftung ist also entscheidend davon abhängig, welcher Verschuldensgrad vorliegt: Der Begriff des Verschuldens und die einzelnen Arten des Verschuldens – leichteste, einfache oder normale und grobe Fahrlässigkeit – sind Rechtsbegriffe. Die Feststellung einer „Fahrlässigkeit" ist durch die Revision nachprüfbar. Das Verschulden des Schädigers müsse sich dabei sowohl auf die pflichtverletzende Handlung als auch auf den Eintritt des Schadens beziehen.

Ein Arbeitnehmer könne sich dann nicht auf Haftungsbeschränkungen berufen, wenn zu seinen Gunsten eine gesetzlich vorgeschriebene Haftpflichtversicherung, etwa eine Kfz-Haftpflichtversicherung, eingreift. Bei Bestehen einer Pflichtversicherung lägen Risiken vor, die der Gesetzgeber als so gefahrträchtig erachtet hat, dass er den Handelnden im Hinblick auf mögliche Gefahren für andere ohne Versicherungsschutz nicht tätig sehen wollte. Dieser Grund für eine gesetzliche Pflichtversicherung überlagere gleichsam die Grundsätze der beschränkten Arbeitnehmerhaftung.

Haftungsprivileg bei Arbeitsunfall (BGH, Urteil v. 10.5.2005 = NJW 2005, 2309):
Eine Haftungsfreistellung des nicht selbst auf der gemeinsamen Betriebsstätte tätigen Unternehmers wegen Störung des Gesamtschuldverhältnisses mit einem nach § 106 Abs. 3 3. Alt. SGB VII haftungsprivilegierten Verrichtungsgehilfen setzt voraus, dass der Verrichtungsgehilfe nachweislich schuldhaft gehandelt hat.

Haftungsausschluss zwischen Arbeitskollegen
(BAG, Urteil v. 22.4.2004 = NJW 2004, 3360):
Das Haftungsprivileg des § 105 Abs. 1 SGB VII greift ein, wenn ein Arbeitnehmer die Arbeitsleistung seines Arbeitskollegen beanstandet und ihm dabei einen Schubser mit der Hand vor die Brust gibt. Eine betriebliche Tätigkeit liegt nämlich vor, wenn der Schädiger bei objektiver Betrachtungsweise aus seiner Sicht im Betriebsinteresse handeln durfte, sein Verhalten unter Berücksichtigung der Verkehrsüblichkeit nicht untypisch ist und keinen Exzess darstellt.

Fall 14: Innerbetrieblicher Schadensausgleich

Sachverhalt: Arbeitnehmer A fährt nach einer durchzechten Nacht mit 1,8 Promille Blutalkoholgehalt im Betrieb des B einen Gabelstapler und verletzt dabei seinen Arbeitskollegen C schwer. Am gebrauchten Gabelstapler selbst, der noch einen Restwert von 1.000 Euro hatte, entsteht Totalschaden. Wie ist die Rechtslage?

Lösung:

1. Ansprüche des Arbeitgebers B gegen den A

   a) Positive Vertragsverletzung des Arbeitsvertrages (§ 280 Abs. 1 i.V.m. § 241 Abs. 2 BGB)

   Zwischen A und B besteht ein wirksames Arbeitsverhältnis. A hat im Rahmen dieses Arbeitsverhältnisses durch die Beschädigung des Gabelstaplers in trunkenem Zustand objektiv seine Arbeitspflicht verletzt, mit den ihm zur Verfügung stehenden Arbeitsmitteln seines Arbeitgebers sorgsam umzugehen. Fraglich ist, ob A diese Pflichtverletzung nach § 276 BGB zu vertreten hat. Eine uneingeschränkte Anwendung der zivilrechtlichen Haftungsgrundsätze – nach denen der Arbeitnehmer auch für den geringsten Sorgfaltsverstoß einzustehen hätte – ist im Haftungsverhältnis Arbeitgeber – Arbeitnehmer nicht sachgerecht. Vielmehr gelten im Arbeitsverhältnis die besonderen Grundsätze des innerbetrieblichen Schadensausgleichs, um eine angemessene Begrenzung der Arbeitnehmerhaftung zu erreichen.

   Danach ist die Arbeitnehmerhaftung abhängig vom Grad des Arbeitnehmerverschuldens. Voraussetzung ist in jedem Falle eine betrieblich veranlasste Tätigkeit des Arbeitnehmers, wovon hier auszugehen ist.

   Die Trunkenheitsfahrt des A muss als grobfahrlässiges Verhalten qualifiziert werden, das grundsätzlich zu einer unbeschränkten Arbeitnehmerhaftung führt, sofern nicht im Einzelfall ausnahmsweise eine Haftungsbeschränkung zu erwägen ist, etwa weil das Einkommen des Arbeitnehmers in deutlicher Diskrepanz zum Schadensrisiko der Tätigkeit steht. Davon kann hier jedoch nicht ausgegangen werden. A hat vielmehr die Pflichtverletzung in vollem Umfang zu vertreten und ist somit dem B zum Ersatz des entstandenen Schadens in Höhe von 1.000 Euro verpflichtet.

   b) Schadensersatz nach § 823 Abs. 1 BGB (§ 280 Abs. 1 i.V.m. § 241 Abs. 2 BGB)

   A hat im Übrigen auch das Eigentum des B als nach § 823 Abs. 1 BGB geschütztes absolutes Recht zerstört. Die Grundsätze des innerbetrieblichen Schadensausgleichs gelten gleichermaßen auch für deliktische Ansprüche. Die tatbestandsmäßige und rechtswidrige Eigentumsverletzung hat A – wie vorab dargestellt – auch nach den Grundsätzen des innerbetrieblichen Schadensausgleichs voll zu vertreten – er handelte schuldhaft. Daher hat B gegen A auch nach § 823 Abs. 1 BGB einen Anspruch auf Ersatz seines Sachschadens.

2. Ansprüche des Arbeitnehmers C gegen seinen Arbeitgeber B auf Erstattung der Heilungskosten

   Ggf. bestehende Ansprüche richten sich auf entsprechende Kosten, soweit diese nicht vom Träger der Sozialversicherung übernommen wurden, sowie auf Schmerzensgeld.

   a) Positive Vertragsverletzung des Arbeitsvertrags (§ 280 Abs. 1 i.V.m. § 241 Abs. 2 BGB)

   Zwischen B und C liegt ein wirksames Arbeitsverhältnis vor. Arbeitgeber B trifft zwar selbst nach § 276 BGB kein Verschulden an dem Schaden, den C im Rahmen seiner betrieblichen Tätigkeit aufgrund der objektiven Pflichtverletzung durch A erlitten hat. Gleichwohl hat er für das Verschulden des A nach § 278 BGB einzustehen, da A bei der Arbeit mit dem Gabelstapler als Erfüllungsgehilfe des B tätig geworden ist. C hätte somit grundsätzlich wegen pVV des Arbeitsvertrags i.V.m. § 278 BGB einen Anspruch gegen B auf Erstattung ggf. ihm nicht seitens der Sozialversicherung erstatteter Heilungskosten. Wegen § 253 BGB kann nach dieser Anspruchsgrundlage jedoch kein Schmerzensgeld verlangt werden.

§ 104 SGB VII statuiert wegen Personenschäden des Arbeitnehmers jedoch zugunsten des Arbeitgebers einen Haftungsausschluss, da dieser nach § 150 SGB VII die Beiträge für die Unfallversicherung zu tragen hat. Voraussetzung für einen solchen Haftungsausschluss ist zunächst das Vorliegen eines Arbeitsunfalls, d.h. eines plötzlich eintretenden schädigenden Ereignisses, den der Arbeitgeber auch nicht vorsätzlich herbeigeführt hat. Der geschädigte Arbeitnehmer muss des Weiteren in der Sozialversicherung gegen Arbeitsunfälle versichert sein. Im Übrigen darf der Unfall nicht als sog. Wegeunfall im Sinne des § 8 Abs. 2 Nr. 1 bis 4 SGB VII zu qualifizieren sein. Da die genannten Voraussetzungen vorliegen, greift zugunsten des Arbeitgebers B der Haftungsausschluss des § 104 SGB VII mit der Folge, dass er dem C dessen Heilungs- als Personenschaden nicht zu erstatten hat.

b) Schmerzensgeldanspruch nach § 253 Abs. 2 BGB

Der A hat zwar als Verrichtungsgehilfe des B in Ausführung der Verrichtung einem Dritten, dem C, widerrechtlich einen Schaden zugefügt, für den der B grundsätzlich nach § 831 Abs. 1 S. 1 BGB einzustehen hätte, sofern ihm nicht nach § 831 Abs. 1 S. 2 BGB der Exkulpationsbeweis gelingt.

Der Haftungsausschluss nach § 104 SGB VII erfasst jedoch alle Personenschäden, mithin auch einen damit einhergehenden Anspruch auf Schmerzensgeld nach § 253 Abs. 2 BGB. Dem C steht somit gegen B kein Schmerzensgeldanspruch zu.

(5) Die Gefährdungshaftung des Arbeitgebers

Im „Ameisen-Säure-Fall" hat das BAG einen verschuldensunabhängigen Ersatzanspruch (Erstattungsanspruch) des Arbeitnehmers gegen seinen Arbeitgeber für Sachschäden analog § 670 BGB anerkannt, wenn der Schaden außergewöhnlich ist und unverschuldet im Zusammenhang mit einer gefährlichen betrieblichen Tätigkeit entsteht (arbeitsinadäquate Schäden) und der Arbeitnehmer seitens des Arbeitgebers keinen sonstigen Ausgleich für die Übernahme der mit dieser (gefährlichen betrieblichen) Tätigkeit verbundenen Risiken erhält. Dies ist in zwei Fällen anerkannt:

- Bei außergewöhnlichen Schäden des Arbeitnehmers in Vollzug einer gefährlichen Arbeit (mit denen der Arbeitnehmer sowohl nach dem Zuschnitt des Betriebs als auch nach der Natur der Arbeit nicht zu rechnen braucht).
- Bei Unfallschäden im Falle einer Benutzung des Privat-PKWs durch den Arbeitnehmer mit Billigung des Arbeitgebers bzw. bei betrieblicher Notwendigkeit, es sei denn, dass der Arbeitgeber seine Haftung durch die vertraglich vereinbarte Zahlung einer Kfz-Pauschale ausgeschlossen hat.

Davon zu unterscheiden sind bloße „arbeitsadäquate Schäden", mit denen der Arbeitnehmer zu rechnen hat und die mit dem Arbeitsentgelt (bzw. durch die Gewährung einer besonderen Zulage des Arbeitgebers) als mit abgegolten gelten.

(6) Exkurs: Mankohaftung

Der Arbeitnehmer kann im Rahmen einer arbeitsvertraglichen Nebenabrede (§§ 311 Abs. 1, 241 Abs. 1 BGB – Mankoabrede) verpflichtet sein, für Fehlbestände in seiner ihm anvertrauten Kasse oder in seinem Warenlager einstehen zu müssen. Eine entsprechende Vereinbarung ist entweder als vertragliche Beweislastverteilung oder als verschuldensunabhängige Haftung zu qualifizieren. Als Beweislastverteilung ist sie nur statthaft, wenn letztere sinnvoll und den betrieblichen Eigenarten sowie der Beschäftigung des Arbeitnehmers angepasst ist. Ausgestaltet als verschuldensunabhängige Haftung (d.h. als verschuldensunabhängiges Einstehenmüssen des Arbeitnehmers für Fehlbeträge bzw. Fehlbestände in seinem Arbeits- und Kontrollbereich) ist eine Mankohaftung nur zulässig, wenn der Arbeitgeber dem Arbeitnehmer eine angemessene wirtschaftliche Kompensation, das Mankogeld, gewährt. Auch auf die Mankohaftung finden grundsätzlich die Grundsätze des innerbetrieblichen Schadensausgleichs Anwendung.

Wichtige Judikatur (bitte lesen):

Haftung einer Buchhalterin wegen des Verlustes von ihr anvertrautem Bargeld (LAG Mecklenburg-Vorpommern, Urteil v. 17.11.2009):
Für die schlüssige Darlegung eines Schadensersatzanspruchs des Arbeitgebers gegen seine Arbeitnehmerin reicht es im Regelfall aus, wenn er darlegt, dass der Arbeitnehmerin Bargeld anvertraut wurde und das Bargeld dann, bevor es bestimmungsgemäß auf das Bankkonto eingezahlt wurde, im Machtbereich der Arbeitnehmerin abhandengekommen ist. Ist allerdings unstreitig, dass es notwendig und üblich gewesen war, das Bargeld im Betrieb zwischenzulagern, bis sich ein Gang zur Bank lohnt, ist die Arbeitnehmerin nur dann in der Darlegungslast zum Verbleib des Geldes, wenn der Arbeitgeber nachweisen kann, dass der Arbeitnehmerin ein Ort zur sicheren Verwahrung des Geldes zur Verfügung stand, zu dem nur sie Zugriff hatte.

3.6 Rechte und Pflichten aus dem Arbeitsverhältnis

Auf den Arbeitsvertrag finden grundsätzlich die Regelungen über Leistungsstörungen Anwendung: Tritt eine Leistungsstörung ein, wird der Arbeitnehmer von seiner Verpflichtung zur Arbeitsleistung nach § 275 BGB frei, womit dann auch die Entgeltzahlung nach § 326 Abs. 1 S. 1 BGB entfällt, was jedoch im Arbeitsrecht eine Reihe von Modifikationen (im Hinblick auf den Grundsatz „Ohne Arbeit keinen Lohn") erfahren hat.

3.6.1 Die Arbeitspflicht des Arbeitnehmers

Den Arbeitnehmer trifft als Hauptpflicht die Arbeitspflicht (§ 611 BGB i.V.m. dem Arbeitsvertrag), die durch arbeitsrechtliche Schutzgesetze, Tarifvertrag, Betriebsvereinbarung bzw. das Direktionsrecht des Arbeitgebers konkretisiert wird. Sie steht im Gegenseitigkeitsverhältnis mit der Vergütungspflicht des Arbeitgebers i.S. der §§ 320 ff. BGB. Nach § 614 BGB ist der Arbeitnehmer grundsätzlich vorleistungspflichtig. Die Arbeitsleistung ist nach § 613 S. 1 BGB höchstpersönlich zu erbringen. Die Verpflichtung zur Arbeitsleistung erlischt daher mit dem Tod des Arbeitnehmers. Der Anspruch auf die Arbeitsleistung ist grundsätzlich nicht übertragbar (§ 613 S. 2 BGB) – im Falle des Todes des Arbeitgebers geht ein Arbeitsverhältnis jedoch im Rahmen der Universalsukzession auf dessen Erben über (§ 1922 BGB) und erlischt nicht automatisch.

a) Die Arbeitsverweigerung

Im Falle einer (beharrlichen) Arbeitsverweigerung durch den Arbeitnehmer (der bei schuldhafter und unberechtigter Erfüllungsverweigerung wegen des Fixschuldcharakters der Arbeitsleistung [§ 275 Abs. 1 BGB] auch seines Entgeltanspruchs verlustig geht, § 326 Abs. 1 S. 1 BGB) hat der Arbeitgeber folgende Möglichkeiten zu reagieren:

aa) Leistungsklage

Im arbeitsgerichtlichen Verfahren (§§ 2 Abs. 1 Nr. 3 a, 2 Abs. 5, 46 ff. ArbGG i.V.m. § 13 GVG) kann der Arbeitgeber nach § 611 BGB i.V.m. dem (Einzel-) Arbeitsvertrag den Arbeitnehmer auf Erbringung der geschuldeten Arbeitsleistung in Anspruch nehmen (Klage auf Erfüllung der Arbeitsleistung). Ein entsprechendes Urteil zu Gunsten des Arbeitgebers ist jedoch nach § 62 Abs. 2 S. 1 ArbGG i.V.m. § 888 Abs. 3 ZPO gegen den Arbeitnehmer nicht vollstreckbar.

bb) Außerordentliche Kündigung

Der Arbeitgeber kann dem Arbeitnehmer bei beharrlicher Arbeitsverweigerung nach vorheriger Abmahnung auch aus wichtigem Grund nach § 626 Abs. 1 BGB außerordentlich (fristlos) kündigen, da ihm regelmäßig die Fortsetzung des Arbeitsverhältnisses bis zum Ablauf der ordentlichen Kündigungsfrist nicht zugemutet werden kann.

cc) Schadensersatzansprüche

Der Arbeitgeber kann bei Arbeitsverweigerung den Arbeitnehmer ggf. auf Schadensersatz in Anspruch nehmen, wenn ihm wegen der schuldhaften Nichterbringung der Arbeitsleistung ein Schaden entstanden ist. Als Anspruchsgrundlagen für einen solchen Schadensersatzanspruch kommen entweder § 280 Abs. 1 und 3 i.V.m. § 281 BGB bzw. § 628 Abs. 2 BGB (bei beendetem Arbeitsverhältnis) in Betracht, ggf. auch pauschalierter Schadensersatz nach § 61 Abs. 2 S. 1 ArbGG.

Wichtige Judikatur (bitte lesen):

Kündigung wegen Arbeitsverweigerung aus Glaubensgründen (BAG, Urteil v. 24.2.2011):
Der Arbeitgeber muss einen ihm offenbarten und beachtlichen Glaubens- oder Gewissenskonflikt des Arbeitnehmers bei der Ausübung seines Weisungsrechts berücksichtigen. Dies setzt voraus, dass der Arbeitnehmer darlegt, ihm sei wegen einer aus einer spezifischen Sachlage folgenden Gewissensnot heraus nicht zuzumuten, die an sich vertraglich geschuldete Leistung zu erbringen. Lässt sich aus den festgestellten Tatsachen im konkreten Fall ein die

verweigerte Arbeit betreffender Glaubens- oder Gewissenskonflikt ableiten, so unterliegt die Relevanz und Gewichtigkeit der Gewissensbildung keiner gerichtlichen Kontrolle. Ist der Arbeitnehmer aufgrund eines offenbaren beachtlichen Glaubenskonflikts teilweise außerstande, seine arbeitsvertraglichen Verpflichtungen zu erfüllen, berechtigt dies den Arbeitgeber gleichwohl nicht zur Kündigung, wenn er den Arbeitnehmer im Betrieb oder Unternehmen entweder innerhalb des vertraglich vereinbarten Leistungsspektrums oder aber zu geänderten Vertragsbedingungen unter Vermeidung des Konflikts sinnvoll weiterbeschäftigen kann.

dd) Insbesondere: Vertragsstrafeversprechen

Im Arbeitsvertrag kann für den Fall einer Nichtleistung (Vertragsbruch) auch ein Vertragsstrafeversprechen vereinbart werden: Verspricht der Schuldner (Arbeitnehmer) dem Gläubiger (Arbeitgeber) für den Fall, dass er seiner Verbindlichkeit (Arbeitsleistung) nicht oder nicht in gehöriger Weise nachkommt, die Zahlung einer Geldsumme als Strafe, so ist die Strafe verwirkt, wenn er in Verzug kommt (§ 339 S. 1 BGB). Die formularmäßige Vereinbarung eines Vertragsstrafeversprechens in einem Arbeitsvertrag dürfte nach § 309 Nr. 6 i.V.m. § 310 Abs. 4 S. 2 1. HS BGB aber unter Berücksichtigung der Besonderheiten des Arbeitsrechts unwirksam sein. Ein Vertragsstrafeversprechen vermag das nicht vollstreckbare Erfüllungsinteresse des Arbeitgebers nach den §§ 888 Abs. 3 ZPO und 61 Abs. 2 S. 1 ArbGG zu sichern. Im Übrigen erleichtert es den konkreten Schadensnachweis. In jedem Falle ist die Rechtmäßigkeit des Vertragsstrafeversprechens zu prüfen, insbesondere ob die Vereinbarung etwa gegen die guten Sitten gem. § 138 Abs. 1 BGB bzw. gegen ein gesetzliches Verbot nach § 134 BGB verstößt. Hat ein Arbeitnehmer die Vertragsstrafe verwirkt, ist die verwirkte Strafe aber unverhältnismäßig hoch, so kann sie nach § 343 Abs. 1 BGB auf Antrag des Arbeitnehmers vom Arbeitsgericht durch Urteil auf den angemessenen Teil herabgesetzt werden.

Wichtige Judikatur (bitte lesen):

Wirksamkeit einer Vertragsstrafeklausel (BAG, Urteil v. 23.9.2010 = NJW 2011, 408): Das Vertragsstrafeversprechen benachteilige die Beklagte deshalb unangemessen, weil die vorgesehene Vertragsstrafe in Höhe einer regelmäßigen Bruttomonatsvergütung für den Fall, dass sie das Anstellungsverhältnis während der Probezeit vertragswidrig vorzeitig beendet, eine Übersicherung der Klägerin darstellt. § 4 Satz 1 des Arbeitsvertrages sei damit insgesamt unwirksam. Dass die Vertragsstrafe erst durch eine nach Ansicht der Klägerin vertragswidrige außerordentliche Kündigung der Beklagten nach Ablauf der Probezeit unter Geltung der vertraglich vereinbarten ordentlichen Kündigungsfrist von zwölf Wochen zum Monatsende verwirkt worden ist, sei unerheblich. Maßgeblicher Zeitpunkt für die Beurteilung, ob eine Vertragsstrafenabrede wirksam ist, sei der Arbeitsvertragsschluss. § 307 BGB laufe auf eine Rechtsgeschäftskontrolle hinaus, welche die formularmäßige Strafabrede zum Zeitpunkt ihrer Vereinbarung prüft und nicht zum Zeitpunkt ihrer Verwirkung. Gegenstand einer gesonderten Inhaltskontrolle seien einzelne Allgemeine Geschäftsbedingungen dann, wenn sie nur formal verbunden sind, d.h., wenn sie sprachlich und inhaltlich teilbar sind. Eine Teilung von Vertragsklauseln in einen zulässigen und einen unzulässigen Teil sei möglich, wenn der unzulässige Teil sprachlich eindeutig trennbar ist. Enthalte die Klausel neben den unwirksamen auch unbedenkliche, sprachlich und inhaltlich abtrennbare Bestandteile, blieben diese wirksam, auch wenn sie den gleichen Sachkomplex betreffen. Voraussetzung dafür sei aber, dass nach dem Wegstreichen der unwirksamen Teilregelung(en) ein aus sich heraus verständlicher Klauselrest verbleibt. Ist eine Bestimmung nicht sprachlich und inhaltlich teilbar, so sei zu prüfen, ob sie in ihrer Gesamtheit eine unangemessene Benachteiligung i.S.d. § 307 Abs. 1 S. 1 BGB unter Berücksichtigung der den Vertragsschluss begleitenden Umstände (§ 310 Abs. 3 Nr. 3 BGB) darstellt.

b) Der Fixschuldcharakter der Arbeitspflicht

Der Arbeitspflicht kommt Fixschuldcharakter zu: Ausgefallene Arbeit ist grundsätzlich nicht nachholbar. Nicht-Arbeit mit korrespondierendem Ablauf der Arbeitszeit führt zur Unmöglichkeit i.S.v. § 275 Abs. 1 BGB. Der Arbeitnehmer würde daher i.d.R. nach § 326 Abs. 1 S. 1 1. HS BGB seinen Entgeltanspruch verlieren, es sei denn, dass eine der Sondervorschriften dennoch eine Entgeltzahlung ohne Arbeitsleistung vorsieht.

Wichtige Judikatur (bitte lesen):

Unmöglichkeit der Arbeitsleistung (Betriebsrisiko bei witterungsabhängigen Unternehmen – BAG, Urteil v. 9.7.2008 = NJW 2008, 3803):
Der Arbeitgeber trägt auch dann das Risiko des Arbeitsausfalls gem. § 615 S. 3 BGB, wenn er selbst den Betrieb aus Gründen, die in seinem betrieblichen oder wirtschaftlichen Verantwortungsbereich liegen, einschränkt oder stilllegt.

3.6.2   Der Beschäftigungsanspruch

a) Der allgemeine Beschäftigungsanspruch

Korrespondierende Verpflichtung des Arbeitnehmers auf Erbringung der Arbeitsleistung ist sein Anspruch auf (tatsächliche) Beschäftigung (Beschäftigungspflicht des Arbeitgebers). Der Beschäftigungsanspruch findet seine Grenze an der Zumutbarkeit, d.h. einer Abwägung der legitimen Arbeitnehmer- (Beschäftigungs-) und Arbeitgeberinteressen (an einer Nichtbeschäftigung). Der Arbeitnehmer kann seinen Beschäftigungsanspruch auch im Klagewege durchsetzen und vollstrecken lassen (§ 888 Abs. 1 ZPO). Einstweiliger Rechtsschutz ist über § 62 Abs. 2 S. 2 ArbGG i.V.m. §§ 935, 940 ZPO möglich. § 613 BGB ordnet insoweit eine höchstpersönliche Verpflichtung und Berechtigung an. Der Arbeitgeber kann einen Arbeitnehmer nicht ohne besonderen Grund aufgrund einseitiger Gestaltungsmacht von seiner Arbeitspflicht suspendieren. Der Beschäftigungsanspruch entfällt – unbeschadet einer (ggf. gleichwohl fortbestehenden) Lohnzahlungspflicht des Arbeitgebers – bei einer Unmöglichkeit (§ 275 Abs. 1 BGB) bzw. Unzumutbarkeit (bspw. wegen der Gefährlichkeit der zu verrichtenden Arbeit – § 275 Abs. 3 BGB) der Beschäftigung des Arbeitnehmers.

**Der Beschäftigungsanspruch leistungsgeminderter Arbeitnehmer
(BAG, Urteil v. 13.8.2009 = BAGE 131, 325 – LS):**
Sieht ein Tarifvertrag bei Unterbringung eines dauerhaft zur Erbringung der vertraglich geschuldeten Leistung nicht mehr geeigneten Arbeitnehmers auf einem neuen Arbeitsplatz einen Einkommensschutz vor, kann dem Arbeitnehmer ein Anspruch auf Schadenersatz nach § 280 Abs. 1 BGB wegen Verletzung der Rücksichtnahmepflicht aus § 241 Abs. 2 BGB i.V.m. der tariflichen Einkommensschutzvorschrift zustehen, wenn der Arbeitgeber ihn nicht auf einem geeigneten freien Arbeitsplatz einsetzt. Ein solcher Schadenersatzanspruch setzt jedoch voraus, dass der Arbeitnehmer gegenüber dem Arbeitgeber die Bereitschaft hat erkennen lassen, auch Tätigkeiten außerhalb der geschuldeten Arbeitsleistung zu erbringen.

b) Der Weiterbeschäftigungsanspruch

Der Arbeitnehmer hat nach Ausspruch einer Kündigung während der Kündigungsfrist grundsätzlich noch einen Weiterbeschäftigungsanspruch, da das Arbeitsverhältnis weiter fortbesteht, es sei denn, dass in besonders gelagerten Ausnahmefällen schutzwürdige Interessen des Arbeitgebers dem entgegenstehen. Im Übrigen besteht nach § 102 Abs. 5 S. 1 BetrVG bei einem entsprechenden Verlangen des Arbeitnehmers ein besonderer betriebsverfassungsrechtlicher Weiterbeschäftigungsanspruch bis zum Abschluss des Kündigungsschutzprozesses, wenn der Betriebsrat einer ordentlichen Kündigung frist- und ordnungsgemäß (d.h. aus den in § 102 Abs. 3 Nr. 1 bis 5 BetrVG genannten Gründen) widersprochen hat, und der Arbeitnehmer nach dem KSchG Klage auf Feststellung erhoben hat, dass das Arbeitsverhältnis durch die Kündigung nicht aufgelöst worden ist.

Weiterbeschäftigungsanspruch bei außerordentlicher betriebsbedingter Änderungskündigung (BAG, Urteil v. 28.5.2009 = BAGE 131, 78):
Der Arbeitgeber ist im Falle einer unter Vorbehalt angenommenen Änderungskündigung grundsätzlich nicht auf der Grundlage des allgemeinen Weiterbeschäftigungsanspruchs verpflichtet, den Arbeitnehmer vorläufig zu den bisherigen Bedingungen weiterzubeschäftigen. Dies liegt darin begründet, dass der Arbeitnehmer durch die Annahme unter Vorbehalt selbst zu erkennen gegeben hat, dass ihm zunächst die Weiterbeschäftigung zu geänderten Bedingungen zumutbar erscheint.

3.6.3   Der Anspruch auf das Arbeitsentgelt

Mit der Arbeitspflicht des Arbeitnehmers korrespondiert beim Arbeitsvertrag die Verpflichtung des Arbeitgebers auf Entgeltzahlung (§§ 611 Abs. 1, 320 BGB). Die Vergütungspflicht ist die Hauptpflicht des Arbeitgebers aus dem Arbeitsverhältnis. Der Anspruch des Arbeitnehmers auf Entgeltzahlung basiert auf § 611 Abs. 1 BGB i.V.m. dem Arbeitsvertrag (Grundlohnanspruch). Der Arbeitnehmer ist grundsätzlich nach § 614 BGB vorleistungspflichtig, d.h. die Fälligkeit des Lohnanspruchs nach § 271 BGB tritt erst nach Erbringung der Arbeitsleistung ein. Das Arbeitsentgelt ist als Nettolohn (d.h. Bruttolohn als „Vergütung" i.S. von § 611 Abs. 1 BGB abzüglich der Lohnsteuer sowie des Anteils des Arbeitnehmers an den Sozialversicherungsbeiträgen), wenn eine anderweitige ausdrückliche Regelung fehlt, unter Berücksichtigung der Verkehrssitte i.d.R. auf ein Konto des Arbeitnehmers zu überweisen oder ihm am Sitz des Betriebs auszuzahlen (Zahlungsort – § 269 Abs. 1 i.V.m. § 270 Abs. 4 BGB). Das Arbeitsentgelt ist nach § 107 Abs. 1 GewO in Euro zu berechnen und auszuzahlen. Gemäß § 107 Abs. 2 GewO können Arbeitgeber und Arbeitnehmer auch Sachbezüge als Teil des Arbeitsentgelts vereinbaren, wenn dies dem Interesse des Arbeitnehmers oder der Eigenart des Arbeitsverhältnisses entspricht. Der Arbeitgeber darf dem Arbeitnehmer aber keine Waren auf Kredit überlassen. Der Wert der vereinbarten Sachbezüge oder die Anrechnung der überlassenen Waren auf das Arbeitsentgelt darf die Höhe des pfändbaren Teils des Arbeitsentgelts (i.S. der §§ 850 ff. ZPO) nicht übersteigen. Dem Arbeitnehmer ist bei Zahlung des Arbeitsentgelts nach § 108 Abs. 1 GewO eine Abrechnung in Textform (§ 126 b BGB) zu erteilen. Die Abrechnung muss mindestens Angaben über Abrechnungszeitraum und Zusammensetzung des Arbeitsentgelts enthalten. Hinsichtlich der Abrechnung sind insbesondere Angaben über Art und Höhe der Zuschläge, Zulagen, sonstige Vergütungen, Art und Höhe der Abzüge, Abschlagszahlungen sowie Vorschüsse erforderlich. Die Wegezeit eines Arbeitnehmers von seiner Wohnung zum Arbeitsplatz ist i.d.R. nicht als Arbeitszeit zu vergüten. Etwas anderes gilt regelmäßig für die Wegezeit von der Betriebsstätte zu einem außerhalb derselben gelegenen Arbeitsplatz.

a) Die Lohnhöhe

Die Lohnhöhe bemisst sich einerseits nach zwingenden arbeitsschutzrechtlichen Vorgaben, andererseits nach der (ausdrücklichen bzw. konkludenten) Vergütungsvereinbarung im Arbeitsvertrag (Privatautonomie – § 311 Abs. 1 BGB). Der privatautonomen Vergütungsvereinbarung sind jedoch eine Reihe von Grenzen gesetzt:

- Die Beschäftigung eines Arbeitnehmers zu einem unangemessen niedrigem Lohn kann Wucher i.S. Sinne des § 302 a Abs. 1 S. 1 Nr. 3 StGB sein. Ist eine vereinbarte Vergütung als „Lohnwucher" (§ 138 Abs. 1 BGB) zu qualifizieren, bemessen sich die Ansprüche des Arbeitnehmers unmittelbar nach § 612 Abs. 2 BGB.
- § 4 Abs. 1 TVG (normative Wirkung eines tariflichen Mindestlohns bei beidseitiger Tarifgebundenheit nach § 3 Abs. 1 TVG).
- Eine vertragliche Bezugnahme im Individualarbeitsvertrag auf den tariflichen Mindestlohn in einem Tarifvertrag ist statthaft.
- (Ggf.) Berücksichtigung des Gleichbehandlungsgrundsatzes.
- § 7 AGG (Benachteiligungsverbot).
- § 4 TzBfG (Diskriminierungsverbot für Teilzeitbeschäftigte und befristet beschäftigte Arbeitnehmer).

b) Besondere Entgeltformen

Als Sonderformen des Lohnes kommen z.B. Folgende in Betracht:

- **Vermögenswirksame Leistungen** (neben den staatlichen Förderungsmöglichkeiten zur Vermögensbildung in Arbeitnehmerhand können solche auch nach § 88 Nr. 3 BetrVG durch freiwillige Betriebsvereinbarung geregelt werden).
- **Lohnzuschläge** (für Feiertags-, Sonn- oder Nachtarbeit – ggf. auf der Grundlage eines Tarifvertrags bzw. einer individualarbeitsrechtlichen Bezugnahme auf einen solchen).
- **Prämien** als zusätzliche Vergütung, die der Arbeitgeber einem oder mehreren Arbeitnehmern zahlt, um eine besonders zufriedenstellende (überdurchschnittliche) Erfüllung der Arbeitsleistungen zu belohnen. Setzt sich das Gehalt eines Arbeitnehmers aus mehreren Einzelfaktoren zusammen – etwa Grundvergütung, Mehrarbeitspauschale und Prämie –, kann arbeitsvertraglich vereinbart werden, dass dem Arbeitgeber das Recht zustehen soll, die Prämie in angemessenen Zeitabständen zu ändern. Dabei hat dessen Festsetzung bzw. Herabsetzung nach billigem Ermessen (§ 315 BGB) zu erfolgen.
- Eine **Gewinnbeteiligung** (Tantieme) – z.B. prozentual am Nettojahresgewinn des Unternehmens – stellt eine zusätzliche Arbeitsvergütung für einzelne Arbeitnehmer dar. Sie kann dem Arbeitnehmer arbeitsvertraglich oder aufgrund Betriebsvereinbarung eingeräumt werden. Dann ist der Arbeitgeber verpflichtet, dem Arbeitnehmer die Auskünfte zu erteilen, die letzterem eine Nachprüfung im Hinblick auf die Höhe des Gewinnbeteiligungsanspruchs gestatten.
- **Provision** als leistungsabhängige Arbeitsvergütung, die als einzige Vergütung oder auch neben einem festen Gehalt gezahlt werden kann.
- **Gratifikation** als Sonderzuwendung des Arbeitgebers, die dieser aus bestimmten Anlässen (etwa an Weihnachten) neben der eigentlichen Arbeitsvergütung zumindest auch als Vergütung für eine bereits erbrachte oder in Erwartung einer noch zu erbringenden Betriebstreue gewährt (Anerkennung für bereits in der Vergangenheit geleistete Arbeit und als Anreiz für eine weitere Arbeitsleistung). Gewährt ein Arbeitgeber „unter Vorbehalt der Freiwilligkeit" bzw. „ohne Rechtsanspruch" für ein bestimmtes Jahr eine Gratifikation, werden durch die Zusage für das Jahr Rechtsansprüche der Arbeitnehmer begründet. Der entsprechende Vorbehalt räumt dem Arbeitgeber nur die Möglichkeit ein, in späteren Jahren von der Gewährung einer Gratifikation wieder Abstand zu nehmen. Bei Gratifikationen ist Folgendes zu beachten:
  - Eine drei Jahre hintereinander vorbehaltlos gewährte Gratifikation begründet als **betriebliche Übung** einen Anspruch auf Weitergewährung auch in den Folgejahren. Dem Arbeitnehmer steht ein Anspruch zu, wenn er im Zeitpunkt ihrer Gewährung noch in einem Arbeitsverhältnis zum Arbeitgeber steht und zudem während eines gewissen Bindungszeitraums aus diesem auch nicht ausscheidet. Ansonsten ist der Arbeitnehmer ggf. zur Rückzahlung der Gratifikation verpflichtet.
  - **Rückzahlungsvereinbarungen** begegnen sowohl im Hinblick auf die Freiheit des Arbeitnehmers auf Arbeitsplatzwechsel als auch auf Kündigung Bedenken (wegen § 138 Abs. 1 bzw. § 242 BGB). Für eine Zulässigkeit entsprechender Klauseln gilt wegen des Zeitfaktors (nach §§ 311 Abs. 1, 158 Abs. 2 BGB) Folgendes:
    - Bei Gratifikationen bis zu 100 EUR ist eine Rückzahlungsklausel unzulässig.
    - Bei Gratifikationen von mehr als 100 EUR (aber weniger als einem Monatslohn) kann Rückzahlung aufgrund einer entsprechenden Klausel nur bis zum 31. März des Folgejahres verlangt werden. Scheidet der Arbeitnehmer zum

31. März des Folgejahres (oder später) aus, darf er die volle Gratifikation behalten.

◦ Bei Gratifikationen von einem Monatslohn verliert ein Arbeitnehmer diese, wenn er bis zum 31. März des folgenden Jahres nur eine Kündigungsmöglichkeit hat und diese wahrnimmt. Eine längere Bindung ist unzulässig.

◦ Gratifikationen in Höhe von mehr als einem Monatslohn können eine über den 31. März hinausreichende Bindung bewirken, jedoch längstens bis zum 30. September des Folgejahres.

– **Stichtagsregelungen** (d.h., die Gratifikation wird nur gewährt, wenn der jeweilige Arbeitnehmer bis zu einem bestimmten Datum in einem – auch seitens des Arbeitgebers – ungekündigten Arbeitsverhältnis zum Arbeitgeber steht) sind sowohl auf der Grundlage von Tarifverträgen als auch von Betriebsvereinbarungen bzw. von Einzelarbeitsverträgen statthaft. Ihre Problematik liegt darin, dass die Gratifikationsleistung des Arbeitgebers z.T. von Umständen abhängig gemacht wird, die außerhalb der Möglichkeiten des Arbeitnehmers liegen, sie zu beeinflussen.

Wichtige Judikatur (bitte lesen):

Arbeitsvergütung bei Minderleistung (BAG, Beschluss v. 18.7.2007 = BB 2007, 1903):
Der Arbeitnehmer hat nur dann einen vollen Vergütungsanspruch gemäß §§ 611, 614 BGB, wenn er die ihm obliegende Arbeitsleistung auch voll erbracht hat. Hat er hingegen die ihm obliegende Dienstleistung nur mangelhaft erbracht, kommt keine Minderung der Vergütung (vergleichbar § 441 BGB entsprechend) in Betracht.

Sonderzahlung und Ausgleich für Mehrarbeit
(BAG, Urteil v. 13.4.2011 = NZA 2011, 1047):
Soll eine Sonderzahlung als Ausgleich für die Vereinbarung schlechterer Arbeitsbedingungen nur dann geleistet werden, wenn bestimmte Unternehmensziele erreicht werden, so wird damit kein zusätzlicher Leistungszweck begründet, bei dessen Eintritt auch die Mitarbeiter einen Anspruch auf die Sonderzahlung haben, die den schlechteren Arbeitsbedingungen nicht zugestimmt haben.

Sonderzahlungen (Prämien, Zulagen, Urlaubsgeld, Gratifikationen) unter Freiwilligkeitsvorbehalt (BAG, Urteil v. 8.12.2010 = NJW 2011, 2314):
Bei einer Verknüpfung von Freiwilligkeitsvorbehalt und Widerrufsvorbehalt in einem Arbeitsvertrag wird für den Arbeitnehmer nicht hinreichend deutlich, dass trotz mehrfacher, ohne weitere Vorbehalte erfolgender Sonderzahlungen ein Rechtsbindungswille des Arbeitgebers für die Zukunft ausgeschlossen bleiben soll.

c) Arbeitsentgelt bei tatsächlich geleisteter Arbeit (§ 611 BGB i.V.m. dem Arbeitsvertrag)

Bei tatsächlich geleisteter Arbeit resultiert der Anspruch auf das Arbeitsentgelt aus § 611 BGB i.V.m. dem individuell ausgehandelten Arbeitsvertrag:

- Wirksam begründeter Arbeitsvertrag (§ 611 BGB)
- Keine Beendigung des Arbeitsverhältnisses
- Vergütungsanspruch ist nicht nach § 326 Abs. 1 S. 1 1. Alt. i.V.m. § 275 Abs. 1 oder 3 BGB erloschen
- Fälligkeit: § 614 BGB (Vorleistungspflicht des Arbeitnehmers)

d) Arbeitsentgeltanspruch trotz Ausfalls der Arbeit

Aufgrund des Fixschuldcharakters der Arbeitsleistung (die grundsätzlich nicht nachholbar ist) folgt, dass bei Nicht-Arbeit (Unmöglichkeit – § 275 Abs. 1 BGB) der Arbeitnehmer grundsätzlich seinen Lohnanspruch aus dem Arbeitsvertrag als gegenseitigem Vertrag (§ 320 BGB) verliert (§ 326 Abs. 1 S. 1 1. HS BGB). Es gilt der Grundsatz: „Ohne Arbeit kein Lohn", der jedoch eine Vielzahl von Durchbrechungen (Rechtsgrundlagen für „Lohn ohne Arbeit") erfährt:

- Vom Arbeitgeber zu vertretende Unmöglichkeit (§ 326 Abs. 2 BGB)
- Annahmeverzug des Arbeitgebers (§§ 615, 293 ff. BGB)
- Betriebs-/Wirtschaftsrisiko (Sphärentheorie – unverschuldete Betriebsstörungen – § 615 S. 3 BGB)
- Sonderurlaub (Leistungsverhinderung des Arbeitnehmers – § 616 BGB)
- Lohnfortzahlung auf der Grundlage des EntfG
    - wegen krankheitsbedingter Arbeitsunfähigkeit (§ 3 EntfG) bzw.
    - an gesetzlichen Feiertagen (§ 2 EntfG)
- Urlaubsentgelt (§ 11 BUrlG)
- Vergütung im Mutterschaftsurlaub (§ 11 MuSchG).
- Bildungsurlaub nach Ländergesetzgebung
- Betriebsratstätigkeit nach § 37 BetrVG

Fall 15: Von keiner Seite zu vertretendes Unmöglichwerden

Sachverhalt: Der Angestellte A wohnt in einer ländlichen Gegend 40 Kilometer von seinem Arbeitsplatz entfernt. Eine Anbindung an öffentliche Verkehrsmittel existiert nicht, so dass er gezwungen ist, jeden Tag mit dem Auto zu fahren. An einem trüben Morgen wird A auf dem Weg zur Arbeit unverschuldet in einen Unfall verwickelt. Verursacht wurde der Unfall durch den Bauern B, der mit seinem Traktor rückwärts auf die Straße setzen wollte, von der Kupplung rutschte, den A in seinem Fahrzeug rammte und von der Straße in den Graben schob. Dem A ist es nicht mehr möglich, an diesem Tag noch zu seinem Arbeitsplatz zu gelangen. Kann er trotzdem von seinem Arbeitgeber Lohn für diesen Tag fordern?

Lösung:
A könnte gegen seinen Arbeitgeber einen Anspruch aus **§ 611 BGB i.V.m. seinem Arbeitsvertrag** auf Zahlung von Lohn für den betreffenden Tag haben.

1. Der aufgrund des wirksamen Arbeitsvertrages zwischen A und seinem Arbeitgeber grundsätzlich bestehende Lohnanspruch könnte nach § 326 Abs. 1 S. 1 BGB untergegangen sein. Der Arbeitsvertrag ist ein gegenseitiger Vertrag. Aufgrund des Charakters der Arbeitsleistung als relative Fixschuld ist diese nicht nachholbar und dem A somit unmöglich geworden (§ 275 Abs. 1 BGB). Auch haben weder der Arbeitgeber des A noch er selbst die Unmöglichkeit der Arbeitserbringung durch A an diesem betreffenden Tag zu vertreten. Die Voraussetzungen des § 326 Abs. 1 S. 1 BGB sind somit erfüllt, und der Anspruch des A auf Lohnzahlung für den betreffenden Tag ist untergegangen. Eine Ausnahmeregelung greift in diesem Falle nicht ein, insbesondere die Voraussetzungen des § 616 BGB sind nicht erfüllt, da der Unfall als Hinderungsgrund kein solcher ist, der in den persönlichen Verhältnissen des A begründet ist.

2. A hat für den Tag, an dem ihm der Unfall passierte, keinen Anspruch auf Lohnzahlung gegen seinen Arbeitgeber aus § 611 BGB i.V.m. dem Arbeitsvertrag.

aa) Vom Arbeitgeber zu vertretende Unmöglichkeit der Arbeitsleistung (§ 326 Abs. 2 BGB)

Der Lohnanspruch des Arbeitnehmers bleibt bestehen, wenn der Arbeitsausfall auf einer vom Arbeitgeber als Gläubiger nach § 326 Abs. 2 S. 1 BGB zu vertretenden Unmöglichkeit der Arbeitsleistung beruht.

Prüfungsschema (Vom Arbeitgeber zu vertretende Unmöglichkeit der Arbeitsleistung – § 326 Abs. 2 BGB)

1. Bestehen eines wirksamen Arbeitsvertrags (§ 611 BGB) als gegenseitiger Vertrag i.S.v. § 320 BGB.

2. Dem Arbeitgeber ist die Erbringung der Arbeitsleistung nach § 275 Abs. 1 BGB unmöglich geworden – Fixschuldcharakter der Arbeitsleistung = Nicht-Nachholbarkeit der Arbeit.

3. Die Unmöglichkeit der Erbringung der Arbeitsleistung ist vom Arbeitgeber als Gläubiger zu vertreten (eigenes Verschulden des Arbeitgebers nach § 276 BGB bzw. für andere Arbeitnehmer als Erfüllungsgehilfen nach § 278 BGB).

bb) Annahmeverzug des Arbeitgebers (§ 615 BGB)

Kommt der Arbeitgeber (als Gläubiger des Anspruchs auf Arbeitsleistung) mit der Annahme der ihm ordnungsgemäß durch den Arbeitnehmer angebotenen Arbeitsleistung in Verzug (§§ 293, 294 BGB – obgleich diese noch erbracht werden kann), hat der Arbeitnehmer nach § 615 S. 1 BGB das Recht, für die infolge des Verzugs nicht geleistete Arbeit die vereinbarte (Brutto-) Vergütung zu verlangen (ohne zur Nachleistung verpflichtet zu sein).

Prüfungsschema (Gläubigerannahmeverzug nach § 615 i.V.m. §§ 293 ff. BGB)

1. Wirksam begründeter Arbeitsvertrag nach § 611 BGB – dem ein fehlerhaftes Arbeitsverhältnis gleichsteht, solange der Arbeitgeber sich noch nicht auf dessen Nichtigkeit berufen hat.

2. Gläubigerannahmeverzug (§§ 293 ff. BGB – Verzug des Arbeitgebers als Dienstberechtigter mit der Annahme der Dienste des dienstverpflichteten Arbeitnehmers:

a) Arbeitsvertraglicher Anspruch (d.h. die Arbeitsleistung) ist für den Schuldner (d.h. den Arbeitnehmer) **erfüllbar**.

b) Leistungsfähigkeit und Leistungsbereitschaft des Schuldners (d.h. des Arbeitnehmers – § 297 BGB).

c) Der Arbeitgeber gerät nach § 297 BGB nicht in Verzug, wenn der Arbeitnehmer außerstande ist, seine Arbeitsleistung zu erbringen. Der Arbeitnehmer muss zur Arbeitsleistung willens (was etwa bei einer Eigenkündigung durch den Arbeitnehmer auszuschließen ist) und auch in der Lage sein (was bspw. im Falle einer Strafverbüßung nicht der Fall ist). Ist der Arbeitnehmer erkrankt (und infolgedessen arbeitsunfähig), ist ihm die Erbringung der Arbeitsleistung unmöglich. Er hat in diesem Falle einen Anspruch auf Entgeltfortzahlung nach § 3 EntFG. Ist ein schwerbehinderter Arbeitnehmer aus gesundheitlichen Gründen an der Arbeitsleistung verhindert, muss der Arbeitgeber ihm ggf. einen anderen Arbeitsplatz zuweisen, da er nach § 81 Abs. 4 S. 1 Nr. 1 SGB IX verpflichtet ist, den Schwerbehinderten so zu beschäftigen, dass dieser seine Fähigkeiten und Kenntnisse möglichst verwerten und weiterentwickeln kann. Die Beweislast für die fehlende Leistungsfähigkeit bzw. -bereitschaft des Arbeitnehmers trägt der Arbeitgeber.

d) **Ordnungsgemäßes Leistungsangebot** des Schuldners (Arbeitnehmers) an den Gläubiger (Arbeitgeber) zur rechten Zeit, am rechten Ort (Arbeitsplatz) und in der rechten Weise.

   i. § 294 BGB: grundsätzlich ist ein **tatsächliches Angebot** des Arbeitnehmers erforderlich.

   ii. Der Arbeitnehmer muss dem Arbeitgeber die Arbeitsleistung, so wie sie zu bewirken ist (d.h. am rechten Ort [Erfüllungsort] und zur rechten Zeit) tatsächlich anbieten.

   iii. § 295 BGB: Ausnahmsweise reicht ein **wörtliches Angebot** des Arbeitnehmers dann aus, wenn der Gläubiger (Arbeitgeber) erklärt hat, dass er die Leistung nicht annehmen wolle oder wenn zur Bewirkung der Arbeitsleistung eine Mitwirkungshandlung des Arbeitgebers – etwa die Zurverfügungstellung eines Arbeitsplatzes (Verbot des Zutritts zur Betriebsstätte), die Zuweisung von Arbeit bzw. von Arbeitsmaterialien – erforderlich ist. Dem wörtlichen Angebot des Arbeitnehmers steht dessen Aufforderung an den Arbeitgeber gleich, ihm etwa seinen Arbeitsplatz zugänglich zu machen.

   iv. § 296 BGB: **überflüssiges Angebot** (wenn der Arbeitgeber zu erkennen gegeben hat [bspw. durch die Kündigung oder ein anderes Verhalten], dass er die Arbeitsleistung nicht annehmen will) – eine außerordentliche Kündigung (§ 626 BGB) führt damit sofort zum Annahmeverzug des Arbeitgebers.

   v. Ist für die vom Arbeitgeber vorzunehmende Handlung (bspw. den Arbeitsplatz zur Verfügung zu stellen) eine Zeit nach dem Kalender bestimmt, so bedarf es eines Arbeitsangebots seitens des Arbeitnehmers nur, wenn der Arbeitgeber die vorbezeichnete Handlung rechtzeitig vornimmt.

vi. **Problematisch** im Zusammenhang mit dem notwendigen Angebot des Arbeitnehmers ist insbesondere die Konstellation, dass einem Arbeitnehmer gekündigt worden ist und das daraufhin von ihm angerufene Arbeitsgericht die Kündigung des Arbeitgebers im Nachhinein für unwirksam erklärt: Nach Ansicht des BAG muss der Arbeitgeber den Arbeitnehmer zur Wiederaufnahme der Arbeit auffordern, um § 615 BGB zu vermeiden. Ist der Arbeitnehmer zum Zeitpunkt einer fristlosen Kündigung (oder später) nicht leistungsfähig oder leistungsbereit, so hat er den Beginn seiner Leistungsbereitschaft oder -fähigkeit dem Arbeitgeber mitzuteilen und diesen aufzufordern, ihm eine Arbeit zuzuweisen. Ausnahmsweise bedarf es der Arbeitsbereitschaft und der Aufforderung dann jedoch nicht, wenn der Arbeitgeber nach Ausspruch der fristlosen Kündigung dem Arbeitnehmer klar und ernsthaft erklärt hat, er verzichte auf die Arbeitsleistung auch für die Zeit nach dem Ende der fehlenden Arbeitsbereitschaft (etwa der Arbeitsunfähigkeit).

vii. Ein wörtliches Angebot des Arbeitnehmers vor Ausspruch der Kündigung genügt nicht. Andererseits ist aber auch eine ständige Wiederholung des Arbeitsangebots durch den Arbeitnehmer nicht erforderlich. Wird etwa einem Auslieferungsfahrer wegen Entzugs des Führerscheins nach § 626 Abs. 1 BGB außerordentlich gekündigt, so gerät der Arbeitgeber für die Zeit nach Zugang der Kündigung nicht bereits deshalb in Annahmeverzug, weil das Arbeitsgericht rechtskräftig die Unwirksamkeit der Kündigung festgestellt hat. Da der Arbeitnehmer nämlich wegen des Führerscheinentzugs zunächst seiner vertraglichen Hauptpflicht gar nicht nachkommen kann (fehlende Leistungsfähigkeit), gerät der Arbeitgeber nur dann in Annahmeverzug, wenn er es unterlässt, dem Arbeitnehmer vorübergehend eine mögliche und zumutbare andere Beschäftigung anzubieten.

3. Der Arbeitgeber gerät nach § 297 BGB auch dann nicht in Annahmeverzug, wenn der Arbeitnehmer zur fraglichen Zeit außerstande ist (etwa krankheitsbedingt) die Arbeitsleistung zu erbringen (Leistungsfähigkeit und -bereitschaft des Arbeitnehmers). Ein Kündigungsgrund rechtfertigt nicht, dass der Arbeitgeber die Arbeitsleistung verweigert.

4. Nichtannahme der Leistung durch den Arbeitgeber (§ 293 BGB).

5. Der Annahmeverzug des Arbeitgebers **endet** dann, wenn der Arbeitgeber die ihm angebotene Arbeitsleistung annimmt (etwa durch die Erklärung, eine von ihm ausgesprochene Kündigung wieder zurücknehmen zu wollen, was im Wege der Auslegung als Angebot zu interpretieren ist, das bisherige Arbeitsverhältnis zu den alten Konditionen fortsetzen zu wollen) oder aber letztere (ganz oder teilweise) unmöglich ist. Eine Annahme liegt nach Auffassung des BAG (NJW 1986, 2846) nach einer vorherigen Verweigerung des Arbeitgebers aber nur dann vor, wenn er den Arbeitnehmer darüber unterrichtet, dass die von ihm ausgesprochene Kündigung zu Unrecht erfolgt ist: Das bloße Angebot eines befristeten Arbeitsvertrags nach einer außerordentlichen Kündigung reicht nicht aus. Kommt ein Arbeitgeber im Anschluss an eine von ihm ausgesprochene außerordentliche Kündigung in Annahmeverzug, so endet dieser nicht, wenn er dem Arbeitnehmer vorsorglich eine für die Dauer des Kündigungsrechtsstreits befristeten neuen Arbeitsvertrag zu den bisherigen Konditionen oder eine durch die rechtskräftige Feststellung der Wirksamkeit der Kündigung auflösend be-

dingte Fortsetzung des alten Arbeitsvertrags anbietet und der Arbeitnehmer dieses Angebot ablehnt. Die Ablehnung eines solchen Arbeitgeberangebots kann jedoch ggf. als ein böswilliges Unterlassen eines anderweitigen Erwerbs i.S. des § 615 S. 2 BGB anzusehen sein. Für eine solche Beurteilung kommt es auf die Umstände des Einzelfalls an – insbesondere auf die Art und Begründung der Kündigung und das Verhalten des Arbeitgebers im Kündigungsschutzprozess.

6. Anrechnungspflicht nach § 615 S. 2 BGB. Bei einer vorangegangenen Kündigungsschutzklage wird § 615 S. 2 BGB allerdings durch § 11 KSchG verdrängt.

Fall 16: Annahmeverzug des Arbeitgebers

Sachverhalt: A arbeitet im Installationsbetrieb des C. Seit zwei Wochen schon murrt er über die viele Arbeit und die vergleichsweise schlechte Bezahlung. C wird immer ungehaltener über die durch A verursachte Verschlechterung des Betriebsklimas, denn er sieht sich auch von Seiten der anderen Beschäftigten immer häufiger mit Nachfragen nach Lohnerhöhungen konfrontiert. Am 2. Juli kommt es zum Eklat. C und A geraten heftig aneinander, und C entlässt den A fristlos. A wendet ein, für eine Entlassung gäbe es überhaupt keinen Grund. Daraufhin verweist C den A von seinem Betriebsgelände und erteilt ihm Hausverbot. Am 16. Juli erhebt A Kündigungsschutzklage, auf welche das Arbeitsgericht durch Urteil vom 16. August feststellt, dass das Arbeitsverhältnis durch die Kündigung vom 2. Juli nicht aufgelöst worden sei. Am 17. August nimmt A die Arbeit bei C wieder auf. A hat in der Zwischenzeit infolge des Unterbleibens seiner Arbeit nichts erspart und auch durch deren anderweitige Verwendung nichts erworben oder zu erwerben böswillig unterlassen. Er verlangt nun von C Zahlung des vertraglichen Arbeitslohnes für die Zeit vom 3. Juli bis zum 16. August. Zu Recht?

Lösung:
A könnte gegen C einen Anspruch aus § 611 i.V.m. § 615 BGB auf Zahlung des Lohnes für die fragliche Periode haben.

1. Im fraglichen Zeitraum bestand zwischen A und C der Arbeitsvertrag weiter, da dieser, wie das Arbeitsgericht festgestellt hat, durch die unwirksame Kündigung nicht aufgelöst worden ist.

2. C müsste gemäß § 615 BGB mit der Annahme der Dienste des A in Verzug (Gläubigerannahmeverzug) gewesen sein. A war gemäß § 297 BGB zur Leistung im Stande und darüber hinaus auch bereit. Auch war der Anspruch des C gegen A auf Erbringung der Arbeitsleistung erfüllbar. Gemäß § 293 BGB ist C jedoch nur dann in Verzug gekommen, wenn er die ihm von A angebotene Leistung nicht angenommen hat. Nach § 294 BGB muss die Leistung grundsätzlich so, wie sie zu bewirken ist, tatsächlich angeboten werden. Ausnahmsweise genügt nach § 295 BGB jedoch ein wörtliches Angebot, wenn der Gläubiger dem Schuldner erklärt hat, dass er die Leistung nicht annehmen werde. Dies war hier der Fall. Fraglich ist jedoch, ob A gegenüber C ein solches wörtliches Angebot zur Leistungserbringung gemacht hat. An ein solches Angebot werden keine strengen Anforderungen gestellt, d.h. der Arbeitnehmer muss dem Arbeitgeber nicht wörtlich und ausdrücklich erklären, dass er arbeiten wolle. Deshalb kann ein Angebot auch in schlüssiger Form erklärt werden, zum Beispiel in Form der

Erhebung einer Kündigungsschutzklage (so BAG NJW 1977, 544). Mit Erhebung der Kündigungsschutzklage hat A gegenüber C schlüssig zum Ausdruck gebracht, dass er arbeiten will. Das darin liegende wörtliche Angebot im Sinne des § 295 BGB begründete somit jedenfalls am 16. Juli den Annahmeverzug des C.

Möglicherweise befand sich C jedoch schon mit Ausspruch der fristlosen Kündigung am 2. Juli gegenüber dem A im Annahmeverzug. Gemäß § 296 BGB ist nämlich ein Angebot des Schuldners dann überflüssig, wenn der Gläubiger durch eine zeitlich nach dem Kalender bestimmte Handlung an der Erfüllung mitwirken muss und er diese Handlung nicht rechtzeitig vornimmt. Aufgrund des zwischen C und A bestehenden Arbeitsverhältnisses ist es A nicht gestattet, sich selbstständig irgendwelche Arbeit auszusuchen. Vielmehr ist es C, der die betriebliche Arbeit organisiert und den Beschäftigten, also auch A, bestimmte Aufgaben zuweist. Zur Erfüllung seiner arbeitsvertraglichen Pflichten ist der A demnach von einer Mitwirkungshandlung des C abhängig. Diese liegt darin, dem A einen funktionsfähigen Arbeitsplatz bereitzustellen und ihm Arbeit zuzuweisen (BAG NZA 1985, 119; BAG NZA 1995, 263). Genau dies hat C jedoch nicht getan. Er hat im Gegenteil A sogar den Zutritt zum Betriebsgelände verboten. Wegen der am 2. Juli eingetretenen Weigerung des C, dem A die Erfüllung seiner Arbeitsverpflichtung durch Zuweisung von Aufgaben zu ermöglichen, befand sich C vom Zeitpunkt der fristlosen Kündigung an gemäß § 296 BGB in Annahmeverzug.

3. A hat deshalb gegen C gemäß § 611 i.V.m. § 615 BGB einen Anspruch auf Lohnzahlung für den gesamten Zeitraum vom 3. Juli bis zum 16. August. Eine Minderung des Lohnanspruchs gemäß § 615 S. 2 BGB kommt nicht in Betracht, da A in Folge des Unterbleibens seiner Arbeit nichts erspart hat und auch durch deren anderweitige Verwendung nichts erworben oder zu erwerben böswillig unterlassen hat.

cc) Sphärentheorie/Betriebsrisikolehre
(unverschuldete Betriebsstörungen – § 615 S. 3 BGB)

Dem Arbeitnehmer ist aufgrund einer Betriebsstörung die Erbringung der eigentlich geschuldeten Arbeitsleistung nicht möglich. Seine Arbeitsleistung wird unmöglich. Gleichwohl bleibt sein Lohnanspruch nach § 615 S. 3 BGB dann bestehen, wenn dem Arbeitgeber diese Unmöglichkeit (unverschuldet) zuzurechnen ist, er das „Risiko des Arbeitsausfalls" trägt.

(1) Das Betriebsrisiko

Unter „Betriebsrisiko" ist das Risiko zu verstehen, dass es dem Arbeitgeber aus objektiven, d.h. aus seinem Betrieb selbst herrührenden, von ihm aber nicht zu vertretenden Umständen unmöglich ist, seine Arbeitnehmer weiter zu beschäftigen (Betriebsstörung aus der Sphäre des Arbeitgebers – z.B. Stromunterbrechung, Brand, Maschinenschäden, Produktionsverbot, Ausfall von benötigten Zulieferteilen oder Fehlorganisation des Betriebsablaufs). Das Betriebsrisiko trägt grundsätzlich der Arbeitgeber, da er nach den Grundsätzen der Wirtschaftsverfassung den Betrieb organisiert und leitet. Er trägt die unternehmerische Verantwortung, d.h. das „Risiko des Arbeitsausfalls". Davon hat die Judikatur zwei Ausnahmen gemacht: Existenzgefährdung des Betriebs und Störungen, die (ausschließlich) aus der Sphäre der Arbeitnehmer herrühren (insbesondere Arbeitskampffolgen).

Fall 17: Betriebsrisiko

Sachverhalt: P ist Busfahrer bei den Stadtwerken der kreisfreien Stadt D. Am 5. Dezember ist P zum Tagesdienst eingeteilt. Die an diesem Tag zu befahrende Strecke verläuft zum größten Teil auf etwas abgelegenen Straßen. In der Nacht zum 5. Dezember setzt ein unerwartet starker Frost ein. Die Streufahrzeuge sind kaum in der Lage, wenigstens die Hauptverkehrsstraßen befahrbar zu machen. Dem auf dem Bushof erschienenen P wird deshalb bedeutet, dass er seinen Dienst wegen der vereisten Strecke vorerst nicht beginnen könne. Als nach zwei Stunden absehbar ist, dass mit einer Räumung der Strecke auch bis zum späten Nachmittag nicht zu rechnen ist, wird P nach Hause geschickt. Hat er einen Anspruch auf Lohnzahlung für den 5. Dezember?

Lösung:
P könnte gegen die Stadtwerke D aus § 611 BGB einen Anspruch auf Lohnzahlung für den 5. Dezember haben.

1. Der aufgrund des Arbeitsvertrages grundsätzlich bestehende Lohnanspruch könnte jedoch nach § 326 Abs. 1 S. 1 BGB untergegangen sein. Der Arbeitsvertrag ist ein gegenseitiger Vertrag. Aufgrund des plötzlichen Wintereinbruches und der dadurch verursachten Unbefahrbarkeit der am 5. Dezember von P zu befahrenden Busstrecke ist P die Erfüllung seiner Dienste unmöglich geworden (§ 275 Abs. 1 BGB). Auch kann man nicht davon sprechen, dass D oder P den plötzlichen Wintereinbruch zu vertreten hätten, da es sich um einen Vorgang höherer Gewalt handelt. Im Ergebnis müsste man also feststellen, dass wegen des Vorliegens der Voraussetzungen des § 326 Abs. 1 S. 1 BGB der P seinen Lohnanspruch für den 5. Dezember verloren hätte. Ein Anspruch aus § 615 S. 1 BGB scheidet aus, da die Stadtwerke sich wegen der Unmöglichkeit der Leistungserbringung gemäß § 297 BGB nicht in Annahmeverzug befanden.

2. P könnte jedoch in Ausnahme zur Regelung des § 326 Abs. 1 S. 1 BGB nach der Lehre vom Betriebsrisiko (§ 615 S. 3 BGB) seinen Lohnanspruch für den fraglichen Tag behalten haben. Dies setzt voraus, dass eine Betriebsstörung vorliegt, deren Ursache in der betrieblichen Sphäre der D liegt und die weder vom Arbeitgeber noch vom Arbeitnehmer zu vertreten ist. Dass keine der beiden Vertragsparteien die Nichterbringung der Arbeitsleistung des P zu vertreten hat, wurde bereits festgestellt. Fraglich ist jedoch, ob der Wintereinbruch ein Risiko darstellt, das aus der Sphäre der Stadtwerke stammt und somit von ihr zu tragen ist. Der plötzliche Wetterumschwung hat weder mittelbar noch unmittelbar etwas mit der Unterhaltung eines Busbetriebs zu tun. Auf den ersten Blick müsste man deshalb feststellen, dass Wetterveränderungen und dadurch bedingte Betriebsunterbrechungen kein Risiko darstellen, das im betrieblichen Bereich seine Ursache hätte. Dabei würde man jedoch übersehen, dass nach den Prinzipien unserer Wirtschaftsverfassung ein Arbeitgeber und Unternehmer die Möglichkeit hat, durch entsprechende organisatorische Maßnahmen, auch auf von außen verursachte Betriebsausfälle vorbereitet zu sein. Er kann sich nicht darauf verlassen, dass der Betriebsablauf nicht durch äußere Einflüsse gestört wird. Es ist vielmehr von ihm zu erwarten, dass er in Zeiten eines reibungslosen Betriebsablaufes Vorsorge trifft für möglicherweise auftretende Probleme. Dabei sind insbesondere solche Probleme zu berücksichtigen, die erfahrungsgemäß entstehen können. Dass es im Winter, insbeson-

dere bei plötzlichen Kälteeinbrüchen, zur Unterbrechung des Busbetriebes kommen kann, ist vorhersehbar. Auf solche Betriebsausfälle können sich die Stadtwerke also durch eine entsprechende Kalkulation schon im Vorfeld einstellen. Diese Möglichkeit innerbetrieblicher Vorsorge rechtfertigt es, auch einen plötzlichen Kälteeinbruch – zumindest in seinen Auswirkungen – als ein Risiko anzusehen, das zwar nicht in der Sphäre des Arbeitgebers seine Ursache hat, von diesem aber aufgefangen werden kann. Die von der Lehre vom Betriebsrisiko aufgestellten Voraussetzungen sind demnach auch in diesem Falle erfüllt. Die allgemein anerkannte Ausnahme, dass die Lehre vom Betriebsrisiko nicht eingreift, wenn ihre Anwendung zur Gefährdung der Existenz des Betriebes führen würde, liegt hier nicht vor.

3. A hat deshalb gegen die Stadtwerke D aus § 615 S. 3 BGB i.V.m. der Lehre vom Betriebsrisiko einen Anspruch auf Lohnzahlung auch für den 5. Dezember.

(2) Das Wirtschaftsrisiko

Vom Betriebsrisiko zu unterscheiden ist das „Wirtschaftsrisiko". Die technisch zwar mögliche Arbeit ist aus wirtschaftlichen Gründen nicht sinnvoll, etwa aufgrund Auftragsmangels bzw. infolge verlustreicher Produktion. Das Wirtschaftsrisiko (als „Risiko des Arbeitsausfalls" i.S. von § 615 S. 3 BGB) trägt ebenfalls der Arbeitgeber.

Prüfungsschema (Betriebsrisikolehre – § 615 S. 3 BGB)

1. Vorliegen eines wirksamen Arbeitsverhältnisses.

2. Betriebsstörung = eine Störung des Betriebsablaufs, deren Gründe aus der betrieblichen Sphäre selbst resultieren.

3. Die Betriebsstörung ist weder vom Arbeitgeber noch vom Arbeitnehmer zu vertreten.

4. Rechtsfolge: Der Arbeitgeber hat das Betriebsrisiko zu tragen.

5. Ausnahmen:

    a) Existenzgefährdung des Betriebs.

    b) Arbeitskampfrisiko (Risiko resultiert aus der Arbeitnehmersphäre).

---

dd) § 616 BGB (Sonderurlaub)

Nach § 616 BGB (vgl. auch § 9 Abs. 1 S. 1 Nr. 2 b BBiG) hat ein Arbeitnehmer ggf. bei persönlicher Leistungsverhinderung (d.h. aus **persönlichen Gründen**, etwa notwendige Arztbesuche und Behördengänge, Familienfeierlichkeiten, schwere Krankheiten von nahen Familienangehörigen [Ehepartner oder Kind, um die sich sonst niemand kümmern kann], ebenso Geburten oder Todesfällen naher Angehöriger – nicht hingegen bei objektiven Hinderungsgründen –, wobei es ausreichend aber auch erforderlich ist, dass dem Arbeitnehmer unter Berücksichtigung der Treuepflicht die Erbringung der Arbeitsleistung nicht zugemutet werden kann, mit Ausnahme solcher, die krankheitsbedingt sind und für die daher die Regelungen des EntFG als Sonderregelungen vorgehen) einen Anspruch auf Lohnfortzahlung. Grundsätzlich ist ein Arbeitnehmer auf Grund der Treuepflicht zwar verpflichtet, in den vorgenannten Fällen persönlicher Leistungsverhinderung diese möglichst außerhalb der Arbeitszeit zu erledigen. Ist dies jedoch nicht möglich und die Dauer der Verhinderung nur verhältnismäßig kurz, hat er einen Anspruch auf bezahlte Arbeitsfreistellung. Der Fall der notwendigen Betreuung erkrankter Kinder hat eine Spezialregelung in § 45 SGB V (Krankengeld bei Erkrankung eines Kindes) erfahren.

Prüfungsschema (Entgeltfortzahlung wegen Sonderurlaub nach § 616 BGB)

1. Vorliegen eines wirksamen Arbeitsverhältnisses.
2. Der Arbeitnehmer ist für eine „verhältnismäßig nicht erhebliche Zeit" (regelmäßig nur wenige Tage) an der Erbringung der Arbeitsleistung verhindert. Im Hinblick auf die Bemessung der „verhältnismäßig nicht erheblichen Zeit" ist auf die Umstände des konkreten Einzelfalles, d.h. insbesondere die

    *   Dauer des bisherigen Beschäftigungsverhältnisses,
    *   noch zu erwartende Beschäftigungsdauer,
    *   Länge der Kündigungsfrist sowie
    *   die objektiv erforderliche Zeit für den Verhinderungsgrund abzustellen.

3. Der Grund liegt in der Person des Arbeitnehmers bzw. in seinen persönlichen Verhältnissen (persönliches Leistungshindernis) begründet (nicht krankheitsbedingte Arbeitsunfähigkeit, vgl. dazu § 3 EntFG). Objektive Leistungshindernisse, die einen weiteren Personenkreis erfassen (bspw. Naturkatastrophen, Eis- und Schneeglätte, Smog- oder Verkehrsstau), reichen nicht aus.
4. Den Arbeitnehmer trifft diesbezüglich kein Verschuldensvorwurf, d.h. sein Verhalten stellt keinen Verstoß gegen das von einem vernünftigen Menschen im eigenen Interesse zu erwartende Verhalten dar (z.B eine unverantwortliche Selbstgefährdung), dessen Folgen auf den Arbeitgeber abzuwälzen unbillig wäre.
5. Eine Sonderregelung, die Entgeltfortzahlung (ohne Arbeitsleistung) gewährt, greift nicht ein.

Fall 18: Sonderurlaub nach § 616 BGB

Sachverhalt: Die Ehefrau des beim Unternehmen B schon seit vielen Jahren angestellten A ist im neunten Monat schwanger. Mit der Niederkunft wird jeden Tag gerechnet. In der Nacht von Montag auf Dienstag werden die Wehen immer stärker, und A fährt seine Frau ins nahegelegene Krankenhaus. Die Wehen dauern bis zum Abend des gerade angebrochenen Tages. Um 19.10 Uhr findet die Geburt statt. A lässt Mutter und Kind für die kommende Nacht im Krankenhaus zurück und fährt erschöpft, aber glücklich nach Hause. Dabei stellt er sich die Frage, ob er für den heutigen Tag Lohn verlangen kann, obwohl er gar nicht an seinem Arbeitsplatz erschienen ist. Hat er einen Anspruch auf Lohnzahlung?

Lösung:
A könnte gegen seinen Arbeitgeber einen Anspruch auf Lohnzahlung trotz Nichterbringung seiner Arbeitsleistung aus den §§ 611, 616 BGB haben.

1. Der grundsätzlich auf Grund des wirksamen Arbeitsvertrages bestehende Lohnanspruch des A könnte nach § 326 Abs. 1 S. 1 BGB untergegangen sein. Der Arbeitsvertrag ist ein gegenseitiger Vertrag. Fraglich ist jedoch, ob dem A die Erbringung seiner

Arbeitsleistung unmöglich geworden ist (§ 275 Abs. 1 BGB). Dies wäre nicht der Fall, wenn er sie zu einem späteren Zeitpunkt nachholen könnte. Die Verpflichtung zur Arbeit ist jedoch eine relative Fixschuld i.S.v. § 361 BGB. Die Arbeit soll zu einem bestimmten Zeitpunkt erbracht werden und ist somit grundsätzlich nicht nachholbar. A ist damit die Erbringung seiner Arbeitsleistung unmöglich geworden. Des Weiteren darf weder A noch sein Arbeitgeber B die Unmöglichkeit zu vertreten haben. Den Arbeitgeber des A trifft an der Unmöglichkeit der Arbeitsleistung kein Verschulden. Fraglich ist, ob dies auch für A selbst gilt, denn A ist ganz bewusst, also vorsätzlich, nicht zur Arbeit gefahren. Jedoch spielt auch im Zivilrecht der Aspekt der Schuldausschließung in gewissen Situationen ein Rolle. Dem Schuldner kann deshalb dann ein Verschulden nicht vorgeworfen werden, wenn ihm das geforderte Verhalten nicht zumutbar ist (Unzumutbarkeit, vgl. § 275 Abs. 3). Das kann insbesondere dann angenommen werden, wenn der Schuldner seine Verpflichtung zur Arbeitsleistung nur unter Vernachlässigung anderer, im konkreten Fall bedeutenderer Pflichten erfüllen kann. A schuldet seiner Ehefrau Fürsorge und Beistand, insbesondere in schwierigen Situationen. Angesichts der schwierigen Geburt und der Bedeutung dieses Ereignisses in seinem Leben wird man deshalb sagen müssen, dass es A unter den gegebenen Umständen unzumutbar war, seine Frau allein zu lassen und zur Arbeit zu fahren. Ein Verschulden liegt demnach auch auf Seiten des A nicht vor. Da die Voraussetzungen des § 326 Abs. 1 S. 1 BGB erfüllt sind, muss insoweit festgestellt werden, dass der Lohnanspruch des A untergegangen ist.

2. In Ausnahme zu der Regelung des § 326 Abs. 1 S. 1 BGB könnte der Lohnanspruch des A jedoch gemäß § 616 BGB fortbestehen. Dies ist dann der Fall, wenn A für eine verhältnismäßig nicht erhebliche Zeit durch einen in seiner Person liegenden Grund ohne sein Verschulden an der Dienstleistung verhindert gewesen ist. Die Dauer der Arbeitsversäumnis des A beträgt einen Arbeitstag. Diese Zeit ist, gemessen an seiner langjährigen Tätigkeit für den Betrieb, verhältnismäßig unerheblich. Auch ist die Geburt seines Sohnes ein Hinderungsgrund, der in den persönlichen Verhältnissen des A begründet ist. Schließlich trifft A auch kein Verschulden im Sinne des § 616 BGB. Nach h. M. wird unter Verschulden im Sinne dieser Vorschrift ein so genanntes „Verschulden gegen sich selbst" gesehen, d.h., Maßstab ist das Verhalten, das von einem verständigen Menschen im eigenen Interesse zu erwarten ist. Die Sorge um die Ehefrau angesichts der schwierigen Geburtsumstände muss als ein solches Verhalten betrachtet werden. Ein Verschulden des A im Sinne des § 616 BGB ist demnach nicht gegeben.

3. A kann deshalb von seinem Arbeitgeber nach § 616 BGB Lohn für den zurückliegenden Tag verlangen, obwohl er nicht gearbeitet hat.

ee) Lohnfortzahlung auf der Grundlage des Entgeltfortzahlungsgesetzes

Ein Arbeitnehmer, der wegen Erkrankung arbeitsunfähig geworden ist, wird nach § 275 Abs. 1 BGB von seiner Arbeitspflicht frei. Sein Vergütungsanspruch richtet sich nach dem EntfG. Es regelt nach seinem § 1 Abs. 1 die Zahlung des Arbeitsentgelts

- an gesetzlichen Feiertagen (§ 2 EntfG) und
- im Krankheitsfall (§ 3 EntfG).

An **gesetzlichen Feiertagen** (an denen gemäß Art. 140 GG i.V.m. Art. 139 WRV, § 9 Abs. 1 ArbZG – mit Ausnahmen nach §§ 10 ff. ArbZG – ein grundsätzliches Beschäftigungsverbot besteht) haben die Arbeitnehmer nach § 2 EntfG für die ausfallende Arbeitszeit nach dem Lohnausfallprinzip einen Anspruch auf Entgeltfortzahlung, der jedoch entfällt, wenn der jeweilige Arbeitnehmer am letzten Arbeitstag vor oder am ersten Arbeitstag nach dem Feiertag der Arbeit unentschuldigt fernbleibt.

Nach § 3 EntfG hat ein Arbeitnehmer, der durch Arbeitsunfähigkeit infolge Krankheit an seiner Arbeitsleistung verhindert ist, ohne dass ihn ein Verschulden trifft, einen Anspruch auf **Entgeltfortzahlung im Krankheitsfall** für die Zeit der Arbeitsunfähigkeit bis zur Dauer von sechs Wochen. Dieser Anspruch entsteht nach vierwöchiger ununterbrochener Dauer des Arbeitsverhältnisses. Die krankheitsbedingte Arbeitsunfähigkeit muss die alleinige Ursache für den Ausfall der Arbeitsleistung sein. Wird der Arbeitnehmer infolge derselben Krankheit (demselben Grundleiden) erneut arbeitsunfähig (**Fortsetzungskrankheit**), so verliert er wegen der erneuten Arbeitsunfähigkeit den Anspruch für einen weiteren Zeitraum von höchstens sechs Wochen nicht, wenn er vor der erneuten Arbeitsunfähigkeit mindestens sechs Monate nicht infolge derselben Krankheit arbeitsunfähig war oder seit Beginn der ersten Arbeitsunfähigkeit infolge derselben Krankheit eine Frist von zwölf Monaten abgelaufen ist. Eine Entgeltfortzahlung erfolgt nur bei „unverschuldeter" Erkrankung. Unter „Verschulden" ist ein Verschulden des Arbeitnehmers gegen sich selbst zu verstehen, z.B. wenn ein Arbeitnehmer gröblichst gegen das von verständigen Menschen im eigenen Interesse zu erwartende Verhalten verstößt, was der Arbeitgeber zu beweisen hat. Die Verschuldensfrage kann in folgenden Fällen Probleme aufwerfen:

* **Sportunfälle**, bei denen grundsätzlich nicht ohne weiteres davon ausgegangen werden kann, dass dem Arbeitnehmer ein Verschulden gegen sich selbst zum Vorwurf zu machen ist (sogar bei gefährlichen Sportarten, wie bspw. Drachenfliegen, Fallschirmspringen, Bergsteigen, Boxen oder Skifahren). Etwas anderes gilt nur für Fälle, in denen in persönlicher Hinsicht der Sportler den Unfall wegen mangelnden Trainings bzw. weil er für die entsprechende Sportart selbst körperlich ungeeignet ist, erlitten hat bzw. er in grob fahrlässiger Weise gegen anerkannte Regeln der von ihm ausgeübten Sportart verstoßen hat.
* **Sucht-**, insbesondere **Alkoholabhängigkeit** ist nicht in jedem Falle selbstverschuldet.
* **Betriebs- und Verkehrsunfälle** sind dann durch den Arbeitnehmer selbst verschuldet, wenn er die einschlägigen Unfallverhütungsvorschriften bzw. Verkehrsvorschriften gröblichst verletzt, etwa in alkoholisiertem Zustand Auto fährt bzw. den Sicherheitsgurt nicht anlegt.
* § 3 Abs. 2 S. 1 EntfG fingiert als unverschuldete Arbeitsunfähigkeit auch eine Arbeitsverhinderung, die infolge einer nicht rechtswidrigen Sterilisation oder eines nicht rechtswidrigen Schwangerschaftsabbruchs eintritt.

Für den in § 3 EntfG bezeichneten Zeitraum ist dem Arbeitnehmer das ihm bei der für ihn maßgebenden regelmäßigen Arbeitszeit zustehende Arbeitsentgelt fortzuzahlen. Der Anspruch auf Entgeltfortzahlung ist nach § 12 EntfG grundsätzlich unabdingbar. Durch Tarifvertrag besteht aber die Möglichkeit, die Bemessungsgrundlage des fortzuzahlenden Arbeitsentgelts abweichend von den gesetzlichen Vorgaben festzulegen (§ 4 Abs. 4 EntfG [Tarifdispositivität]). Der Anspruch auf Fortzahlung des Arbeitsentgelts endet grundsätzlich mit der Beendigung des Arbeitsverhältnisses. Er wird jedoch nach § 8 Abs. 1 EntfG nicht dadurch berührt, dass der Arbeitgeber das Arbeitsverhältnis anlässlich der Arbeitsunfähigkeit des Arbeitnehmers kündigt. Das Gleiche gilt, wenn der Arbeitnehmer das Arbeitsverhältnis aus einem vom

Arbeitgeber zu vertretenden Grunde kündigt, der den Arbeitnehmer zur Kündigung aus wichtigem Grund ohne Einhaltung einer Kündigungsfrist (§ 626 Abs. 1 BGB) berechtigt.

Der Arbeitnehmer ist im Krankheitsfalle nach § 5 Abs. 1 EntfG verpflichtet, dem Arbeitgeber die Arbeitsunfähigkeit und deren voraussichtliche Dauer unverzüglich anzuzeigen. Dauert die Arbeitsunfähigkeit länger als drei Kalendertage, muss er eine ärztliche Bescheinigung über das Bestehen der Arbeitsunfähigkeit (**Arbeitsunfähigkeitsbescheinigung**) sowie deren voraussichtliche Dauer spätestens am darauf folgenden Arbeitstag vorlegen. Der Arbeitgeber kann jedoch auch verlangen, dass ihm die ärztliche Bescheinigung schon früher vorgelegt wird. Dauert die Arbeitsunfähigkeit länger als in der Bescheinigung angegeben, muss der Arbeitnehmer eine neue ärztliche Bescheinigung vorlegen. Hält sich der Arbeitnehmer bei Beginn der Arbeitsunfähigkeit im Ausland auf, muss er seinem Arbeitgeber nach § 5 Abs. 2 EntfG die Arbeitsunfähigkeit, deren voraussichtliche Dauer und seine Adresse am Aufenthaltsort in der schnellstmöglichen Art der Übermittlung mitteilen. Solange der Arbeitnehmer diesen ihm nach § 5 EntfG obliegenden Verpflichtungen schuldhaft nicht nachkommt, ist der Arbeitgeber gemäß § 7 Abs. 1 Nr. 1 i.V.m. Abs. 2 EntfG berechtigt, die Fortzahlung des Arbeitsentgelts vorübergehend zu verweigern.

Steht dem Arbeitnehmer aufgrund gesetzlicher Vorschriften gegen einen Dritten ein Schadensersatzanspruch wegen seines Verdienstausfalls zu, der ihm durch die Arbeitsunfähigkeit entstanden ist, so geht dieser Anspruch nach § 6 Abs. 1 EntfG insoweit auf den Arbeitgeber über, als dieser dem Arbeitnehmer nach dem EntfG Arbeitsentgelt fortzahlt und darauf entfallende, nur vom Arbeitgeber zu tragende Beiträge zur Bundesagentur für Arbeit, Arbeitgeberanteile zur Sozialversicherung oder zur Pflegeversicherung sowie zu Einrichtungen der zusätzlichen Alters- und Hinterbliebenenversorgung abgeführt hat.

Prüfungsfolge (Entgeltfortzahlung im Krankheitsfall)

1. Anwendbarkeit des EntfG nach dessen § 1.

2. Bestehen eines wirksamen – mindestens vier Wochen ununterbrochen andauernden (**Wartezeit**, vgl. § 3 Abs. 3 EntfG) – Arbeitsverhältnisses.

3. Verhinderung des Arbeitnehmers an der Erbringung seiner Arbeitsleistung durch (infolge) „**Arbeitsunfähigkeit infolge Krankheit**" = Krankheit ist die einzige Ursache für die Arbeitsverhinderung – Beginn: frühestens ab dem Zeitpunkt der vereinbarten Arbeitsaufnahme.

4. Kein grobes Verschulden des Arbeitnehmers am Eintritt der Krankheit – Verschulden gegen sich selbst (= grober Verstoß gegen das von einem verständigen Menschen im eigenen wohlverstandenen Interesse zu erwartende Verhalten).

5. Probleme:
   • Alkoholabhängigkeit.
   • Gefährliche Sportarten.

6. Inhalt des Anspruchs:
   • **80%ige Entgeltfortzahlung** für einen Zeitraum von **sechs Wochen** (§ 3 Abs. 1 EntfG) – Beginn: letzter Tag der 4-wöchigen Wartezeit.

- Danach: Bei fortbestehender Arbeitsunfähigkeit aufgrund derselben Krankheit erhält der Arbeitnehmer nach den §§ 44, 48 SGB V für die Dauer von 78 Wochen **Krankengeld**.

- Problem: **Fortsetzungserkrankung**.

7. Leistungsverweigerungsrecht des Arbeitgebers nach § 7 EntfG (bei Nichterfüllung der dem Arbeitnehmer nach § 5 EntfG obliegenden Verpflichtungen, bspw. der Vorlage einer ärztlichen Arbeitsunfähigkeitsbescheinigung).

8. § 6 EntfG normiert einen gesetzlichen Forderungsübergang des Schadensersatzanspruchs auf den Arbeitgeber, falls die krankheitsbedingte Arbeitsunfähigkeit des geschädigten Arbeitnehmers von einem Dritten verschuldet worden ist, wenn der Arbeitgeber das Entgelt an den Arbeitnehmer fortzahlt und für diesen Sozialversicherungsbeiträge abführt.

ff) Urlaubsentgelt und Urlaubsgeld

Nach § 1 BUrlG hat jeder Arbeitnehmer in jedem Kalenderjahr einen gesetzlichen Anspruch auf bezahlten Erholungsurlaub. Das Urlaubsentgelt bemisst sich gemäß § 11 BUrlG nach dem durchschnittlichen Arbeitsverdienst, den der Arbeitnehmer in den letzten dreizehn Wochen vor dem Beginn des Urlaubs erhalten hat (Referenzprinzip). Das Arbeitsentgelt ist vor Antritt des Urlaubs auszuzahlen. Vom Urlaubsentgelt nach § 11 BUrlG strikt zu trennen ist ein ggf. zusätzlich seitens des Arbeitgebers auf tarifvertraglicher oder freiwilliger Grundlage gewährtes Urlaubsgeld.

Prüfungsfolge (Urlaubsanspruch)

1. Bestehen eines wirksamen Arbeitsverhältnisses (vgl. § 7 BUrlG – kann wegen Beendigung des Arbeitsverhältnisses kein Urlaub mehr genommen werden, besteht nach § 7 Abs. 4 BUrlG ein Abgeltungsanspruch).

2. Entstehungszeitpunkt:
   a) § 1 BUrlG: Anfang des Kalenderjahres.
   b) § 4 BUrlG: Anspruch auf vollen Jahresurlaub nach Ablauf einer sechsmonatigen Wartezeit.

3. **Mindesturlaubsanspruch** (der aufgrund tarif- oder einzelvertraglicher Regelung aufgrund des Günstigkeitsprinzip länger sein kann) nach § 3 Abs. 1 BUrlG: 24 Werktage = vier Wochen mit folgenden Modifikationen (Zuschlägen):
   a) Minderjährige nach § 19 JArbSchG plus 6 Tage.
   b) Schwerbehinderte nach § 125 SGB IX plus 6 Tage.

4. Nichtanrechnung von Krankheitstagen auf den Urlaubsanspruch nach § 9 BUrlG.

5. Ausschluss von Doppelansprüchen (§ 6 BUrlG): Der Urlaubsanspruch besteht nicht, soweit dem Arbeitnehmer für das laufende Kalenderjahr bereits beim früheren Arbeitgeber Urlaub gewährt worden ist.

6. Teilurlaubsanspruch nach § 5 BUrlG in Höhe eines Zwölftel des Jahresurlaubs für jeden vollen Monat des Bestehens des Arbeitsverhältnisses.

7. **Übertragung von Resturlaub** auf das Folgejahr nach § 7 Abs. 3 BUrlG, der dann in den ersten drei Monaten genommen werden muss.

8. **Beachte:** Während des Urlaubs darf der Arbeitnehmer keine dem Urlaubszweck widersprechende Erwerbstätigkeit leisten.

gg) Vergütungsanspruch im Mutterschaftsurlaub

Den unter den Geltungsbereich des § 1 MuSchG fallenden Frauen (d.h. solche, die in einem Arbeitsverhältnis stehen sowie in Heimarbeit Beschäftigte und ihnen Gleichgestellte, soweit sie am Stück mitarbeiten) ist, soweit sie nicht Mutterschaftsgeld nach den Vorschriften der RVO beziehen können, vom Arbeitgeber mindestens der Durchschnittsverdienst der letzten 13 Wochen oder der letzten drei Monate vor Beginn des Monats, in dem die Schwangerschaft eingetreten ist, weiter zu gewähren, wenn sie wegen eines

*   Beschäftigungsverbots nach § 1 Abs. 1, §§ 4, 6 Abs. 2 oder 3 MuSchG oder wegen des
*   Mehr-, Nacht- oder Sonntagsarbeitsverbots nach § 8 Abs. 1, 3 oder 5 MuSchG

teilweise oder völlig mit der Arbeit aussetzen (so § 11 Abs. 1 S. 1 MuSchG).

Beachte: Absolute Beschäftigungsverbote für Schwangere bestehen

*   sechs Wochen vor der Entbindung (§ 3 Abs. 2 MuSchG) sowie
*   acht Wochen nach der Entbindung (§ 6 Abs. 1 S. 1 MuSchG).

hh) Bildungsurlaub (Ländergesetze)

Nach den Weiterbildungsgesetzen der Länder hat der Arbeitnehmer gegen seinen Arbeitgeber für die Zeit einer Arbeitnehmerweiterbildung ggf. einen Anspruch auf Fortzahlung des Arbeitsentgelts.

ii) § 37 BetrVG (Betriebsratstätigkeit)

Betriebsratsmitglieder sind nach § 37 Abs. 2 BetrVG von ihrer beruflichen Tätigkeit ohne Minderung ihres Arbeitsentgeltes zu befreien, wenn und soweit es nach Umfang und Art des Betriebs zur ordnungsgemäßen Durchführung ihrer Aufgaben erforderlich ist. Zum Ausgleich für eine Betriebsratstätigkeit, die aus betriebsbedingten Gründen (ausnahmsweise) außerhalb der Arbeitszeit durchzuführen ist, hat das Betriebsratsmitglied gemäß § 37 Abs. 3 BetrVG Anspruch auf eine entsprechende Dienstbefreiung unter Fortzahlung des Arbeitsentgelts.

jj) § 11 ArbeitsplatzschutzG (Wehrübung)

Wird ein Arbeitnehmer zu einer Wehrübung von nicht länger als drei Tagen einberufen, so ist er nach § 11 Abs. 1 S. 1 ArbeitsplatzschutzG während des Wehrdienstes unter Weitergewährung des Arbeitsentgeltes durch den Arbeitgeber von der Arbeitsleistung freigestellt. Dies gilt nach § 78 ZivildienstG gleichermaßen für Zivildienstleistende.

e) Pfändung des Arbeitseinkommens

Das Arbeitseinkommen ist nach Maßgabe der §§ 850 ff. ZPO durch den Gläubiger des Arbeitnehmers nur beschränkt nach den §§ 829, 835 ZPO pfändbar (**Lohnschutz**). Es genießt in erheblichem Umfang Pfändungsschutz. Das Gesetz differenziert zwischen unpfändbaren Bezügen (§ 850 a ZPO) und bedingt pfändbaren Bezügen (§ 850 b ZPO).

Darüber hinaus ist das Arbeitseinkommen auch nur in begrenztem Umfang pfändbar: § 850 c ZPO normiert Pfändungsgrenzen. § 850 e ZPO bestimmt, wie das pfändbare Einkommen zu berechnen ist. § 851 ZPO lässt eine Pfändbarkeit zudem nur insoweit zu, als eine Forderung abtretbar ist.

Beachte: Infolge der Umsetzung des „Gesetzes zur Reform des Kontopfändungsschutzes" können Verbraucher seit dem 1.7.2010 ein sog. pfändungssicheres Konto bzw. ein **Pfändungsschutzkonto (P-Konto)** mit ihrer Bank oder Sparkasse vereinbaren (vgl. § 850 k ZPO): Wird das Guthaben auf dem Pfändungsschutzkonto des Schuldners bei einem Kreditinstitut gepfändet, kann der Schuldner jeweils bis zum Ende des Kalendermonats über Guthaben in Höhe des monatlichen Freibetrages nach § 850 c Abs. 1 S. 1 i.V.m. § 850 c Abs. 2a ZPO verfügen. Insoweit wird es nicht von der Pfändung erfasst. Die Pfändung des Guthabens gilt im Übrigen als mit der Maßgabe ausgesprochen, dass in Erhöhung des Freibetrages folgende Beträge nicht von der Pfändung erfasst sind:

- die pfändungsfreien Beträge nach § 850 c Abs. 1 S. 2 i.V.m. § 850 c Abs. 2a S. 1 ZPO, wenn
  - der Schuldner einer oder mehreren Personen aufgrund gesetzlicher Verpflichtung Unterhalt gewährt oder
  - der Schuldner Geldleistungen nach dem SGB II oder XII für mit ihm in einer Gemeinschaft i.S. des § 7 Abs. 3 SGB II oder der §§ 19, 20, 36 S. 1 oder 43 SGB XII lebende Personen, denen er nicht aufgrund gesetzlicher Vorschriften zum Unterhalt verpflichtet ist, entgegennimmt;
- einmalige Geldleistungen i.S. des § 54 Abs. 2 SGB I und Geldleistungen zum Ausgleich des durch einen Körper- oder Gesundheitsschaden bedingten Mehraufwandes i.S. des § 54 Abs. 3 Nr. 3 SGB I;
- das Kindergeld oder andere Geldleistungen für Kinder, es sei denn, dass wegen einer Unterhaltsforderung eines Kindes, für das die Leistungen gewährt oder bei dem es berücksichtigt wird, gepfändet wird.

In einem der Führung eines Girokontos zugrunde liegenden Vertrag können der Kunde, der eine natürliche Person ist, oder dessen gesetzlicher Vertreter und das Kreditinstitut vereinbaren, dass das Girokonto als Pfändungsschutzkonto geführt wird. Der Kunde kann jederzeit verlangen, dass das Kreditinstitut sein Girokonto als Pfändungsschutzkonto führt. Ist das Guthaben des Girokontos bereits gepfändet worden, so kann der Schuldner die Führung als Pfändungsschutzkonto zum Beginn des vierten auf seine Erklärung folgenden Geschäftstages verlangen. Jede Person darf nur ein Pfändungsschutzkonto unterhalten. Bei der Abrede hat der Kunde gegenüber dem Kreditinstitut zu versichern, dass er kein weiteres Pfändungsschutzkonto unterhält.

f) Aufrechnung (§§ 387 ff. BGB) mit dem Arbeitsentgelt

Soweit der Lohnanspruch des Arbeitnehmers nach den §§ 850 ff. ZPO der Pfändung nicht unterworfen ist, findet nach § 394 S. 1 BGB auch eine Aufrechnung gegen diese Forderung nicht statt. Der Arbeitgeber kann also insoweit einen fälligen Anspruch gegen den Arbeitnehmer nicht mit dessen Lohnanspruch aufrechnen.

g)   Die Abtretung von Lohnansprüchen

Die Abtretung eines Lohnanspruchs kann zum einen nach § 399 Alt. 2 BGB aufgrund einer Vereinbarung zwischen Arbeitgeber und Arbeitnehmer ausgeschlossen werden. Zum anderen kann nach § 400 BGB eine Lohnforderung auch insoweit nicht abgetreten werden, als sie der Pfändung nach den §§ 850 ff. ZPO nicht unterworfen ist.

h)   Die Verpfändung von Lohnansprüchen

Soweit ein Recht nicht übertragbar ist, kann an ihm nach § 1274 Abs. 2 BGB auch kein Pfandrecht bestellt werden. Ein nach § 399 Alt. 2 BGB bzw. § 400 BGB i.V.m. §§ 850 ff. ZPO nicht übertragbarer Lohnanspruch kann somit auch nicht verpfändet werden.

i)   Das Arbeitsentgelt in der Insolvenz

Nach § 183 Abs. 1 SGB III haben Arbeitnehmer Anspruch auf Insolvenzgeld, wenn sie bei Eröffnung des Insolvenzverfahrens über das Vermögen ihres Arbeitgebers, Abweisung des Antrags auf Eröffnung des Insolvenzverfahrens mangels Masse oder vollständiger Beendigung der Betriebstätigkeit im Inland (Insolvenzereignis) für die vorausgegangenen drei Monate des Arbeitsverhältnisses noch Ansprüche auf Arbeitsentgelt haben.

3.6.4   Der Urlaubsanspruch des Arbeitnehmers

Das BUrlG gewährt in seinem § 1 jedem Arbeitnehmer in jedem Kalenderjahr einen Anspruch auf bezahlten Erholungsurlaub. Es statuiert allein Mindestbedingungen mit der Folge, dass sich im Rahmen tarif- bzw. einzelvertraglicher Regelungen unter Berücksichtigung des Günstigkeitsprinzips ein weitergehender Urlaubsanspruch ergeben kann. Zu berücksichtigen bleibt in diesem Zusammenhang jedoch, dass nach § 13 Abs. 1 S. 1 BUrlG die Vorgaben der §§ 1 (Urlaubsanspruch), 2 (Geltungsbereich) und 3 Abs. 1 BUrlG (Mindestdauer des Urlaubs) nicht tarifdispositiv (mithin einer Verschlechterung zu Lasten der Arbeitnehmer nicht zugänglich) sind. Von allen übrigen Regelungen kann auch zu Ungunsten der Arbeitnehmer im Rahmen von Tarifverträgen abgewichen werden (Grundsatz des tariflichen Vorrangprinzips). Im Übrigen kann grundsätzlich (mit Ausnahme von § 7 Abs. 2 S. 2 BUrlG) von den Bestimmungen des BUrlG nicht zu Ungunsten des Arbeitnehmers abgewichen werden (§ 13 Abs. 1 S. 3 BUrlG – Grundsatz der Unabdingbarkeit) – etwa durch einzelvertragliche Vereinbarung.

Der Urlaubsanspruch steht als höchstpersönlicher Anspruch nach § 1 BUrlG jedem Arbeitnehmer (auch arbeitnehmerähnlichen Personen – § 2 S. 2 BUrlG) zu, der die Wartezeit nach § 4 BUrlG erfüllt: Der volle Urlaubsanspruch wird erstmals nach einem sechsmonatigen Bestehen des Arbeitsverhältnisses erworben, ohne dass es darauf ankommt, ob der Arbeitnehmer während dieser Zeitspanne tatsächlich gearbeitet hat. Erfüllt der Arbeitnehmer (noch) nicht diese Wartezeit, hat er nach § 5 BUrlG einen Anspruch auf Teilurlaub.

Die Dauer des Urlaubs beträgt für alle Arbeitnehmer jährlich mindestens 24 Werktage (Mindesturlaub – § 3 BUrlG), wobei als Werktage alle Kalendertage gelten, die nicht Sonn- oder gesetzliche Feiertage sind. Der Arbeitnehmer hat keinen Urlaubsanspruch, soweit ihm für das laufende Arbeitsjahr bereits von seinem früheren Arbeitgeber Urlaub gewährt worden ist (§ 6 Abs. 1 BUrlG). Um Doppelansprüche des Arbeitnehmers auszuschließen, ist nach § 6 Abs. 2 BUrlG der frühere Arbeitgeber verpflichtet, dem Arbeitnehmer bei Beendigung des Arbeitsverhältnisses eine Bescheinigung (Urlaubsbescheinigung) auszuhändigen, die Aufschluss gibt über den ihm im laufenden Kalenderjahr bereits gewährten oder abgegoltenen Urlaub. Der Arbeitgeber hat nach § 7 Abs. 1 S. 1 BUrlG bei der zeitlichen Festlegung des Urlaubs die Urlaubswünsche des Arbeitnehmers zu berücksichtigen, es sei denn, dass ihrer Berücksichtigung dringende betriebliche Belange oder Urlaubswünsche anderer Arbeitnehmer, die unter sozialen Gesichtspunkten den Vorrang verdienen, entgegenstehen. Der Betriebsrat hat – vorbehaltlich einer gesetzlichen oder tarifvertraglichen Regelung – nach § 87 Abs. 1 Nr. 5 BetrVG bei der Aufstellung allgemeiner Urlaubsgrundsätze und des Urlaubsplans sowie der Festsetzung der zeitlichen Lage des Urlaubs für einzelne Arbeitnehmer mitzubestimmen, wenn zwischen Arbeitgeber und den beteiligten Arbeitnehmern kein Einverständnis erzielt wird. Die Gewährung des Urlaubs durch den Arbeitgeber erfolgt als einseitig erklärte Freistellung des Arbeitnehmers von der Arbeitspflicht, die nach Abgabe grundsätzlich nicht mehr einseitig widerrufen werden kann.

Der Urlaub ist zur Sicherung des Erholungszwecks im Regelfalle zusammenhängend zu gewähren (§ 7 Abs. 2 BUrlG), es sei denn, dass dringende betriebliche oder in der Person des Arbeitnehmers liegende Gründe eine Teilung des Urlaubs erforderlich machen. Der Urlaub muss nach § 7 Abs. 3 BUrlG grundsätzlich im laufenden Kalenderjahr gewährt und genommen werden (Urlaubsjahrgebundenheit). Eine Übertragung des Urlaubs auf das nächste Urlaubsjahr ist nur statthaft, wenn dringende betriebliche (Unabkömmlichkeit) oder in der Person des Arbeitnehmers liegende Gründe (etwa Krankheit) dies rechtfertigen. Im zuletzt genannten Falle muss der Urlaub dann jedoch in den ersten drei Monaten (im ersten Quartal) des folgenden Kalenderjahres gewährt und genommen werden. Kann der Arbeitnehmer den übertragenen Urlaub im ersten Quartal aus Gründen, die er selbst nicht zu vertreten hat, nicht antreten, so ist sein Urlaubsanspruch zwar verfallen. Kann der Urlaub wegen Beendigung des Arbeitsverhältnisses ganz oder teilweise nicht gewährt werden, so ist er gemäß § 7 Abs. 4 BUrlG abzugelten (Urlaubsabgeltung).

Dem Arbeitnehmer ist es nach § 8 BUrlG verwehrt, während des Urlaubs eine dem Urlaubszweck widersprechende Erwerbstätigkeit auszuüben, da dies dem Zweck des Erholungsurlaubs widerspräche. Erkrankt der Arbeitnehmer während des Urlaubs, so werden nach § 9 BUrlG die durch ein ärztliches Zeugnis (Attest) nachgewiesenen Tage der Arbeitsunfähigkeit auf den Urlaub nicht angerechnet. Doch kann der Arbeitnehmer seinen Urlaub nicht eigenmächtig um die Krankheitstage verlängern. Er muss vielmehr um eine Urlaubsneubewilligung durch den Arbeitgeber nachsuchen. Die Urlaubsvergütung für den Erholungsurlaub regelt § 11 BUrlG (Urlaubsentgelt).

Wichtige Judikatur (bitte lesen):

Abgeltung für bei Vertragsende wegen Krankheit nicht genommenen bezahlten Jahresurlaub (EuGH, Urteil v. 20.1.2009 = NJW 2009, 495):
Art. 7 Abs. 1 der RL 2003/88/EG über bestimmte Aspekte der Arbeitszeitgestaltung ist dahin auszulegen, dass er einzelstaatlichen Rechtsvorschriften oder Gepflogenheiten nicht entgegensteht, nach denen ein Arbeitnehmer im Krankheitsurlaub nicht berechtigt ist, wäh-

rend eines Zeitraums, der in die Zeit des Krankheitsurlaubs fällt, bezahlten Jahresurlaub zu nehmen. Die Regelung ist dahin auszulegen, dass er einzelstaatlichen Rechtsvorschriften oder Gepflogenheiten entgegensteht, nach denen der Anspruch auf bezahlten Jahresurlaub bei Ablauf des Bezugszeitraums und/oder eines im nationalen Recht festgelegten Übertragungszeitraums auch dann erlischt, wenn der Arbeitnehmer während des gesamten Bezugszeitraums oder eines Teils davon krankgeschrieben war und seine Arbeitsunfähigkeit bis zum Ende seines Arbeitsverhältnisses fortgedauert hat, weshalb er seinen Anspruch auf bezahlten Jahresurlaub nicht ausüben konnte. Art. 7 Abs. 2 dieser Richtlinie ist dahin auszulegen, dass er einzelstaatlichen Rechtsvorschriften oder Gepflogenheiten entgegensteht, nach denen für nicht genommenen Jahresurlaub am Ende des Arbeitsverhältnisses keine finanzielle Vergütung gezahlt wird, wenn der Arbeitnehmer während des gesamten Bezugszeitraums und/oder Übertragungszeitraums oder eines Teils davon krankgeschrieben bzw. im Krankheitsurlaub war und deshalb seinen Anspruch auf bezahlten Jahresurlaub nicht ausüben konnte. Für die Berechnung der entsprechenden finanziellen Vergütung ist das gewöhnliche Arbeitsentgelt des Arbeitnehmers, das während der dem bezahlten Jahresurlaub entsprechenden Ruhezeit weiterzuzahlen ist, maßgebend.

3.6.5 Unbezahlte Freizeit

Der Arbeitnehmer hat gegen seinen Arbeitgeber grundsätzlich keinen allgemeinen Anspruch auf unbezahlte Freizeit (Sabattjahr), es sei denn, dass dies einzel- oder kollektivvertraglich vereinbart worden ist.

3.6.6 Die Pflicht des Arbeitnehmers zur Rücksichtnahme als Korrelat der Fürsorgepflicht des Arbeitgebers

Die Fürsorgepflicht des Arbeitgebers ist Korrelat der Pflicht des Arbeitnehmers zur Rücksichtnahme (früher Treuepflicht) und damit eine aus dem Grundsatz von Treu und Glauben abgeleitete Nebenpflicht (vgl. auch § 241 Abs. 2 BGB). Anspruchsgrundlage ist der Arbeitsvertrag i.V.m. § 242 BGB. Während der Arbeitnehmer zur Wahrung der Arbeitgeberinteressen, Schadensabwendung, Unterrichtung über eine Nichtaufnahme der Arbeit, Nichtwahrnehmung einer konkurrierenden Nebentätigkeit, Beachtung von Wettbewerbsverboten oder Nichtannahme von Schmiergeldern verpflichtet ist, obliegt dem Arbeitgeber die Verpflichtung, Fürsorge gegenüber seinen Arbeitnehmern (Fürsorgepflicht) walten zu lassen.

3.6.7 Die Fürsorgepflicht des Arbeitgebers (allgemeines Arbeitsschutzrecht)

Die Fürsorgepflicht fasst die arbeitsvertraglichen Nebenpflichten des Arbeitgebers zusammen, die durch das Arbeitsverhältnis ihre konkrete Ausprägung erfahren. Dabei ist zwischen Nebenleistungs- und Schutzpflichten des Arbeitgebers zu unterscheiden. Als Nebenleistungspflicht obliegt ihm etwa nach § 630 BGB bzw. § 109 GewO die Ausstellung eines Arbeitszeugnisses. Die eigentlichen Schutzpflichten resultieren aus den einschlägigen Normen des

grundsätzlich nicht dispositiven Arbeitnehmerschutzrechtes – vgl. bspw. § 617 BGB (Übernahme der Kosten bei Erkrankung des Arbeitnehmers); § 618 BGB (Pflicht des Arbeitgebers
zu Schutzmaßnahmen) bzw. § 619 BGB (Unabdingbarkeit der Fürsorgepflichten).

a)   Sonderregelungen zur Fürsorgepflicht

Sonderbestimmungen für bestimmte Arbeitnehmergruppen resultieren aus den §§ 2 ff.
MuSchG (Arbeitsplatzgestaltung und Beschäftigungsverbote für Schwangere) bzw. §§ 7, 22 ff.,
28, 31 JArbSchG (Beschäftigung Jugendlicher, Beschäftigungsverbote und -beschränkungen,
Gestaltung der Arbeit, Züchtigungsverbot, Verbot der Abgabe von Alkohol und Tabak an
Jugendliche). Nach den §§ 3 ff. ArbSchG hat der Arbeitgeber (auf seine Kosten) die bei ihm
beschäftigten Arbeitnehmer vor Sicherheits- und Gesundheitsgefahren bei der Arbeit durch
geeignete Organisationsmaßnahmen zu schützen. Bestimmte öffentlich-rechtliche Verpflichtungen des Arbeitgebers (etwa die Vorschriften der Gefahrstoffverordnung, des Gerätesicher-
heitsgesetzes oder des vorerwähnten Arbeitsschutzgesetzes) wirken auf den Arbeitsvertrag
als privatrechtliche Nebenpflichten ein.

b)   Verstöße des Arbeitgebers gegen die Fürsorgepflicht

Ein Verstoß des Arbeitgebers gegen Vorgaben des Arbeitnehmerschutzrechts kann Aufsichts-
maßnahmen der zuständigen Behörden (etwa Verbotsverfügungen) auslösen. Ggf. begeht der
Arbeitgeber bei entsprechenden Verstößen zugleich eine Ordnungswidrigkeit oder einen
Straftatbestand (vgl. etwa die §§ 21 MuSchG, 58 f. JArbSchG bzw. 25 f. ArbSchG). Verletzt
der Arbeitgeber Vorgaben des Arbeitsschutzrechts, so hat der Arbeitnehmer darüber hinaus
das Recht, nach § 273 BGB seine Arbeitsleistung zurückzubehalten, ohne seines Vergütungs-
anspruchs verlustig zu gehen (§ 615 BGB bzw. § 326 Abs. 2 S. 1 BGB). Bringt die Verletzung zugleich auch einen Schaden mit sich, hat der Arbeitnehmer gegen den Arbeitgeber ggf.
auch einen Anspruch auf Schadensersatz nach § 280 Abs. 1 und 3 BGB ggf. i.V.m. § 281
oder § 282 BGB bzw. gemäß § 823 Abs. 1 oder § 823 Abs. 2 i.V.m. der Verletzung eines
Schutzgesetzes (Arbeitnehmerschutzvorschriften; Unfallverhütungsvorschriften sind nach h.A.
hingegen nicht als Schutzgesetze zu qualifizieren, da ihr Zweck nicht auf einen Individual-
schutz, sondern auf die Vermeidung von Arbeitsunfällen gerichtet ist). Dabei ist jedoch zu
berücksichtigen, dass eine Schadensersatzpflicht (ebenso wie ein Schmerzensgeldanspruch
nach § 253 Abs. 2 BGB) des Arbeitgebers für Körperschäden nach den §§ 104 ff. SGB VII
dann ausgeschlossen ist, wenn der Schaden infolge eines Arbeitsunfalls eingetreten ist.

3.6.8   Besonderer Arbeitnehmerschutz für Schwerbehinderte, Jugendliche und Schwangere

Ein besonderer Arbeitnehmerschutz (neben dem eigentlichen Arbeits- und Gefahrenschutz
[nach BGB, GewO, ArbeitsschutzG, JArbSchG, ArbSichG, GerätesicherheitsG, ChemikalienG,
GefahrstoffVO, StrahlenschutzVO, ArbeitsstättenVO, ArbeitsstoffVO, BildschirmarbeitsVO
usw.) besteht für Jugendliche sowie für Schwangere und Schwerbehinderte.

Das SGB IX begründet neben einer Beschäftigungspflicht des Arbeitgebers nach § 71 mit
korrespondierender Ausgleichsabgabe bei Nichtbeschäftigung (§ 77) besondere Pflichten des
Arbeitgebers gegenüber Schwerbehinderten i.S. § 2 Abs. 2 SGB IX, sofern sie ihren Wohnsitz,
ihren gewöhnlichen Aufenthalt oder ihre Beschäftigung auf einem Arbeitsplatz im Sinne des

§ 73 SGB IX rechtmäßig im Geltungsbereich des SGB IX haben) sowie diesen Gleichgestellten nach § 2 Abs. 3 SGB IX. Private und öffentliche Arbeitgeber mit mindestens 20 Arbeitsplätzen i.S.v. § 73 SGB IX haben gemäß § 71 Abs. 1 SGB IX auch auf mindestens 5 % der Arbeitsplätze schwer behinderte Menschen zu beschäftigen, wobei schwer behinderte Frauen besonders zu berücksichtigen sind. Dabei entbinden Verpflichtungen zur bevorzugten Einstellung und Beschäftigung bestimmter Personenkreise nach anderen Gesetzen den Arbeitgeber nicht von der Verpflichtung zur Beschäftigung von Schwerbehinderten (so § 122 SGB IX – Vorrang der Schwerbehindertenbeschäftigung). § 81 Abs. 2 SGB IX statuiert unter Verweis auf das AGG ein Benachteiligungsverbot bei der Begründung eines Arbeits- oder eines sonstigen Beschäftigungsverhältnisses. Schwerbehinderte genießen nach den §§ 85 ff. SGB IX einen besonderen Kündigungsschutz. Nach § 124 SGB IX sind Schwerbehinderte auf ihr Verlangen hin von Mehrarbeit freizustellen. Sie haben Anspruch auf einen bezahlten zusätzlichen Urlaub von fünf Arbeitstagen im Urlaubsjahr (so § 125 SGB IX).

3.7   Die Arbeitszeit

Unter Arbeitszeit ist nach § 2 Abs. 1 ArbZG die Zeit vom Beginn bis zum Ende der Arbeit ohne die Ruhepausen zu verstehen. Die werktägliche Arbeitszeit der Arbeitnehmer i.S. des § 2 Abs. 2 ArbZG darf acht Stunden nicht überschreiten (§ 3 ArbZG – erlaubte Arbeitszeit). Sie kann bis auf zehn Stunden nur verlängert werden, wenn innerhalb von sechs Kalendermonaten oder innerhalb von 24 Wochen im Durchschnitt acht Stunden werktäglich nicht überschritten werden. Darüber hinaus besteht nach § 7 Abs. 1 bzw. § 12 ArbZG die Möglichkeit, in einem Tarifvertrag oder auf der Grundlage eines Tarifvertrags in einer Betriebsvereinbarung abweichende Regelungen zu treffen. Sonderregelungen gelten nach § 18 Abs. 1 Nr. 1 ArbZG für leitende Angestellte i.S. des § 5 Abs. 3 BetrVG sowie für Arbeitnehmer, die das 18. Lebensjahr noch nicht vollendet haben (§ 18 Abs. 2 ArbZG). Auf letztere findet das JArbSchG Anwendung.

Die Arbeitszeit der Nacht- und Schichtarbeitnehmer ist gemäß § 6 Abs. 1 ArbZG nach den gesicherten arbeitswissenschaftlichen Erkenntnissen über die menschengerechte Gestaltung der Arbeit festzulegen. Sie findet eine eingehende Regelung in § 6 Abs. 2 bis 6 ArbZG.

Die Arbeit ist nach § 4 ArbZG durch im Voraus feststehende Ruhepausen von mindestens 30 Minuten bei einer Arbeitszeit von mehr als sechs bis neun Stunden und 45 Minuten bei einer Arbeitszeit von mehr als neun Stunden insgesamt zu unterbrechen. Im Übrigen müssen die Arbeitnehmer nach Beendigung der täglichen Arbeitszeit eine ununterbrochene Ruhezeit von mindestens 11 Stunden haben (§ 5 Abs. 1 ArbZG).

Sonderregelungen über die erlaubte Arbeitszeit für bestimmte Arbeitnehmergruppen werden in den §§ 8 ff. JArbSchG (für Jugendliche), § 8 MuSchG (für Schwangere) sowie in § 124 SGB IX (für Schwerbehinderte) getroffen. Verstöße gegen die Vorgaben des ArbZG führen über § 134 BGB zur Nichtigkeit entsprechender Abreden.

Die von einem Arbeitnehmer konkret zu erbringende Arbeitszeit richtet sich nach seinem Arbeitsvertrag, der das ArbZG und ggf. tarifliche Vorgaben (etwa die 38,5 Stunden-Woche) bzw. Betriebsvereinbarungen (§ 77 Abs. 4 BetrVG) zu berücksichtigen hat. Der Arbeitgeber ist berechtigt, im Rahmen seines Weisungsrechts die Arbeitszeit und deren Länge zu konkretisieren, wobei ggf. das Mitbestimmungsrecht des Betriebsrats nach § 87 Abs. 1 Nr. 2 BetrVG mit zu berücksichtigen ist. Der Arbeitnehmer ist zur Verrichtung von Mehrarbeit (d.h. Überschreiten der höchstzulässigen gesetzlichen Arbeitszeit) bzw. von Überstunden (Überschreiten der betriebsüblichen Arbeitszeit) gegen zusätzliche Vergütung grundsätzlich nicht verpflichtet, es sei denn, in seinem Arbeitsvertrag wäre eine anderweitige individualvertragliche Regelung getroffen worden oder aber es läge ein Notfall vor.

Die Einführung von **Kurzarbeit** (d.h. die vorübergehende Verkürzung der vereinbarten Arbeitszeit beim Vorliegen einer besonderen Rechtsgrundlage) unterliegt ebenso wie eine Verlängerung der betriebsüblichen Arbeitszeit der Mitbestimmung des Betriebsrats nach § 87 Abs. 1 Nr. 3 BetrVG. Besteht kein Betriebsrat, kann der Arbeitgeber grundsätzlich nicht einseitig Kurzarbeit anordnen. Vielmehr muss er vorab entweder eine entsprechende Vereinbarung mit jedem einzelnen Arbeitnehmer treffen oder aber eine Änderungskündigung (§ 2 KSchG) aussprechen. Dem Betriebsrat steht ein Mitbestimmungsrecht zu im Hinblick auf die Verteilung der wöchentlichen Arbeitszeit auf die einzelnen Wochentage wie auch hinsichtlich der Bestimmung von Beginn und Ende der täglichen Arbeitszeit (§ 87 Abs. 1 Nr. 2 BetrVG) und somit auch bei der Einführung von

- **gleitender Arbeitszeit** (d.h. in Bezug auf eine Arbeitszeitregelung, bei der unter Vorgabe der zu leistenden Wochenarbeitszeit und unter Festlegung von Kernzeiten einer Anwesenheit der Arbeitnehmer diese selbst hinsichtlich Arbeitsbeginn und -ende frei und variabel gestalten kann) bzw. von
- **Schichtarbeit** (d.h. einer Regelung, nach der auf der Grundlage eines Schichtplans ein Teil der Arbeitnehmer eines Betriebs arbeitet, während er an anderen Tagen arbeitsfrei hat).

3.8   Wettbewerbsverbote

Die §§ 60 und 61 HGB statuieren ein ausdrückliches gesetzliches Wettbewerbsverbot für Handlungsgehilfen (kaufmännische Angestellte) während der Dauer ihres Arbeitsverhältnisses, das auf andere Arbeitnehmer nicht uneingeschränkt analog anwendbar ist. Doch resultiert aus dem allgemeinen auch den Arbeitsvertrag beherrschenden Grundsatz von Treu und Glauben (§ 242 BGB) und unter Berücksichtigung der Rücksichtnahmepflicht des Arbeitnehmers eine Verpflichtung desselben, während der Dauer eines Arbeitsverhältnisses nicht in Wettbewerb zum geschäftlichen Bereich seines Arbeitgebers zu treten.

Nach § 60 Abs. 1 HGB darf der Handlungsgehilfe ohne Einwilligung (d.h. vorherige Zustimmung, vgl. § 183 S. 1 BGB) seines Arbeitgebers weder ein Handelsgewerbe (vgl. § 1 Abs. 2 HGB, mithin keinen Gewerbebetrieb, der nach Art oder Umfang einen in kaufmännischer Weise eingerichteten Geschäftsbetrieb erfordert) betreiben noch in dem Handelszweige des Arbeitgebers für eigene oder fremde Rechnung Geschäfte machen – wobei die Einwilligung des Arbeitgebers als erteilt gilt (gesetzliche Fiktion), wenn dem Arbeitgeber bei der Anstellung bekannt ist, dass er das Gewerbe betreibt, und der Arbeitgeber die Aufgabe des Betriebs nicht ausdrücklich vereinbart (so § 60 Abs. 2 HGB).

Verletzt der Handlungsgehilfe die ihm nach § 60 HGB obliegende Verpflichtung, so kann der Arbeitgeber gemäß § 61 Abs. 1 HGB Schadensersatz fordern. Er kann stattdessen auch verlangen, dass der Handlungsgehilfe die für eigene Rechnung gemachten Geschäfte als für Rechnung des Arbeitgebers eingegangen gelten lässt und er die aus Geschäften für fremde Rechnung bezogene Vergütung herausgibt oder seinen Vergütungsanspruch abtritt. Die Ansprüche verjähren nach § 61 Abs. 2 HGB in drei Monaten von dem Zeitpunkt an, in welchem der Arbeitgeber Kenntnis von dem Abschluss des Geschäfts erlangt oder ohne grobe Fahrlässigkeit erlangen müsste. Sie verjähren ohne Kenntnis oder grob fahrlässige Unkenntnis in fünf Jahren von dem Abschluss des Geschäfts an.

Arbeitgeber und Arbeitnehmer können gemäß § 110 GewO die berufliche Tätigkeit des Arbeitnehmers für die Zeit nach der Beendigung des Arbeitsverhältnisses durch Vereinbarung beschränken (**nachvertragliches Wettbewerbsverbot**, das der Schriftform [§ 126 BGB] bedarf). Das Wettbewerbsverbot ist nur verbindlich, wenn sich der Arbeitgeber verpflichtet, für die Dauer des Verbots eine Entschädigung (**Karenzentschädigung**) zu zahlen – vgl. auch die §§ 74 ff. HGB zum vertraglichen Wettbewerbsverbot gegen bezahlte Karenz des Handlungsgehilfen.

3.9 Sonstige Rechte und Verpflichtungen des Arbeitnehmers aus dem Arbeitsverhältnis

Aus der arbeitsrechtlichen Pflicht des Arbeitnehmers zur Rücksichtnahme auf die berechtigten Interessen des Arbeitgebers (früher Treuepflicht), die aus dem Individualarbeitsvertrag i.V.m. § 242 BGB hergeleitet werden (vgl. auch § 241 Abs. 2 BGB) und sowohl zu einem positiven Tun als auch zu einem Unterlassen verpflichten kann, resultieren einige weitere Verpflichtungen des Arbeitsnehmers:

3.9.1 Die Gehorsamspflicht

Der Arbeitnehmer ist verpflichtet, rechtmäßigen Weisungen des Arbeitgebers im Rahmen seiner Direktionsbefugnis Folge zu leisten. Das Weisungsrecht des Arbeitgebers beinhaltet nach § 106 GewO, dass er Inhalt, Ort und Zeit der Arbeitsleistung nach billigem Ermessen näher bestimmen kann, soweit diese Arbeitsbedingungen nicht durch den Arbeitsvertrag, Bestimmungen der Betriebsvereinbarung, eines anwendbaren Tarifvertrags oder gesetzlicher Vorschriften festgelegt ist. Dies gilt auch hinsichtlich der Ordnung und des Verhaltens des Arbeitnehmers im Betrieb.

3.9.2 Die Verschwiegenheitspflicht

Nach § 17 Abs. 1 UWG macht sich ein Arbeitnehmer strafbar, der ein **Geschäfts- oder Betriebsgeheimnis**, das ihm im Rahmen seines Arbeitsverhältnisses anvertraut oder zugänglich geworden ist, während der Geltungsdauer des Arbeitsverhältnisses unbefugt an jemand zu Zwecken des Wettbewerbs, aus Eigennutz, zu Gunsten eines Dritten oder in der Absicht, dem Inhaber des Geschäftsbetriebs Schaden zuzufügen, mitteilt.

Neben dieser besonderen strafbewehrten Verschwiegenheitspflicht resultiert aus jedem Individualarbeitsvertrag i.V.m. § 242 BGB auch eine allgemeine Verschwiegenheitspflicht des Arbeitnehmers, die es ihm verbietet, nach außen hin geschäftliche Angelegenheiten seines Arbeitgebers zu offenbaren, wenn dessen Interessen dadurch negativ betroffen werden und der Arbeitnehmer selbst kein überwiegendes Interesse an einer Information der Öffentlichkeit geltend machen kann. Auch nach Beendigung des Arbeitsverhältnisses kann eine Geheimhaltungsverpflichtung und ein damit korrespondierendes Verwertungsverbot bestehen, etwa auf vertraglicher Basis (Wettbewerbsverbot gemäß § 110 GewO, §§ 74, 74a, 90 HGB) oder aber in dem Fall, dass der Arbeitnehmer sich seine Kenntnis während seiner Betriebszugehörigkeit in unlauterer Weise nach § 17 Abs. 2 UWG verschafft hat.

Unabhängig von der Verschwiegenheitsverpflichtung aller Arbeitnehmer im Hinblick auf Betriebs- und Geschäftsgeheimnisse trifft nach § 79 Abs. 1 BetrVG die Mitglieder und Ersatzmitglieder des Betriebsrats eine Verpflichtung zur Geheimhaltung von Betriebs- und Geschäftsgeheimnissen, die ihnen wegen ihrer Zugehörigkeit zum Betriebsrat bekannt geworden und vom Arbeitgeber ausdrücklich als geheimhaltungsbedürftig bezeichnet worden sind.

3.9.3   Das Verbot der Annahme von Schmiergeldern

Jedes Individualarbeitsverhältnis i.V.m. § 242 BGB verbietet generell (und zwar über den nach § 299 StGB strafbewehrten Bereich hinaus) jede Schmiergeldannahme (Verbot der passiven Bestechung). Von Schmiergeldern abzugrenzen sind Gelegenheitsgeschenke, die der Arbeitnehmer anzunehmen berechtigt ist. Der Arbeitgeber hat nach §§ 687 Abs. 2, 681, 667 BGB gegen seinen bestochenen Arbeitnehmer einen Anspruch auf Herausgabe des Schmiergelds.

3.9.4   Weitere Rücksichtnahmepflichten

Den Arbeitnehmer trifft eine Schadensabwendungspflicht, die es ihm in Notfällen im Rahmen der Zumutbarkeit aufgibt, über die arbeitsvertraglich vereinbarten Konditionen hinaus (vorübergehend) eine zeitlich längere oder auch sachlich andere Arbeit (als wie im Arbeitsvertrag vereinbart) zu verrichten. Gleichermaßen trifft den Arbeitnehmer, jedenfalls innerhalb seines Wirkungskreises, eine Mitteilungs- und Anzeigepflicht gegenüber dem Arbeitgeber im Hinblick auf drohende bzw. bereits entstandene Schäden.

3.9.5   Nebentätigkeiten des Arbeitnehmers

Dem Arbeitnehmer sind Nebentätigkeiten (bei denen er nicht seine gesamte Arbeitskraft einsetzt) auf der Grundlage des Grundrechts der Berufsfreiheit (Art. 12 Abs. 1 GG) insoweit gestattet, als dadurch seine Verpflichtung zur Arbeitsleistung im Rahmen seiner Haupterwerbstätigkeit nicht beeinträchtigt und er dabei auch nicht in Wettbewerb zum geschäftlichen Bereich seines Arbeitgebers tritt. Weitere Beschränkungen resultieren aus spezifischen arbeitnehmerschutzrechtlichen Bestimmungen: So darf ein Arbeitnehmer etwa nach § 8 BUrlG während des Urlaubs keine dem Urlaubszweck widersprechende Erwerbstätigkeit ausüben. Auch eine Überschreitung der höchstzulässigen Arbeitszeit nach den §§ 3 ff. ArbZG ist nicht statthaft. Im Übrigen gilt das allgemeine Verbot der Aufnahme einer Schwarzarbeit nach dem SchwarzarbeitsG.

3.9.6   Exkurs: Die Arbeitnehmererfindung

Das ArbNErfG regelt nach seinem § 1 Erfindungen und technische Verbesserungsvorschläge von Arbeitnehmern. Im Hinblick auf Arbeitnehmererfindungen ist zwischen gebundenen und freien Erfindungen zu unterscheiden. Gebundene Erfindungen (Diensterfindungen) sind die während der Dauer des Arbeitsverhältnisses gemachten Erfindungen, die entweder aus der dem Arbeitnehmer im Betrieb obliegenden Tätigkeit entstanden sind oder maßgeblich auf Erfahrungen oder Arbeiten des Betriebs beruhen (§ 4 Abs. 2 ArbNErfG). Sonstige Erfindungen von Arbeitnehmern sind nach § 4 Abs. 3 S. 1 ArbNErfG freie Erfindungen. Den Arbeitnehmer trifft im Falle einer Diensterfindung nach § 5 ArbNErfG eine Meldepflicht. Der Arbeitgeber kann eine Diensterfindung unbeschränkt oder beschränkt in Anspruch nehmen (§ 6 Abs. 1 ArbNErfG) mit korrespondierender Vergütungspflicht nach § 9 bzw. § 10 ArbNErfG. Im Falle freier Erfindungen besteht nach § 18 ArbNErfG eine Mitteilungs- bzw. gemäß § 19 ArbNErfG eine Anbietungspflicht.

Literatur

Brox/Rüthers/Henssler, Arbeitsrecht, 18. Aufl. 2011

Hanau/Adomeit, Arbeitsrecht, 14. Aufl. 2007

Hromadka/Maschmann, Arbeitsrecht, Bd. 1, Individualarbeitsrecht, 4. Aufl. 2008

Junker, Grundkurs Arbeitsrecht, 11. Aufl. 2012

Lieb/Jacobs, Arbeitsrecht, 9. Aufl. 2006

Löwisch, Arbeitsrecht, 8. Aufl. 2007

Preis, Ulrich, Arbeitsrecht, Praxis-Lehrbuch zum Individualarbeitsrecht, 3. Aufl. 2009.

Preis, Ulrich, Praxis-Lehrbuch zum Kollektivarbeitsrecht, 2. Aufl. 2009.

Reichold, Arbeitsrecht, 3. Aufl. 2008

Söllner/Waltermann, Arbeitsrecht, 15. Aufl. 2009

Wörlen/Kokemoor, Arbeitsrecht, 9. Aufl. 2009

Zöllner/Loritz/Hergenröder, Arbeitsrecht, 6. Aufl. 2008

Dieterich/Müller-Glöge/Preis, Erfurter Kommentar zum Arbeitsrecht, 12. Aufl. 2012.

Henssler/Willemsen/Kalb, Arbeitsrecht, Kommentar, 5. Aufl. 2012.

Kasseler Handbuch zum Arbeitsrecht, 2. Aufl. 2000.

Kittner/Zwanziger, Arbeitsrecht, 6. Aufl. 2011.

Schaub, Arbeitsrechts-Handbuch, 14. Aufl. 2011.

Index

www.ingramcontent.com/pod-product-compliance
Lightning Source LLC
Chambersburg PA
CBHW081525220326
41598CB00036B/6337